呉谷 充利

ル・コルビュジエと近代絵画

二〇世紀モダニズムの道程

中央公論美術出版

Mitsutoshi Kuretani

Le Corbusier et la Peinture moderne

La Voie du Modernisme au 20ème siècle

口絵１　「暖炉」（1918）

口絵2 「白いわん」(1919)

口絵3 「横たわった女、舟、貝がら」(1932)

口絵4 「静物（1928-1962）」

目次

ル・コルビュジエと近代絵画——二〇世紀モダニズムの道程——

はじめに

建築にたいする問いの答えは建築に即していなければならない。このことは、他の学問分野に置き換えてみれば容易に納得できる。例えば、経済にたいする問いの答えはなによりも経済に即していなければならない。これは、ほとんど自明のことである。

しかしながら、つぶさに見れば、建築はこれらの学問分野と違ってじつにさまざまなことがらの足し算的集まりであって、建築についての具体的な問いも結局はそれらの足し算的要素に還元されるのであり、建築に即するという当の建築の実体はつまるところ存在せず、いわゆる建築学に関わる者はそれらの足し算的要素に還元して初めて自身のテーマを得るのではあるまいか。有体にいえば、こういうことが十分考えられる。

この場合、建築は他の分野に移されて解釈される。一例に建築の政治的解釈を挙げてみることができる。その解釈を成り立たせる根本のものは政治である。この見方が実際有効になるのは、ナチズムやスターリン、ファッシズムの建築に見るように、建築が政治の奴婢と化すときである。が、今日建築の根本がそのような政治であると考える者はほとんどいない。

建築はたしかに政治的なことがらを含む。しかしながら建築は政治と同一ではない。あるいはまた建築は経済と密接に絡む。それはそれとして資するものがあり、そうした視点はひろく社会を考えるうえで重要な視点であることはたしかであるが、建築を経済で説明し尽くすことはできない。筆者のいう建築に即して建築を考える見方はそこにはない。建築のもっとも重要な意義はなお隠されたままである。

建築に即して見るその考え方は、じつは暗に建築の文化的自律性を裏打ちしているのであり、そのことは同時に建築家の社会的地位の問題につながっている。それは、じつをいえばまさにわれわれ自身の問題として存在している。その職能的自律性において発せられる史的、文化的あるいは文明的メッセージが建築として生まれる。建築の真の文化的、社会的価値がそこにある。が、それは建築家の独断をいうのではない。その自律性において真の人間的、社会的あるいは史的要求が満たされなければならない。ル・コルビュジエは果敢に近代のこの創造的いとなみに向かった。

ところで、ここで誤解のないように筆者が強調しておきたいことがある。建築に即して建築を考えるといっても、そのことは物理的な建物としてしか現われてこない即物的な眼で建築を見ることではけっしてない。建築はたしかに物理的なことがらで成り立ってはいるが、建築をそうした物理性で捉えることはできない。

じつを明かせば、その点こそが、筆者の建築にたいする重要な出発点になっている。本論の冒頭に引いた「まず、すべての問いの初めに、建築と建物を慎重に見分けることが真に必要である」というJ・ラスキンの言葉は建築が固有の起源をもつことを示唆する。ラスキンのいう「建物」はここに述べた単に足し算的集まりにすぎない物理的なことがらであり、これにたいする建築はもっと精神的なものである。

ラスキンにしたがえば、建築は精神的起源をもって初めて建築たり得る。ル・コルビュジエは、装飾を学んだとき、ラスキンの『建築の七燈』に感銘を受けたと記している。が、建築の精神的起源というのはいったいどんなことであるのか。おそらくさまざまな起源があり、それらはもっとも重要な意義を建築にたいしてもつと思われる。断片的なかたちをいわば寄せ集めたような単なる足し算にしかすぎない建物にたいして、精神的起源をもつ建築というのは、端的にいえば、人間の精神を通して生み出されたかたちなのである。

要点をいえば、かたちの断片にたいするかたちの創成こそ建築を定義する重要な条件なのである。そこに見るデミウルゴスの存在をラスキンは述べた訳である。建築を制作として問うことは精神的起源におけるそのデミウルゴスを問うことでなければならぬ。ル・コルビュジエはつぎの言葉を遺している。「人は私を建築家としてしか認めない。人は私を画家としては認めたがらない。それにもかかわらず、絵画を通じてこそ、私は建築に到った」(Art d'Aujourd'hui, 1965)。

ル・コルビュジエの建築における精神的起源がここに仄めかされている。ル・コルビュジエの絵画はその建築のもっとも重要な部分をなしている。かれの絵画の意味を考えてみることは、じつはル・コルビュジエの建築本来の主題性をより明確にする重要な一視点になる。建築を建築に即して見る、具体的にいえば、建築制作を制作に即して見るという建築そのものへの問いがまさにそこに成立しているからである。

ル・コルビュジエはそのいとなみにおいて何を生み出したのか。この視点に導かれる近代建築の一つの果実が明らかにされよう。

一八八七年一〇月六日、スイスのラ・ショー＝ド＝フォンに生まれたル・コルビュジエは、一九三〇年にフランス国籍をとっている。かれは、フランスを拠点にする設計活動をおこなうのであるが、両者の関係は必ずしも良好なものではなかった。とりわけ、かれは、カップ＝マルタンの海に泳ぎ出して帰らなかった一九六五年八月二七日の死を迎えるまで伝統的なフランス建築教育と和解することはなかった。

産業革命に始まる西欧の近代は、伝統的な権威が崩れ、古きものと新しきものとがはげしくぶつかりあった時代であった。近代建築はいわゆる古典主義が典範とするような「建築書」をもたなかったのである。それは、己が立脚する新たな思想を摸索した。近代建築の歩みは、この試行錯誤をくりかえしたのである。ル・コルビュジエは、そのような近代建築を完成する。

ル・コルビュジエは、建築家として知られるのであるが、じつは、もう一つの顔をもっていた。かれは、人目を避けるようにしてアトリエに閉じこもり、絵画を描いたのである。かれは、建築について多くの著作を残している。が、そのなかで自らの絵画には触れていない。そうした絵画は、結局、かれの活動の表舞台には出なかったのである。ル・コルビュジエは、果敢な建築家としての顔をもつのであるが、絵画に関するかぎり、そうした顔をもってはいない。かれは、孤独をかたくなに守りさえしながら絵を描いたのである。

かれが語った僅かな言葉が、これを伝える。「私は、空っぽではありません。私は障害や困難で頭がいっぱいです。(いつも長い息づかいの)一つの作品(都市、建築、あるいは絵画)を熟考し構成しながら、私が要点を絞り、実行し、目的に近づくとき、私は、無言で、議論せず、セーヴル街三五番地のアトリエのデッサン用の机で膨大な努力をしました。私は話をしません。オトゥーユの(根気のいる研究のための)私の個人的なアトリエは誰にも開きませんでした。私はそこに一人いました。私は、けっして一つの絵を《説明》(原文強調)しませんでした。その絵は、ひとり立ちし、好まれるものになるか、あるいはうとまれるか、わかってもらえるか、そうでないかです。それが私にどうだ(私にどうできる)とおっしゃるのですか。」(Le Corbusier, *textes et dessins pour ronchamp*)

表向きに見ると、こうした絵画は、かれの建築作品や数多い著作の影に隠れてしまい、目立たないものになってしまうのであるが、建築家としてのかれの最も深い思索は、じつは、そこにおいておこなわれたといえる。

筆者は、かれの絵画に注目し、その絵画と建築をひとつの統一的な芸術活動としてとらえる。結論的にいえば、これが、主題に対する筆者の方法である。ル・コルビュジエの傑出した近代建築の方法は、じつに、そこにおいて捉えられる。

第一部　初期の絵画、建築

第一章　ピューリスム絵画：視覚に与えられた力学的統一

「建築 Architecture」

「まず、すべての問いの初めに、建築 Architecture と建物 Building を慎重に見分けることが真に必要である」[1]。J・ラスキンの発したこの言葉は、西欧一九世紀後半の箴言ともいえるものであった。エジンバラの講演（一八五三）で、同様にかれは次のように述べている。「偉大なる建築家は偉大なる彫刻家または画家でなければならぬ」[2]。この建築と建物を区別するものをラスキンは、プラトンが『法律論』において述べる「精神的な始源 mental ἀρχή」に求める[3]。「建築」は「精神的な始源」によってすずめばちの巣やねずみの巣穴あるいは鉄道駅から弁別される[4]。

プラトンは星辰の運動に「万有を秩序づけている」知性 νοῦς の支配力を認め、魂 ψυχή の絶対的優位性を語り、それ（魂）は他の何ものにもまして物体のあらゆる変化や変様を支配し[5]、またそれはすべてのものにとってあらゆる変化や運動の原因であるとし、運動変化の始源 ἀρχή に魂 ψυχή を見る[6]。

ラスキンによれば、プラトンの語るそのような「精神的な始源」の延長に建築と建物は区別され、隔てられる。かれは、建築の生命をこの精神的な源に見定め、「もしもかれが彫刻家あるいは画家でないならばかれはただ建造師たり得るだけである」[7]と言う。

ἀρχή を「定義集」で見ると、存在の第一原因である始源やすべてに対する配慮である統治権と書かれている[8]。ἀρχή

は全体にひろがる源の意味をもつ。この見方からいえば、「建築」はまさに時代の重要なテーマとなって、美術史や芸術と深く関わる。

ヴェルフリンにしたがえば、絵画、彫塑、建築に拡がるそのような精神性はルネサンスとバロックにおいて表現される。二つの時代は絵画、彫塑、建築をおおう純粋可視性の五対の象徴的対立——線的と絵画的、平面的と深奥的、閉じられた形式と開かれた形式、多数的統一性と単一的統一性、明瞭性と不明瞭性——において見事に捉えられる。(9)ヴェルフリンはこれらの諸形式を貫く象徴の時代性を明らかにしたのである。

かれは次のように言う。「素材的、模倣的内容はそれ自身どんなに異なっていてもよい。決定的な点は両者の把握法の根底に相異なる［視覚的］図式が横たわっているということである。しかしこの図式は単に模倣的な発展の問題におけるよりもはるかに深く根をおろしているもので、それは描写美術のみでなく、同様に建築の現象をも制約するのである。したがってローマバロックの建築前面部はファン・フォーアイエンの風景画と視覚上の同分母をもつのである(10)」。

深田康算『美と芸術の理論』

ところで、「画家は自然を見ゆるままにこれを見るのであり、画家にとっては見えるもののほかには何ものもない、見えるものがすべてであり、すべてが額面価値そのままに通ずる。画家の住んでいる世界は、色と線と形と平面だけのものであって、深さもなければ奥行もない、何もない、ただの一枚の平面があるだけである(11)」と深田康算はいう。ヴェルフリンの見方に対するもう一つの芸術の見方がここに語られている。

ゼードルマイアは、いわゆるリーグルやヴェルフリンらの様式史を抽象的なそれであるとして、そこにおいては個々の芸術作品はその最も深い定義の一つである時間論を抜いた存在として登場し、それは単に「面」と「空間」の問題にすぎなくなると語り、ヴェルフリンの見方においては芸術的文化の高みが個々の芸術作品のうちに現れるさまは不問にされると述べる[12]。ゼードルマイアは、ヴェルフリンは個的なもの、一回的なものにおいて「普遍的なものを感じとることを学ぶ」というが、作品を解釈することとそれを説明することとの間に引かれるけじめの曖昧さによって、じつは逆転しており、ヴェルフリンにおいては普遍的なものによって逆に一回的なもの個的なものの解釈がなされているという[13]。ゼードルマイアによれば、作品の解釈はそうではなく芸術作品の核からのみ発生されなければならないのである[14]。

芸術制作の二つの局面がここに語られる。それは、芸術制作の表層にまで届く作品の個別性つまり芸術の一回性とヴェルフリンの云うような美術の諸形式にまたがる公分母つまりそれが表わす普遍的意義である。

建築Architectureの語源は、森田慶一に従えば、architectonicē technēであり、この定義によると「建築」は、原理的知識をもち、諸技術を統べる指導的な工匠の技術である[15]。原理ἀρχήへと向かうまなざしと技術に支えられながら作品へと展開する精神の一つのひろがりをそこに見ることができる。ラスキンの言葉は建築がもつそうした根源を語る。

一建築家の手になる絵画と建築を問うことは、建築制作をこのような精神のひろがりにおいて見ようとすることであり、そのことは、建築制作の本質的意義を問う、建築論的問いの成立を意味する。絵画と建築にまたがる公分母とは、全体を統べる原理の普遍的意義にほかならず、建築制作の原義的意味であるいわゆる「始まりἀρχή」がそこに問われる。すなわち、その問いは「始まりἀρχή」から作品への展開、「絵画と建築の同分母」から「建築制作」へと架構される、一つの精神の展開を明るみに出さんとする。ル・コルビュジエの絵画への問いはそこにある。

近代絵画と近代建築

ところで、近代絵画と近代建築の関係についてレオナルド・ベネヴォロは次のように語る。「一八九〇年代以後のアヴァンギャルド建築家の変革は画家の仕事と緊密な関係をもっている。今回はもはやすべての時代に多かれ少なかれそうであったような単なる形態上の好みの類似性の問題ではなく、ある建築家の行為がある画家の行為を前提とし、またその逆のというような結果の交換での問題であった」[16]。

近代絵画が建築制作に及ぼした特別な関係がここに語られている。かれは、ニコラス・ペブスナーに同意する[17]。ペブスナーは、過去の様式からの突破口は建築家よりも先に画家によって開かれたとしながら、セザンヌ、ゴーガン、ゴッホ、ムンク、スーラ、ルソー、アンソール、トーロップ、ホドラーらを挙げ[18]、一八九〇年頃の西欧絵画運動において、自然の表面的な外観と対立する自然の精神、さらにずっと広い意味での自然、人間の独立性と対立する宇宙の力としての自然が目ざされたと述べる[19]。

そうした運動を構成するものとして、「主題絵画」という新しい概念が捉えられる[20]。ペブスナーによれば、これらの画家の新しい傾向が建築様式に及ぼしたものは、一八九〇年頃の芸術家の特徴的な項目を総合するとき、近代建築様式に反映したものとして強調できる[21]。ベネヴォロは一八九〇年以後のその局面に自然主義に対する反動、リアルなものに対する積極的な建設的姿勢、すべての芸術家の孤立、理論家への指向を挙げる[22]。

特にここで重要な意味をもつと思われるのは、自然主義に対する反動――主題絵画への復帰――、すべての芸術家の孤立、理論家への指向という近代絵画の性格である。ベネヴォロは、アール・ヌーヴォーの絵画と建築の間にある「理論形式」を認める。そのような絵画の変革とそれに対する建築の例として、さらにかれはクロワゾニストとヴァン・デ・ヴェルデ、モンドリアンとオウト、クレーとブロイヤーの関係を見る[23]。

ところで、こうした見方にいま一つ加えなければならないものは、ヴェルフリンを継承するギーディオンの視点である。かれは著書『空間・時間・建築』においていわゆる近代建築の開始、つまり一八九〇年代の折衷主義からの脱却をベルラーへ、ヴァン・デ・ヴェルデ、さらにウィリアム・モリスの「赤い家」（一八九五）に求めて[24]、ルネッサンス期におけるように近代絵画が近代建築の先鞭をつけたという[25]。
ギーディオンの関心は時代の統一的な精神に向けられている。かれは、キュービスムや未来派の表現に新しい空間概念「時・空間」を見て、ルネッサンス以来の三次元の空間に加わる第四の次元、時間を見出す[26]。ギーディオンは「時・空間」を「相互貫入」性や「同時」性において説明しながら[27]、同様な原理を一八九〇年代以後の近代建築に観察する。つまり、内外空間の相互貫入、曲面、同時性といった同様な表現をギーディオンは近代建築に分析するのである[28]。

こうした近代建築に対する優れた分析が認められるにしても、ヴェルフリンにたいするゼードルマイアの様式史批判は、またヴェルフリンを継承するギーディオンにも向けられる。作品の個的な価値、それにたいする評価である。が、いま、ル・コルビュジエを取り巻いた近代建築の美術、芸術史的な状況をペブスナー、ギーディオン、ベネヴォロらの視点から捉えてみるとき、近代建築が置かれたこの美術、芸術史的状況の縮図のような一つの形式をル・コルビュジエの絵画と建築作品において見ることができる。

要約すれば、ル・コルビュジエの絵画と建築の関係を探ることは、絵画と建築の公分母すなわちἀρχήとこれに架構された歴史的一回性としての芸術の展開を見ることに他ならない。ἀρχήから作品へと発展し、結実する近代の一建築制作がそこに存在している。ル・コルビュジエの建築を制作から考えてみる視点がそこに成立するのである。

ところで、ル・コルビュジエの呼称について述べておかなければならない。ル・コルビュジエは、正しくはシャルル＝エドゥアール・ジャンヌレ＝グリであり、かれのピューリスム絵画のサイン、jeanneret（ジャンヌレ）はこれから取ったものである。これにたいして、ル・コルビュジエはかれ自身のペンネームである。ル・コルビュジエのこの呼称の変更は、じつは、かれの職業的ポジションの変化に対応したものである。簡単にいえば、ピューリストの画家としてジャンヌレ、建築家としてル・コルビュジエであるが、ジャンヌレ＝ル・コルビュジエの呼び名については、オザンファンが「近代芸術の基礎」のなかで用いている。呼称の意味からすれば、ジャンヌレ＝ル・コルビュジエのその名は画家から、つまりピューリスム共同制作から建築家への道を歩むル・コルビュジエの過渡的段階に位置づけられる。が、幾分かの紛らわしさも残るので、筆者は特に必要がないかぎり「ル・コルビュジエ」の呼称を用いたことをここにお断りしておきたい。

オザンファンの絵画とル・コルビュジエの絵画

ル・コルビュジエの近代絵画は、オザンファンと共同する「ピューリスム」[29]にはじまる。最初の展覧会が一九一八年一二月一五日から一二月二八日にかけてトマ画廊で開かれている。[30]この展覧会に先立って、同年の一〇月一五日『キューピスム以後』と題する小冊子がオザンファンとジャンヌレの名において出版される。[31]このなかで、かれらの芸術理念を表す言葉として「ピューリスム」が用いられている。「ピューリスム」の宣言と作品の表現は、このように、冊子『キュービスム以後』とトマ画廊での展覧会の前後二つの活動によって実行されている。ピューリスム絵画の理論的指向が窺える。

ジャンヌレとオザンファンとの共同制作は一九二五年に終わる。[32]このことがル・コルビュジエに対してもつ意義は小さなものではなかった。オザンファンは自著『近代芸術の基礎』のなかで「一九二五年にオザンファンとジャンヌレ＝ル・コルビュジエのパートナーシップは終わった」[33]と書いている。かれは、これに触れて次のようなウィレンスキの言葉を引いている。「建築家として修業してきたジャンヌレ（＝ル・コルビュジエ）はオザンファンと学びながらピューリスト絵画を描いた。それから建築に帰っていった。（中略）オザンファンのピューリスト・キュービスト美学に新しい機能主義を創造しながら、（後略）」[34]。オザンファンとのピューリスム共同制作の結幕は、じつはル・コルビュジエによる芸術の独自の発展を語るものであったことがわかる。

ピューリスム共同宣言における初期の二人のピューリスム絵画をさぐってみる。二つの絵画の比較から、ピューリスムから建築へと発展するル・コルビュジエの絵画の意味が浮かび上がる。よく似た構図をもつ二つの絵画を挙げてみる。二つの絵画をゼードルマイアの方法に倣って解釈してみる[35]。

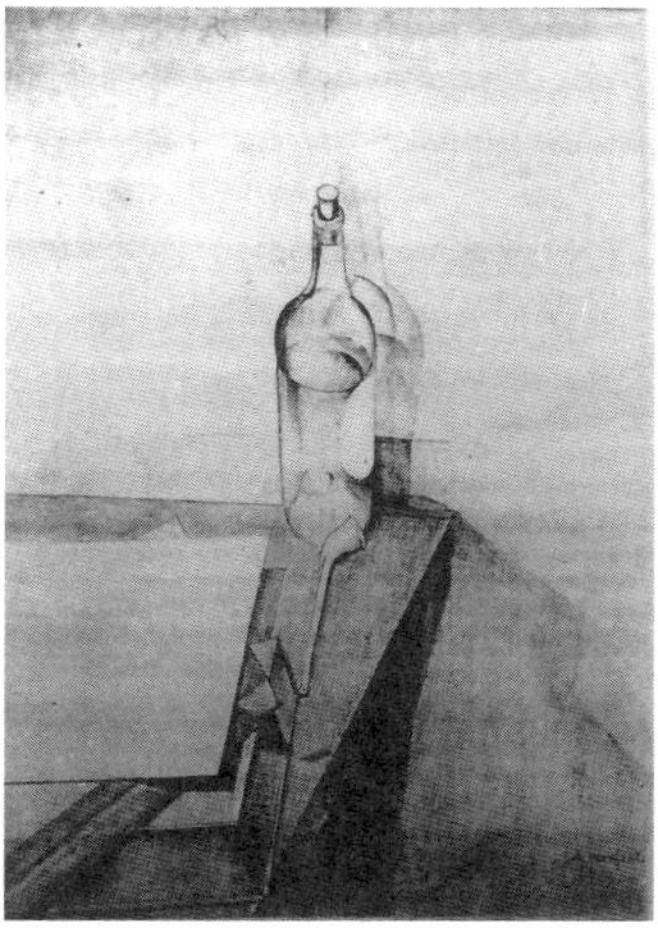

図版1　オザンファン「瓶」(1917)

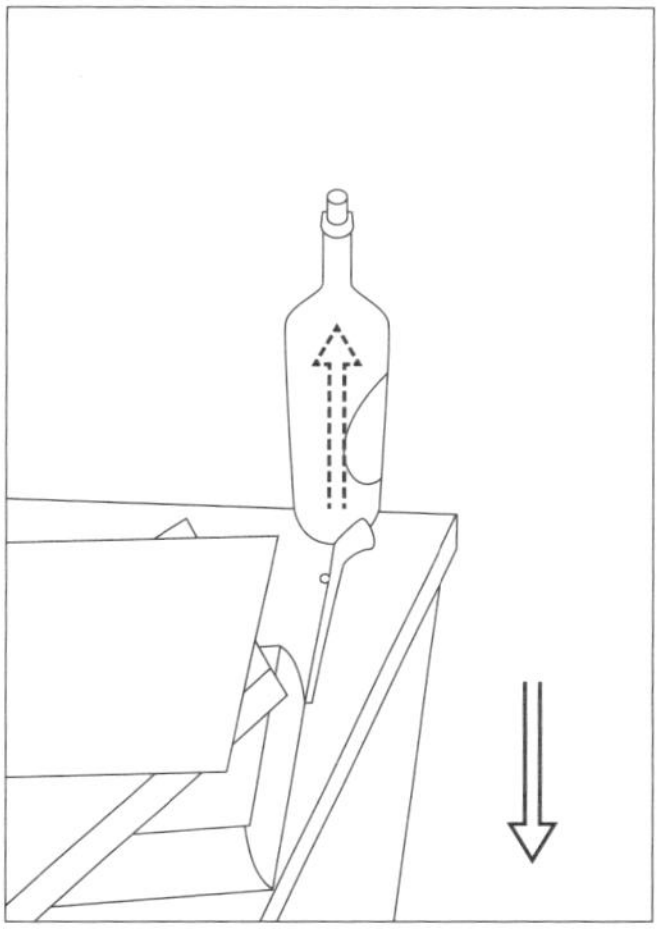

図版2　瓶の力学的解釈（筆者）

i．オザンファンの絵画「瓶」（図版1）

まず気付くことがある。絵の静物が「重さ」を感じさせない。主題は画面の中央に置かれた一つの瓶である。詳しく見てみよう。

静物を置いた机の端が、画面の下半分のほぼ中央のところに描かれている。このことは、机の平面の切断を意味し、そこにできる右半分の空白の空間に物体の落下が起こることが暗に示される。この下方右半分のところに示唆される潜勢的な重力の落下力にたいして、中央に位置する直立の瓶が対比される。つまり、〝もの〟が落ちようとするその力に抗して、一つの瓶が置かれているのである。この対比から、瓶は自ら上昇するような一つの力を内在化する。こうした構図的な仕掛けを絵はもつ。この仕掛けによって、画面の中央に描かれる瓶は「重さ」をもたないかのように見える（図版2）。

この瓶のほかに、重ねられて置かれる厚い二冊の本、その上

図版3　「赤葡萄酒のコップと静物」（1921）

の一葉の紙、さらにパイプのようなものが描かれる。水平に置かれる厚い二冊の本は、机の上に安定した重量感を見せて、瓶の直立像とコントラストをなす。パイプの先端は瓶の下部に届いている。そのパイプの先太りの特徴的なかたちによって、書物の重量感が水平から垂直の力の流れとして伝わり、それらの全体が一種の流動感を生み、瓶の直立像を強調している。

こうしたことから見てみると、この絵に描かれる一葉の紙は最もデリケートなものになる。つまり、それは暗に示される下向きの落下力から、水平面の重量感に至る「重さ」の場とこれにたいする瓶の「上昇するような力」との間に生じる力の流れの変曲的場面をまさに捉えているように見える。これらの静物の有機的つながりにおいて、いわば、限りなく軽い、ほとんど「重さ」をもたない一葉の紙が存在している。この一葉の「紙」はそうした表情を表現するのである。

結論づければ、オザンファンは、主題的な静物の重量感を抜き去って形象としてのかたちそのものを描いている（図版3）。

ii．ル・コルビュジエの絵画「白いわん」（図版4）

まず、画面の中央に位置すべき形象の強い表現がない。われわれはこの絵を前にして一種の視線の戸惑いを感じる。絵のテーマは一つの静物の表現というより、もっと別な静物の構成というべきものであり、中心的な形象の強い表現がないので、静物は周囲に拡散するかのような印象を与える。が、全体に重量感を伴う一種の緊張感がある。静物は

図版4　「白いわん」（1919）

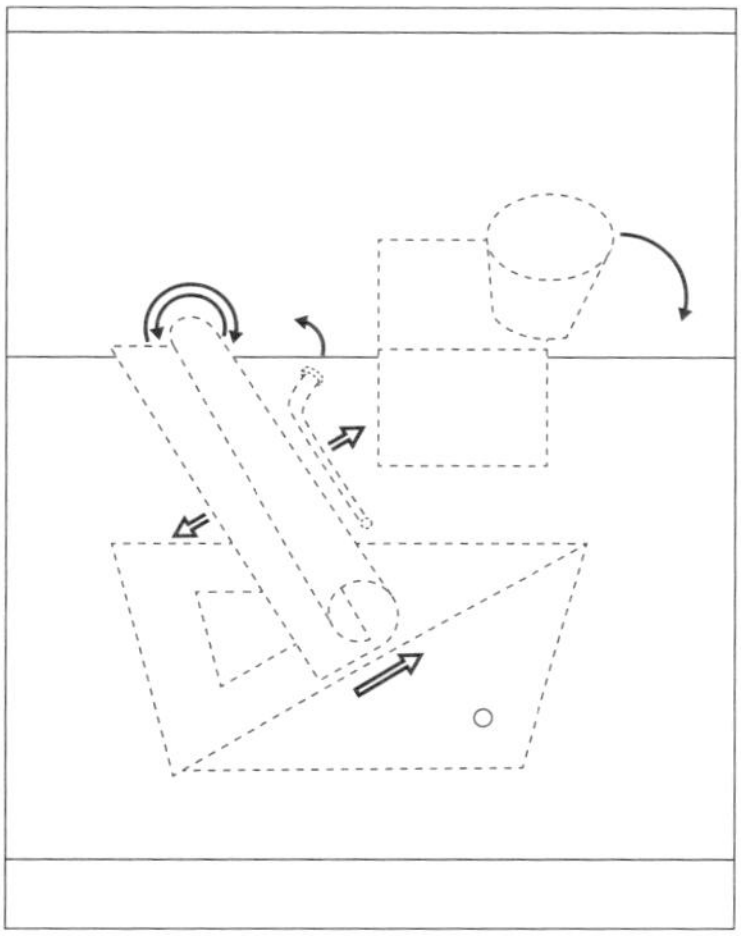

図版5　「白いわん」の力学表現（筆者）

互いに離れる独立した物象として描かれ、それを手にしたときのような重さを表わしている。

詳しく見てみよう。目を引くのは、画面の右上に描かれた白いわんである。それは、立方体の端のほとんど横転しそうな位置に置かれている。さらによく見ると、白いわんの右半分上部のところがデフォルメされる。そのデフォルメによって、この白いわんは立方体の上から転げそうに描かれているのである。

画面の下方に一組の三角定規が描かれ、その二枚の三角定規によって斜めの白い直線が作られる。この直線は白いわんの落ちる向きを示して、ある運動感を与える。一方、この三角定規の上に巻かれた一葉の白い紙が置かれる。巻かれた紙は三角定規によって作られる直線に対して直角に置かれている。この巻かれた紙に添って、金属的な形をしたパイプのようなものがさらに描かれている。

いま、想像的に白いわんを立方体の上から横転させてみると、軽い白いわんのその横転に対するかのように、金属的な重さをもつパイプの力が在ることに気づく。つまり、白いわんの軽さとパイプの金属的な重さは一つのコントラストをなす。

静物の構成を順に追って見てみると、まず、白いわんの立方体からの落下、回転が暗示される。これに対立するようにパイプが描かれる。パイプの形はまさしく回転体である。パイプの柄はその回転軸になる。とすると、このパイプの曲がった先端は、静物の全体が置かれる大きな台面からの反力を接触点にもつ。この反力を想定すると、それが、じつは先に述べた白いわんの落下に反対する逆向きのモーメント力を意味したものであることがわかる。白いわんが転がって落ちる力に抵抗するように反対の力が描かれているのである。

さらに、興味深いのはそこに巻かれる一葉の白い紙である。というのは、それは巻かれることによって、内部に紙のひろがるような展開力をもつ。紙の展開はわんの回転に応じる。他方、その外部の全体は二枚の三角定規によって作られる直線の向き、すなわち白いわんの回転の方向に直角に置かれることにおいて、その回転の運動の向きには抵抗するような表現をもつ。

こうしたことを考えるとき、白い紙は微妙な力の緊張感を現わしていることがわかる。つまり、白い紙の全体のかたちは、三角定規の白い直線の向きに直角に置かれ、白いわんの落下に抵抗するような表現を一方にもちながら、他方、それは、同時に自ら巻かれる紙の展開力を内にもつことにおいて、白いわんの落下と軌を一にする運動をも現わすという、互いに逆向きに張りあう二重の運動を自らにもつ。つまり、そこに巻かれた紙はまさにこの二つの逆向きの運動の拮抗する力の場面を表現しているといえる（図版5）。

この絵のなかで、白いわんの落下はパイプの回転反力と引き合う。それは正しく静力学におけるような力の釣り合いを暗喩している。一葉の白い紙にみごとに現わされる二つの運動の拮抗する場面は、力学におけるような力の釣り合いを意味する。が、それは一つの精神表現でさえあろう。巻かれた白い紙はこの絵の最も表現的な部分であり、オザンファンの絵におけるものとほとんど図像的な一致を見せるのであるが、両者の違いは明白である。

この絵の主題的形象は定めがたい。主題の構成はむしろ二つにまたがっている。一つは、白いわんの立方体からの転落あるいは巻かれた白い紙の展開であり、もう一つは、そのように展開する力を元に戻そうとするパイプのモチーフあるいは直角に置かれてこれに抵抗する巻かれた紙の全体のかたちである。

ピューリスム共同宣言に出発しながら、二人の絵は大きな違いを見せる。二点の絵画は互いの特徴的な表現を明らかにしている。両者を顕著に隔てるものは、第一に主題であり、さらに描かれる静物の重さの表現である。オザンファンにおいては、重さをもたないかのごとく主題的静物が描かれる。これにたいして、ル・コルビュジエにおいては、重さをもつ静物とそれら全体の力学作用的な統一が構成的に描かれる。オザンファンとル・コルビュジエを隔てる絵画の意味は、じつは建築へと向かうル・コルビュジエの一つの精神を示唆するものに他ならない。

ル・コルビュジエの絵画の発展

つぎに挙げるル・コルビュジエの二点の絵画がある。「ヴァイオリン、コップと瓶」（一九二五）（図版６）と「静物（一九二八―一九六二）」[36]と題する絵（口絵４）である。

「ヴァイオリン、コップと瓶」を見てみると、画面の中央に静物の個々の形が寄り集まって、帯のようになっている。画面は密な部分と疎な部分とを現わしている。つまり、上段と下段に見られる静物の単純な形態にたいして、中段では逆に形の複雑さをもつのである。

この絵を一九一九年の「白いわん」と比較してみる。「白いわん」において、白いわんの落下する回転とこれを引き戻すようなパイプの表現があった。絵の主題はそのような二つの意味をもった。「白いわん」に見るそうした主題が、じつは「ヴァイオリン、コップと瓶」と題する絵においても繰り返されている。簡単にいえば、密な中段と疎な上・下段という構成である。疎な部分にたいする密な部分は静物の集まりを表現する。つまり、この絵は静物の散乱を一つに集めるような構成をもつのである。それはいわば散乱から集結へと向かうような静物の構成の仕方である。絵は、

図版6　「ヴァイオリン、コップと瓶」(1925)

そのような二つのことを描いている。

ところで、この二つの絵の比較において改めて考えてみなければならないことがある。個々の静物を集めようとするその構成の仕方である。「白いわん」において、モーメントの釣り合いが静物のもつ力の働きとして表現される。が「ヴァイオリン、コップと瓶」においては、そうした静物のもつ力の働きは無く、静物の集合的な統一は静物の凝集的な配置そのものによってなされている。

ル・コルビュジエの一九一九年から一九二五年に至る絵画の歩みが現われている。「白いわん」の静物の構成は一つの力学といえるものを個々に表現する。それらの静物はいわば力の作用的な意味を現わして構成される。「白いわん」はそうした静物の配置をもっている。静物の構成のなかに一つの力学的図式が横たわっており、その力学的図式と個々の静物は密接につながっている。個々の静物が一つの力学的図式を表現し、またその力学的図式が個々の静物の位置を決めている。

このことから云えば、「白いわん」のみごとな構成は、いわば「特殊解」である。「白いわん」における個々の静物とそれらの統一は、個々の静物とその力学的図式の一対の特殊な結びつきによってのみ達成されているからである。それら、個々の静物は力学的図式に応じる力のエレメントとして描かれる。したがって、そのような構成を可能にする、物象と配置はごく限られたものになる。

ところが、「ヴァイオリン、コップと瓶」では、画面は個々の物象の配列的な自由と凝集を表現する。この絵は「白いわん」の主題と同様な構成の意味をもっているといえるのであるが、構成の仕方は異なる。「ヴァイオリン、コップと瓶」における静物の統一は「白いわん」に見るような力学ではなく、個々の静物が凝集するような配置によって自由に構成される。

ル・コルビュジエの絵画のこの発展は、一つにはピューリスムの思想を考えてみるとわかる。ピューリスムは、かたちの奇妙さや独創性を廃した一般的なかたち、普遍的なそのかたちの表現を目指しており、そのような題材が限定される仕方は、ピューリスムのこの考え方に叶う方法とはいえない。この点から見れば、「白いわん」における一つの限界を「ヴァイオリン、コップと瓶」は超える。静物の配列のひろがりと統一という主題にたいして「ヴァイオリン、コップと瓶」はより一般的な解を可能にする方法をさぐるのである。主題の意味は、より普遍化され、これに応じる絵画の方法がそこに摸索されている。

ル・コルビュジエは、「静物（一九二八―一九六二）」と題する絵をさらに描いている（口絵4）。具体的な日付は明らかではないが、「ヴァイオリン、コップと瓶」より後に描かれたものである。モチーフや画面の構成は「ヴァイオリン、コップと瓶」と軌を一にしていることが見てとれる。ところが、ここでは静物は略画的になり、構成も単純化し、色彩は物象から分離さえする。が、このことは逆にいえば、主題に対する意図の確かさと思想の深まりを示している。

ピューリスムの色彩論において、色彩に対する形態の優位が主張される。色彩は形態から見れば、付随的なものでしかない[37]。が、形態に対する色彩の付随性は、かえって、形態に対する色彩の独自の意味を求めることになる。ピューリスムにおいて、色彩は自律的な意味をもって語られる。つまり、色彩はわれわれがこれを眼にするときの反応の恒常性やそれが連想する観念の普遍性をもつ。具体的に、「青い色」でそうした連想の例を云えば、それによって浮かぶ、大気的、液体的あるいは遠方的な観念である[38]。

描かれるヴァイオリンについて考えてみたい。ヴァイオリンやギターをモチーフにする盛んな作品が例えばキュービストのピカソに見られる。オザンファンによれば、キュービストの立場はかたちの表現的な意味によらずに、情動emotionを呼び出そうとする。(39) 情動emotion(40)は、単なる感情でもなくまた単なる肉体の動きでもない、それら二つがひとつになるような精神の状態である。このことを考えれば、ヴァイオリンはピューリストの格好の題材となることがわかる。

ヴァイオリンやギターのような楽器を手にすると、われわれの内なる衝動である情動emotionが起こり、演じられる。それは表現的な像によることなく、われわれのなかに起こる。肉体的な動きと感情とがヴァイオリンの演奏のなかで一つになり、まさに情動が生まれる。ヴァイオリンは、そのような情動の表現を可能にする。ヴァイオリンやギターには、一方、身体に馴染む形のおもしろさもあり、キュービストの興味をそそる一つの表現的モチーフがまさに仕組まれている。

画面上段に「赤い色」が添えられるように描かれる。「赤」は感情の興奮を語る。その「赤」は一方ヴァイオリンが表現する情動emotionと結び合う。ヴァイオリンとその色彩はまさに一つにつながる情動を表現している。このことに気付くと、画面下段にある「緑」の意味が明瞭になる。「緑」は、森や水の色を連想させる。それは一つには「静寂」を意味する。下段には、瓶や本が描かれている。瓶や本が置かれるそうした世界は、云うならば静的な世界である。つまり、「緑」はそのような安定した世界の「静かさ」に通じる表現といえる。上段の「赤」とヴァイオリン、下段の「緑」とそこに描かれる静物に同様な意味が込められていることがわかる。

ピューリスムの色彩論は色彩の光学的研究に始まる。色彩は光として捉えられる。ところで、絵の具では、混色すると暗くなり、そのようなことは成立しないのであるが、色光における「赤」と「緑」は混ぜ合わせると、「黄」になる。そのことに着眼してみると、「静物（一九二八—一九六二）」が現わしている色彩について、つぎのようなことを考えてみることができる。まず、上段に「赤」、中段に「黄」、下段に「緑」がある。ピューリスムの色彩論が光学的研究に始まることから、これら三つの色彩は、「赤」＋「緑」＝「黄」という光学に見る関係を裏書きしているといえる。

とすれば、「赤」のヴァイオリン、「緑」の静物、「黄」のコラージュという表現に加えて、それら上段と下段とを統一するような「中段」の構成的働きが読み取れる。つまり、この絵の中段はそのような上段と下段を一つにするような意味をもっている。画面の構成は「ヴァイオリン、コップと瓶」とよく似ており、このことからいえば「静物（一九二八—一九六二）」における中段の構成的な役割は「ヴァイオリン、コップと瓶」が中段に表現する静物の凝集に対応している。

「ヴァイオリン、コップと瓶」から「静物（一九二八—一九六二）」への発展は、ル・コルビュジエの絵画の構成のしかたを明確にしている。絵画は、二元論的意味をもって表わされるものを統一しようとするのである。二元論の上に築かれる統一、ル・コルビュジエの絵画はそのような構成をもつ。「静物（一九二八—一九六二）」において、新聞の切り抜きコラージュを付ける中段はそのような構成の意味をまさに表わしているといえる。

一方、「黄色」にわれわれは一例として「実り」を連想する。それは、緊張感を伴う一つの心理的昂まりである。つまり、中段の新聞の切り抜きコラージュは「赤」の情動と「緑」の静を統一する「黄」の象徴的意味をも表わしているのであり、それは心理的昂まりをもつようなある緊張感を表現すると思われる。

さらに「ヴァイオリン、コップと瓶」と「静物（一九二八—一九六二）」に見る構成の類似性を考えてみるとき、「ヴァイオリン、コップと瓶」の中段に平行して重なる「静物（一九二八—一九六二）」の中段のコラージュには、拡がるものを集めて一つにするような構成的モチーフがあることがわかる。結論的にいえば、ル・コルビュジエの絵画は、拡散するオブジェを集めて一つにするような力の図式から力的な緊張感をもつ一つの「場」へと辿り着いているといえる。

ル・コルビュジエの絵画

ル・コルビュジエの絵画と建築を問うことは、近代の建築論的問いの一成立を意味する。この視点から、オザンファンとル・コルビュジエの絵画が考察された。同様な主題と構図をもつピューリスム初期の二人の絵画を比較しながら、われわれは、オザンファンとのピューリスム絵画の共同からル・コルビュジエがさらに建築へと向かうものをさぐった。

ここにおいて、オザンファンから区別されるジャンヌレ＝ル・コルビュジェの絵画の方法を見定め、一九二五年以後に描かれるかれの二点の絵画を解釈し、オザンファンのピューリスムから去って、己の道を歩むル・コルビュジエの絵画の方法を確かめたのである。二点の絵画は、ル・コルビュジエの思想的な深まりを現わす。ピューリスムの旗印における絵画の主題と構成の違いが明らかになる。オザンファンは主題的な静物をいわば重さをもたない形象として描くのであるが、ル・コルビュジエの個々の静物は、逆に重さを現わして、それらの配列に見る一つの統一が絵画に構成される。個々の静物の統一は「重さ」をも統一する。作用的な一つの力が静物の構成に働く。ル・コルビュジエの絵画の独自の意味がそこに窺える。

互いに独立する個々の静物とその統一というル・コルビュジエのこの絵画の方法は、そもそも二元論的意義をもって構成されており、後の絵画はこれをさらに明確にしたのである。「静物（一九二八―一九六二）」の絵画は、そうした二元論の上に築かれる一つの統一をまさしく構成する。二元論的意義をもつル・コルビュジエの絵画はその主題をより普遍化してゆく。画面構成は限定的な力学の図式からさらに一般的な力の「場」へと展開される。この主題の発展が三点の絵画のなかに見られるのである。

「ギターとマネキン」（一九二七）に見る展開

ところで、一九三〇年代になると、ル・コルビュジエはそれまでのピュリスム静物画とは違って身体的表現をもつ絵画を盛んに描く。そこに見る絵画は、かれの建築を考えるうえで重要な意味をもつ。

ル・コルビュジエの初期のピュリスム絵画は、重さをもって互いに独立するような複数の静物を構成し統一している。静物のかたちは、ピュリスムの理念である「時間を越えたかたちの普遍性[41]」から導かれるのであるが、静物の統一を構成する作用的な力は、オザンファンにはないかれ自身のモチーフであり、その違いを示す。ピュリスム静物画に構成されるそうした作用的な力が身体的な意味をもつ一つの力に発展するのである。

図版7 「ギターとマネキン」（1927）

「ギターとマネキン」と題されるル・コルビュジエの絵（図版7）がある。

これは、かれの絵画が一九三〇年代に入って、それまでのピュリスム静物画から身体そのものの表現に変わるその過渡的な時期に描かれており、興味深い。絵は、静物に人体模型や手袋を加えている。とりわけ、注目されるのは画面の中央に描かれる手袋である。それは、本当の手のようであり、他の静物とは異なる存在といえる。この絵がもつ特異な一点である。

手袋は手がもつような力を示している。このような題材をかれはなぜ描いたのか。かれのピュリスム静物画は複数的意味の静物を力的に構成し統一する。換言すれば、そうした力の構成が身体的な一つの力の表現となっているといえる。つまり、描かれる手袋はピュリスム絵画をいわば内的に構成した力の一実体化であると考えられる。静物の配置に見られる力は、これを超える身体的意味の一つの力としてまさしく表現される。ル・コルビュジエの絵画を特色づける力の統一作用が身体的意味をもつ表現をここに生んでいる。

絵において、静物―人体模型―手袋を統一づけるものは、身体の関わる一世界である。ピューリスムの宣言文である『キュービスム以後』を読むと、選ばれる主題は単純なものであり、慎ましいものになるとうたわれている。(42) その理由は、無頓着な人が使うようなごくありふれた日常的な形をした壜は、そのことのゆえにむしろ高い普遍性をもつことにある。(43) つまり、ピューリスムの語る普遍性は変わらないかたちであり、時の流れを越えたものなのである。こうしたことから、ピューリスムは日常の静物に題材を求めて、風変りなものや、独創的なものを退ける。作為や装飾的なものをもたないごく普通の日常的な物象が、要するに、ピューリスムの主題となる。(44)

ル・コルビュジエの絵画に構成される静物は日常的な物象であるから、それらを統一する一つの力も日常的なものになる。そこに見る力は日常的な身体の力を意味することがわかる。ピューリスムの取り上げる静物は、どんなものであれ、四肢の身体的な行為とともに「在る」からである。こうしたことを考えてみると、ル・コルビュジエの絵画に現われる「身体表現」は、ピューリスム理論の内に、いわば、潜むような一つの意味をもっていたといえる。つまり、静物の構成的統一における力の作用が、それらを媒介する隠れた「身体」の存在へとつながって、あたかも身体模型が内に力を孕むかのように、一つの「身体的な力」を表現しているのである。「ギターとマネキン」の「手袋」はこうしたことを意味していると考えられる。静物の構成的統一における力の作用はまさしく人形化されて、表わされる。

「ギターとマネキン」に描かれる「手袋」はル・コルビュジエの絵画の構成に働く媒介的な力の存在を示しているといえる。それは、オザンファンから去って、独自の道を歩んだル・コルビュジエの絵画の一つの帰結である。静物を一つに集めるような絵画の表現における凝集力は「身体的な力」へと向かう。

「頭の上の組み手（一九二八―一九三九―一九四〇）」と題するル・コルビュジエの絵がある（図版8）。静物のない、一つの身体像の成立をそこに見ることができる。身体像は「頭」と「手」を描いている。ル・コルビュジエの絵画の二元論を表現する二つのモチーフがそこに見られる。つまり「頭」の部分は、正面からまた側面から捉えられてキュービスムに見る立体のごとく描かれる。一つの立体が二つの部分に分割されて、「立体」は、いわば複数化されているといえる。

ところで、頭部は、身体において最も造形的なものである。筋力を内にもち、力を行使する他の身体部分、四肢にたいして、それは骨格を構造にした造形的立体であるといえる。このことからすれば、この絵に描かれる「頭」は造形性において静物的対象であり、これにたいする「手」はその複雑な立体性を一つにまとめようとする一つの力を意味するものと考えられる。頭部のキュービスム的な描写がそこに生きる。つまり「頭」の立体的な表現が二つの方向――正面と側面――から同時に描かれて、造形的複雑さがより強調されながら、組み手の示す力に応じる静物の複数的な像に通ずるものを成立させているのである。ル・コルビュジエの絵画における構成的二元論、静物の複数性と力的な統一が象徴的なまでにこの「身体像」に結実するのを見ることができる。

図版8「頭の上の組み手（1928-1939-1940）」

ル・コルビュジエの「複数の静物」

ル・コルビュジエのピューリスム絵画において、複数の静物を一つにするような力の表現が示される。静物の構成に見る「統一的力」は次第に作用的意味をもつ身体の力を現わしており、身体の力の表現は、ピューリスム絵画から発展するかれの絵画の一つの到達点であったと考えてみることができる。

このことを確かめながら、かれの絵画のもう一つの主題である「静物の独立する複数性」を考えてみると、それは、実に、一つの空間の表現を意味している。つまり「静物の独立する複数性」は、まさに静物の置かれるその空間的ひろがりと結び合っているからである。そのような空間的ひろがりを前提せずには、そもそも「静物の独立する複数性」はかれの絵画に成立しない。そこにおいて、紛れもなく「空間」と呼び得るある「間隙」が存在する。それは、ル・コルビュジエの絵画を成り立たせる根本の意味をもつ。一方の「力的な統一作用」に対して、他方の「静物の独立する複数性」は、自ら、揺るぎない「空間」を記している。

「白いわん」の構成における物象の「間隙」とオザンファンの「瓶」（一九一七）の構成における形の重なりは、深く両者を隔てるものであった。

注

1 J.Ruskin, *The Seven Lamps of Architecture*, George Allen, London, 1894（5th ed.）, p.13（邦訳：ジョン・ラスキン、高橋松川訳『建築の七燈』岩波書店、一九三三年、二八頁）

2 ジョン・ラスキン、内田佐久郎訳『建築と絵画』改造社出版、一九三三年、二五一頁。これは、その講演をまとめたものであり、正確にはこの文章は補遺として書かれる。

3 J.Ruskin, *op.cit.*, p.13 "It is the addition of the mental ἀρχή- in the sense in which Plato uses that word in the "*Laws*"".（前掲注1邦訳書、二八頁）

4 *Ibid.*

5 プラトン「法律」第一二巻、九六六E（森進一・池田美恵・加来彰俊訳『プラトン全集』一三、岩波書店、一九七六年、七七八頁）

6 前掲注5「法律」第一〇巻、八九二（六〇一頁）

7 前掲注2『建築と絵画』二五一頁。「建造師」は builder の訳である。

8　プラトン「定義集」（向坂寛訳『プラトン全集』一五、岩波書店、一九七六年、二四・二五・三〇・一五九頁）
9　ハインリヒ・ヴェルフリン、守屋謙二訳『美術史の基礎概念』岩波書店、一九五〇年参照
10　前掲注10『美術史の基礎概念』二一頁
11　深田康算『美と芸術の理論』白鳳社、一九七五年、一七九、一八二～一八三頁
12　ハンス・ゼードルマイア、島本融訳『美術史の理論と方法』みすず書房、一九六八年、二六〇～二六二頁
13　前掲注12『美術史の理論と方法』一六七～一六八頁
14　同前
15　森田慶一『建築論』東海大学出版会、一九七八年、一六一頁
16　レオナルド・ベネヴォロ、武藤章訳『近代建築の歴史』上、鹿島出版会、一九七八年、二八六頁
17　同前
18　ニコラス・ペヴスナー、白石博三訳『モダン・デザインの展開――モリスからグロピウスまで――』みすず書房、一九六八年、四八頁
19　前掲注18『モダン・デザインの展開』五三頁
20　前掲注18『モダン・デザインの展開』五七頁。subject picture の訳。
21　前掲注18『モダン・デザインの展開』六一頁
22　前掲注16『近代建築の歴史』上、二八六～二八七頁
23　前掲注16『近代建築の歴史』上、二八七～二八八頁
24　S・ギーディオン、太田實訳『空間 時間 建築1』丸善株式会社、一九六五年、三一六～三一九頁
25　前掲注24『空間 時間 建築1』三九頁：ルネッサンス期の先鞭的画家としてはマザッチオ（一四〇一～一四二八）が挙げられる。
26　S・ギーディオン、太田實訳『空間 時間 建築2』丸善株式会社、一九五五年、四六四～四六七頁
27　前掲注26『空間 時間 建築2』四七四～四七五頁
28　ル・コルビュジエ、グロピウス、ミース・ファン・デル・ローエらによる近代建築がこのように分析される。
29　純粋主義、「キュービスム以後」で近代精神の特徴を表す術語としてこの言葉が使われる。
30　Ozenfant et Jeanneret, *Après le Cubisme, édition des commentaires Exposition catalogue*, Paris, 1918 ; Ozenfant, *Foundations of Modern Art*, Dover publications, New York, 1952, p.326. この二つの書によって、それぞれ、日付、場所が明らかになる。

31 Ozenfant et Jeanneret, *op.cit.*

32 Ozenfant, *op. cit.*, p.328

33 *Ibid.*

34 *Ibid.*, pp. 328-329

35 ゼードルマイアの解釈論を支える中心的概念は「直観的性格anschaulicher Charakter」である。これによって、ヴェルフリンらの芸術作品の様式史的研究から一線を画するかれの「構造分析」の方法が始まるとされている。詳しくは、注12前掲『美術史の理論と方法』一一四～一七一頁「解釈の問題」、Hans Sedlmayr, HEFTE, München, 1956を参考にされたい。

36 表記の意味は一九二八年から一九六二年にわたるということか。

37 Ozenfant et Jeanneret, *op. cit.*, p.55

38 A・オザンファン、E・ジャンヌレ、吉川逸治訳『近代絵画』鹿島出版会、一九六八年、一六七～一六九頁

39 Ozenfant, *op. cit.*, p.55 "The Cubist attitude : the effort to evoke emotion without resorting to representational forms."

40 emotionは" Pocket Oxford Dictionaryによれば Mental agitation on or feeling, excited mental state である。

41 Ozenfant et Jeanneret, *op. cit.*, p.55 "La génalité est ce qu'il y a d'invariable dans la forme, ce qui est permanent, ce qui dure dans le temps."

42 *Ibid.*, p.54

43 *Ibid.*

44 *Ibid.*, pp.59-60

第二章　行動的場面の力動性：「昇る道」

ボストン視覚芸術センター

一般に、建築はその具体化において幾つも思わぬ条件を絡ませている。このため場合によっては、そうした条件が障害になって作品は建築家の思惑とは違ったものになり、不本意なものに終わる。が、それにもかかわらず、建築作品に一つの生命があるとすれば、その生命はこれを創る建築家の自覚から生まれている。この点に立てば、建築作品の生命は、そうした思わぬ条件をも克服する。建築家の素描は、そのような自覚を最も明瞭に現わしている。素描は、かたちの原初的生命をそのなかに宿しているからである。そこに描かれる一つの像から、われわれは建築家の作品にたいする根本の考えかたを知ることができる。

ル・コルビュジエは、つぎのような一つの「素描」を残している（図版9）。

このデッサンは、「ボストン視覚芸術センター」のためにかれが最初に描いたものである。デッサンは一九六〇年四月一日の日付と建物の各部分の名称を付記している。(1)「ボストン視覚芸術センター、一九六〇年四月一日」の素描ができるまでの経緯を辿ってみる。

まずル・コルビュジエがこの企画を知るのは、一九五八年一〇月一六日付のセルトからの私信である。(2)ハーバード大学（ケンブリッヂ）が「視覚芸術の実技」を新しくカリキュラムとして導入することになり、委員会がそれを可能に

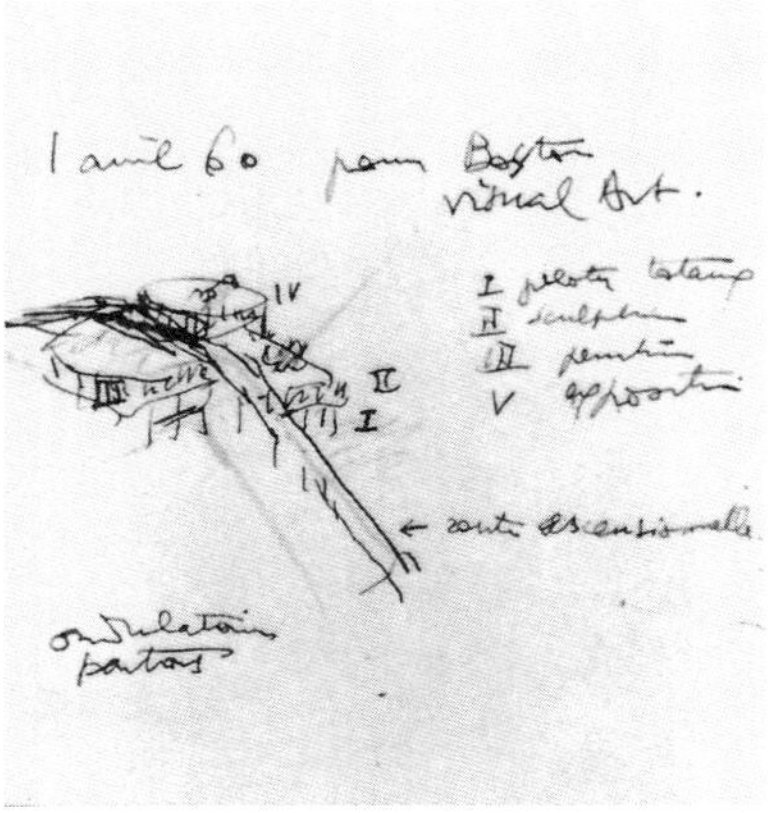

図版9　スケッチ　ボストン視覚芸術センター（1960年4月1日）

する新しい建物のプログラム報告（一九五七〜一九五八）を提出する。(3)この報告によって「ボストン視覚芸術センター」の企画が具体化され、それを設計する建築家の選択が課題として浮かび上がる。折しもル・コルビュジエの友人であったセルトがこの役を受ける。(4)

ル・コルビュジエがセルトの手紙を手にするのは、一九五八年のこの時である。セルトの意向を受け、ハーバード大学から一九五九年四月二三日付でこの建物の主旨説明がパリ、セーヴル通り三五番地のル・コルビュジエの事務所に届けられる。(5)「基本設計」に関する契約が一九五九年一〇月三〇日に交わされる。(6)契約の後、一九五九年一一月一二日、かれはケンブリッジを訪れ、ハーバード大学のキャンパスにある当敷地を視察している。(7)かれの滞在は一一月一二日から一一月一五日までの短いもので、(8)かれが再度アメリカに赴くのは翌年の六月である。(9)ル・コルビュジエによる「ボストン視覚芸術センター」のプランと模型がこのとき示されている。

したがって、一九六〇年四月一日に描かれる最初の「素描」は、プログラムと視察に基づいたル・コルビュジエの考えを表現している。この下絵ができるまで、アメリカ滞在から数えて四ヶ月余りある。この間、ル・コルビュジエはハーバード大学との直接的な交渉をほとんどもたずにパリのアトリエにいた。(10)つまり、この「素描」の与件は限られる。

ル・コルビュジエの「ボストン視覚芸術センター」に関わった条件を調べてみると、まず、設計におけるかれの採用がある。これは、セルトの働きかけによるところが大きい。推薦文は、つぎのようなことを書いている。「この国は、ル・コルビュジエの手になる建築物を一つももっていない。それはあたかもわれわれの美術館にピカソの絵が全く無いかのごとくに不可解なことである。[11]」「ボストン視覚芸術センター」の設計におけるル・コルビュジエの採用は、この推薦の手紙文を読むかぎり、ボストン視覚芸術センターにおける「ル・コルビュジエ建築」の実現である。セルトのこの提案がハーバード大学において採択される。[12]「ボストン視覚芸術センター」は企画においてル・コルビュジエの思想そのものを選んだことがわかる。

ところで、この件に関する最初の私信をセルトから受け取って、かれは、返信で、敷地の購入の決定に関しては自身の参与を経て計画を進めるように求めている。「ある寸法は、場合によって計画の障害となる」とかれはこの理由を書くのであるが、[13]敷地の選定について、既にハーバード大学で熱心な議論が交わされ、「ブラウン・レポート」[14]（一九五五）の推奨したプレスコット通りとクウィンシー通りの間にある敷地が決定されている。[15]したがって、敷地の選定においてはル・コルビュジエの思惑が届かないところで作業が進んだことになる。

一九五九年四月二三日付のハーバード大学の手紙は、主旨の概要、一二〇万ドルの総額とＡＩＡ規定による報酬額を書いている。[16]が、決定された敷地の意義や詳細はそこに明らかにされていない。敷地にたいするかれの少なからぬ関心を考えてみると、ハーバード大学による敷地の選定はその設計に少なからず影響を及ぼす。

が、この点を除けば、「ボストン視覚芸術センター」におけるル・コルビュジエの採用の理由がアメリカにおける「ル・コルビュジエ建築」の実現にあることから、その設計についてはル・コルビュジエの考えが大きく前提されている。これを示すつぎのようなことがある。かれの最初の素描は、一九六〇年四月一日に描かれている。後日の四月半ば、ハーバード大学は隣接するフォッグ美術館と新しい建物とをつなぐことを求める。[17]が、四月一日のル・コルビュジエの当初の案は変更されてはおらず、元の案が尊重されたことがわかる。

ル・コルビュジエが素描する設計案（一九六〇年四月一日）にたいして、外的に作用する一つの条件が明らかになる。

ハーバード大学による敷地決定である。一九五九年一一月一二日から一一月一五日にかけてかれがおこなう敷地の視察は、重要なものになる。ハーバード大学によって決定された敷地の条件がル・コルビュジエ自身によって捉えられるからである。敷地視察のためのこの短いアメリカ滞在が設計案の素描（一九六〇年四月一日）に強く作用したことは明白である。この日から翌年の四月まで、ル・コルビュジエとハーバード大学の間にほとんど交信はなされていない。「ボストン視覚芸術センター」における設計条件の主なものは、「視覚芸術実技委員会」によるプログラムと敷地決定、一二〇万ドルの総工費である。こうした条件のもとにル・コルビュジエはボストン視覚芸術センターの設計をおこなう。ハーバード大学はその決定をかれに全権委任している。一例を挙げれば、委員会は建築物の三階の構成を考えるのであるが、かれはそのプログラムからこれと異なる五階を構成する。[18]建築物の与条件にたいする実際の空間構成はほとんど白紙でかれに任される。

ル・コルビュジエの設計を制約する外的条件は絞られる。その敷地である。これについて、かれは当初からこだわっている。アメリカ滞在におけるかれの思案が設計の一焦点になる。そのとき、講義の間を移動する学生たちのために建築物を貫く螺旋状の歩道が着想されている。[19]素描（一九六〇年四月一日）をくわしく見てみる。

「素描」は五階の構成、総ピロティ **pilotis totaux**、「昇る道 **route ascensionelle**」を表わしている。五階の構成は敷地の狭さのためであり、[20]建物を前後に貫く道はかれの現地調査のときに発案されている。「総ピロティ」と「昇る道」は「ボストン視覚芸術センター」を特徴づける造形になっている。

「ボストン視覚芸術センター」のかたちを特徴づける「昇る道」について考えてみる。それは、一方において、計画が必要とする建物の横断道である。が、この造形のしかたはその計画と直接に結びついてはいない。というのは、「昇る道」は「横断道」でないからである。「昇る道」は計画当初に必要とされた「横断道 **route de traversée**」[21]と名付けられずに「昇る道 **route ascensionelle**」として説明されている。この点に着目してみると、「昇る道」は「ボストン視覚芸術センター」の計画的な意味を現わすというよりは、むしろ造形的な構成の方法であることが窺える。

ル・コルビュジエの設計を制約する「敷地条件」の一つは「それが既存の大学構内に位置すること」であり、もう一つはこれに関わる「敷地の狭さ」である。このために、かれは、建物を貫通する道と五階の構成を考えるのである。素描における「総ピロティ」と「昇る道」がル・コルビュジエの造形思想を現わす重要な要素として改めてここに浮かび上がる。「総ピロティ」は敷地の狭さを凌ぐ造形の強さを示し、「昇る道」もまた単なる「横断道」を超えるもう一つの意味をもつ。自覚構成的なル・コルビュジエの二つの造形要素が示唆されている。

「ピロティ」と「昇る道」

この「ピロティ」について、ル・コルビュジエはつぎのようにいう。(22)

「ピロティに支えられた住宅！　かつて家は地面に食いこんでいた。そこは暗く多くは湿気ていた。鉄筋コンクリートがピロティを提供してくれた。建物は中空に大地から離れて存在する。庭が家の下に入り込む。庭は家の下を通りまた家の上にもある。」

かれはピロティを以下のように要約する。(23)

1. 家の清潔
2. （歩車）交通の分離
3. 建物の土地と都市の大地の回復
4. 被護されたところ、貴重な建築的要素、住宅は家族の生活のために新しい要素を自由に組み込む（車庫、太陽や雨を避ける駐車場、子供の遊場）
5. もはや家の前とか家の後ろとかは無い。家は上に在る。

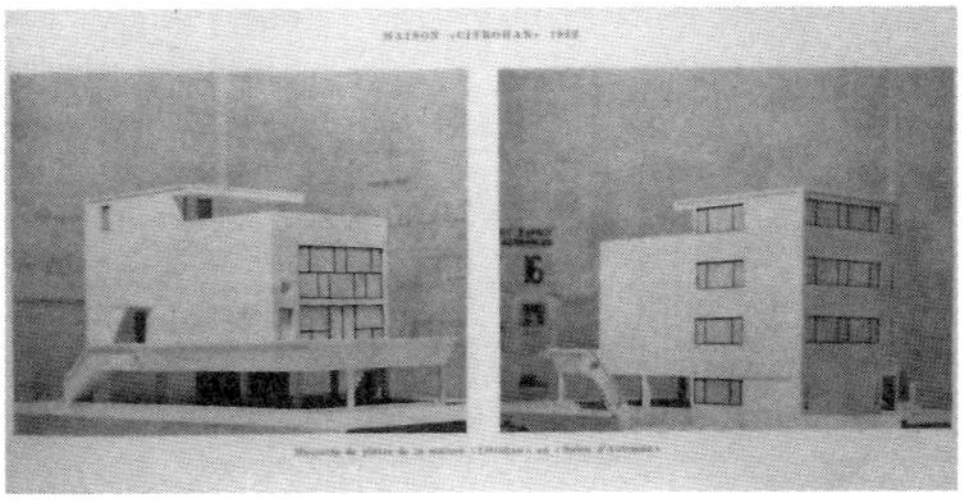

図版10　「シトロアン型住宅石膏模型」（1922）

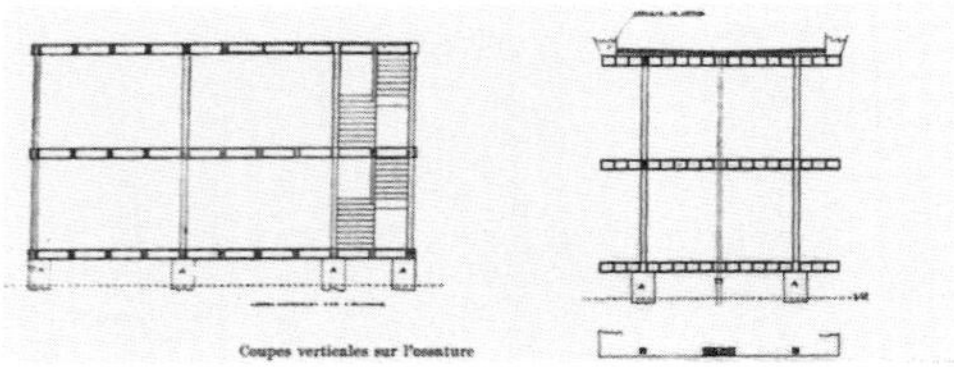

構造体を埋め込むスラブ

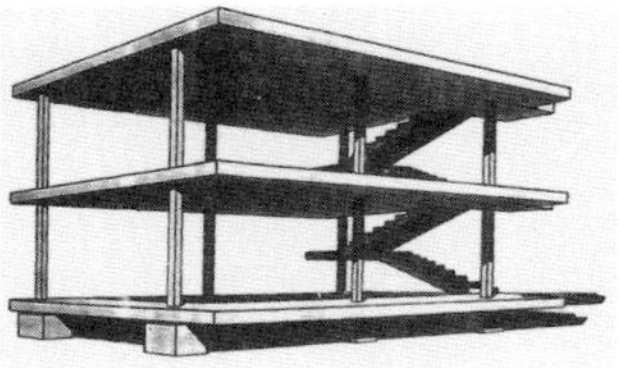

図版11　「ドム＝イノ」システム（1914）

ピロティは住宅をもち上げる。一階の床はいわば空中に浮かぶように構想されている。このことによって一階のピロティの部分が新しい住宅の要素となって現われる。かれはその場所を駐車場や子供の遊び場として提案する。こうしたことから見れば、ル・コルビュジエのピロティにおいて表現されるものはまさしく「空中に浮かぶ床」である。かれは一階の床をもち上げる。

因みに、『ル・コルビュジエ全作品集 ŒUVRE COMPLÈTE』に掲載される一連の作品を通覧してみれば、そうしたピロティの建築造形が一貫するかれの建築制作の方法であることが窺える。『ル・コルビュジエ全作品集』の説明によると、「ピロティ」が作品として最初に現れるのは、「シトロアン型住宅石膏模型」（一九二二）（図版10）である。(24)

模型を見ると、地上から二階に上がる階段に延びた歩廊とテラスが骨組みとしての柱によってそのまま支えられている。この造形のしかたは、この模型に先立つ「ドム＝イノ」システム（一九一四）に見出される(25)（図版11）。「ドム＝イノ」システムは柱、床、階段といった建物の基本的な骨組みを示しながら、それは同時に視覚的な造形の表現として存在している。(26)その造形のしかたは、かれの近代建築の出発を表わしている。「シトロアン型住宅石膏模型」（一九二二）のピロティは、そのような造形にたいするかれの考え方から導かれている。

歩廊とテラスを支える一階の「ピロティ」の空間は、特に具体的な意味をもっていない。テラスの下の空間はいわゆる機能的な空間としては存在していない。「ピロティ」のもつ重要な性質が指摘される。それは機能的な必要性というよりむしろ造形的意図としてある。一九二二年の「サロン・ド・オートンヌ」に出展されたこの模型は、イル・ド・フランスやコート・ダジュールのための住宅として計画される(27)。模型の「ピロティ」は地上からの階段とこれにつづくオープン歩廊のテラスを支える。つまり、歩廊のテラスに表現されるようなそうした場所こそが空間的に強調される結果、その下階が影のようになる。イル・ド・フランスやコート・ダジュールに見出すような戸外の開放感がル・コルビュジエの心を捉えている。「ピロティ」の意味はそこに存在している。

「シトロアン型住宅石膏模型」（一九二二）に先行する、一九二〇年の「シトロアン型住宅」に、初めて登場するル・コルビュジエの「屋上庭園」が地上から直通する階段によって結ばれている(28)（図版12）。「屋上庭園」とそこに至る階段は一体のものとして存在していることがわかる。

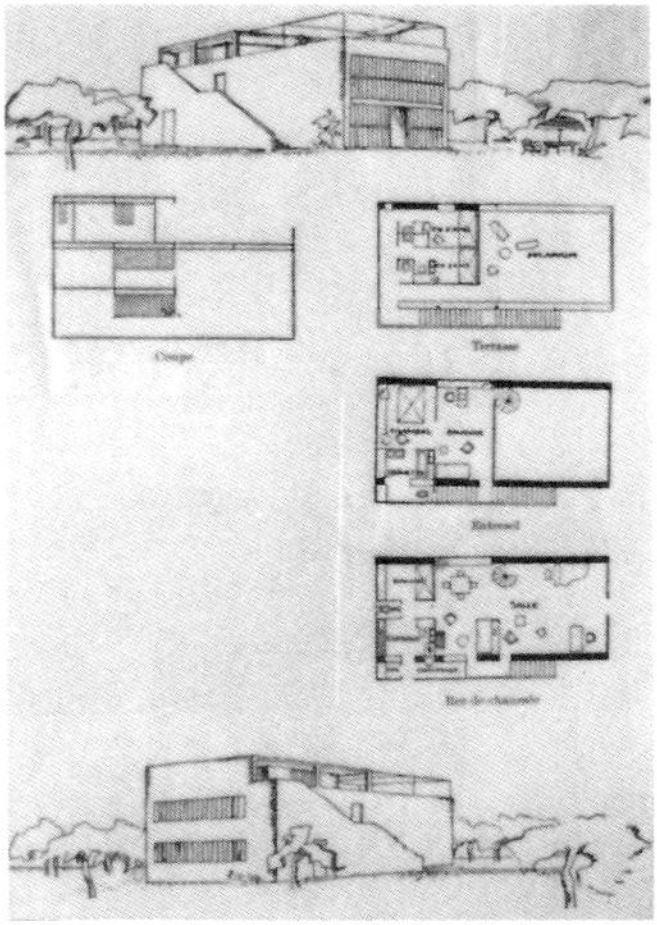
図版12　「シトロアン型住宅」（1920）

ル・コルビュジエの二つの住宅計画において、「ピロティ」のテラスや「屋上庭園」、またそれらにつながる戸外の「階段」が一体になってつよく表現されるのである。かれは、戸外の大気と結ばれる空間をそこに構成している。そうしたテラスや屋上庭園あるいは階段が意味するものは、一言でいえば「戸外の大気」の解放感である。つまり、「屋上庭園」、「階段」、「ピロティ」は、「戸外の大気に解放される一つの身体」を表現している。大気に解放される身体の動きをル・コルビュジエのその「階段」

はまさに現わしている。

ル・コルビュジエのこの造形のしかたが、ル・コルビュジエとピエール・ジャンヌレの名で、『ル・コルビュジエ全作品集』（一九二六）において宣言される、「新建築の五つの要点」――1．ピロティ　2．屋上庭園　3．自由な平面　4．横長の窓　5．自由な立面――である。(29)「新建築の五つの要点」のなかに、いま、「戸外の大気に解放される身体」を読めば、それは、数珠のごとくつながる。「五つの要点」はこうした身体の姿を表現するいわば詩的な造形法であると考えられる。

「戸外の大気」に解放される身体は、言葉を換えていえば、われわれの五感が生きいきと働く「身体の生」である。その「身体」は思念的な静ではなく、まさにダイナミックな感覚をもつ。「自由な平面」「横長の窓」と云った構成の方法はそうした身体のダイナミックな動きを空間的に捉えたものであるといえる。

「立面」の自由な構成は「ドム＝イノ」システムに読み取ることができる。(30)「自由な平面」に応じる立面の意匠としてそれは存在している。「プランは内から外へ」(31)というル・コルビュジエの言葉は、空間構成の中心にダイナミックな身体の姿を見るかれの思想をまさに語っている。立面はダイナミックな身体のそうした動きに応じるものでなければならない。

「シトロアン型住宅石膏模型」に戻ってみる。この模型住宅において、ピロティと一体になる階段は、戸外の大気に向かう身体の動きを表現している。［階段―歩廊―テラス／ピロティ］はそのような身体の姿をまさに見せている。この意味において云えば、それは一体の造形である。つまり、［階段―歩廊―テラス／ピロティ］は、戸外の大気に向かう身体の表現にまさしく導かれる建築の視覚的造形である。「シトロアン型住宅石膏模型」（一九二二）に表現される空間は、戸外の大気に躍動する身体にひらかれている。(32)

ル・コルビュジエの空間における力動的な身体の表現は、一方、絵画に描かれる力のモチーフに通じていると考えられる。ル・コルビュジエの絵画と大気の光にはじまる建築は、通じあうある空間的な思考をもっている。この点に立っていえば、海辺のその住宅は、かれの建築思想を表現する重要な意味をもつ。つまり「新建築の五つの要点」は、海辺に見るような一つの原風景をもつのである。大気の光に躍動する一つの身体の生、海辺はこのことをまさに語っている。

ル・コルビュジエの「階段」や「斜路」が内にもつ意味は、まさに「昇る」身体である。原点に返れば、それは海辺に躍動するような一つの身体の表現として存在している。「階段」や「斜路」はこの見方からすれば、ル・コルビュジエの空間を定義する重要な意味をかたちづくっている。

ジャンヌレ（＝ル・コルビュジエ）の「東方への旅」

一九一一年五月、ル・コルビュジエは、東方地中海を巡る国々の旅に向かっている。[33] 一九一一年五月からその年の一〇月にかけての「旅行記」をかれは晩年に整理し直し、[34]『東方への旅』として出版している。「東方への旅」と名付けられるル・コルビュジエの旅の経験が自らの建築思想の形成に果たした意義の大きさが明瞭になってくる。

かれは、地中海の太陽に映える壁の白さにうたれる。[35] 旅に見たその「壁」こそ、後に石灰乳・リポラン法として建築造形と一つになる基本的な色彩「白色」の源になる。[36] 地中海の光の美しさをかれは捉えようとする。「大気の光」に結ばれるかれの建築の始まりがここに見い出される。「シトロアン型住宅」（図版12）に構成される「日光浴室SOLARIUM」[37] はそうした原風景をもつといえる。そこに存在する身体がル・コルビュジエの空間を定義する。空間を構成するダイナミックな身体は旅に見た風景のなかから生まれている。こうしたことから云えば「階段を昇る」身体の表現はかれにとって決定的な意味をもち、「昇る道」はル・コルビュジエの建築構成の根本的な意味を担う。「昇る道」は、その建築の根幹に構成されるものであることがわかる。翻って、ル・コルビュジエが「ボストン視覚芸術センター」のためにセルト宛に書いた「ある寸法は、場合によって計画に障害となる」というその言葉は、じつは、そうした「ピロティ」の建築的造形の可能性、つまり「斜路」の敷地的な成否を問うかれの密かな思案ではなかったか。

白壁

ル・コルビュジエが東方への旅に見たものがある。民俗芸術のもつの生命の輝きである。「白壁」の美しさもまたそこに存在している。かれは述べている。「もしも家が真白ならば、描かれた図は誤りなく浮き上がり、物の容積は明確に、色彩はそこに宣言的である。石灰乳の白さは絶対であり、一切はそこに浮き上がり、白地に黒の文字は絶対的であり、率直でしかも忠実である。(38)」

「白壁」の意義を考えてみる。ロマン・ヤコブソンは、いわゆる「失語症」に触れてつぎの報告をおこなっている。これによると、「失語症」の症例は典型的な二つの型の間にある。(39)一つは、「ナイフ」の代わりに「フォーク」、「ランプ」の代わりに「テーブル」という症例である、(40)他の一つは、「顕微鏡」の代わりに「望遠鏡」、「ガス灯」の代わりに「火」という症例である。(41)

前者は「語」の意義をいわゆる換喩法metonymyによって言い表わしている。ヤコブソンはこの症例を「相似性の異常」と呼んでいる。(42)言語の選択性selectionと結合性combinationにおいて、(43)一方の選択（代置）能力が著しく損なわれるために、他方の結合能力が逆に支配的なものになって、空間的、時間的意味における語の「隣接性」が前者の言語活動を規定するのである。(44)

これにたいして、後者は「語」の意義をいわゆる隠喩法metaphorによって言い表わす。かれはこれを「隣接性」の異常と呼ぶ。(45)前者とは反対に言語の結合能力が損なわれるために、代置的な「語の相似性」が逆に支配的なものになってしまう例である。(46)健常者では、語の相似性に見る内的な関係から語の選択（代置）が可能となり、同時にまた語の隣接性という外的な関係から構成要素が脈絡として合体され、語の結合が成り立つのである[47]。

ヤコブソンは、こうした観察をさらに絵画の問題として取り挙げ、つぎのように語る。「絵画の歴史からの顕著な一例は、キュービスムの明らかに換喩的な方向づけであって、そこでは物体が一組の提喩に変形される。シュールレアリスムの画家は、明らかに隠喩的な態度で応じた[48]」。ル・コルビュジエとシュールレアリスムの対立を解く一つの鍵がここに見出される。シュールレアリスムの隠喩的な態度にたいするル・コルビュジエの絵画の換喩的な構成である[49]。ル・コルビュジエの絵画の構成はこうした見方を分かちあっているといえる。

というのは、オザンファンとル・コルビュジエはつぎのようにピューリスムを語るからである。「ピューリスムの構図はキュービスムの構図から発している。しかし、キュービスムでは出発点たる物体は画の有機的結合上の必要から、変形させられる。しかも、しばしば極端に変形させられる。ピューリスムは、物体の構成上規準形態を尊重して、一定の制限以上に変形する権利を認めない。それゆえ、類型を崩すような変形はしないで、物体相互が正常な状態で結合されることを出発点とする。それだから例えば同じような共通した輪郭で物体を結合するという説明がつくと思う。作品のなかに統一のある一つの物象を創造しようとする目的において、さまざまの要素を結合するに際し、キュービスムでは主として物体の特定の性質を変えて解決しているが、ピューリスムでは有機的結合をもって諸要素の結合を実現する[50]」。ピューリスムの換喩的方法は、キュービスムと同様なあるいはそれを凌ぐ「隣接」の意味をもつことがわかる。

ジャンヌレの東方への旅における「白壁」は、ピューリスム絵画と結びあう一空間論として存在している。「白壁」は空間における物体の外的な関係を映し出す。そのような「白壁」の視覚性は、じつはヤコブソンの「語の隣接性」に表現される空間の意味を現わしている。白壁はまさに後の絵画の構成と一つになる空間思想をもっていたのである。

ル・コルビュジエの五つの要点の一つ「屋上庭園」は、地中海の旅における体験を源にもつと考えられる。その旅の経験は、後にまた絵画の構成をなす一つの思想をかたちづくるのである。「白壁」の空間は、ピューリスムの空間に通約される一つの意味を自らにもつ。

ル・コルビュジエの空間

ル・コルビュジエの建築作品を特徴づけるいわゆる「ピロティ」は、簡単にいえば「昇る道」とドム＝イノ式方法による造形法から生まれる。「ピロティ」はル・コルビュジエの建築の原理的な意味である「昇る道」を表現している。一つの「昇る道」が「ドム＝イノ」システムにおいていわゆる「ピロティ」を生む。「ドム＝イノ」システムにおける「ピロティ」がそれを可能にする「昇る道」を作らせているのではない。一つの「昇る道」の存在がまさにその造形的帰結において「ピロティ」を導く。要点をいえば、ル・コルビュジエの「ピロティ」において創られるものは、まさに「昇る」道そのものなのである。

「昇る道」はダイナミックな身体の動きを表現する。大気の光に向かう一つの身体の生がそこに歌いあげられている。「昇る」道が造形に表現するものは、五感が大気に開かれるその身体の生である。ル・コルビュジエの「新建築の五つの要点」――1. ピロティ　2. 屋上庭園　3. 自由な平面　4. 横長の窓　5. 自由な立面――は、そうした身体を裏書きしているといえる。

「新建築の五つの要点」に宣言されるル・コルビュジエの空間は、源に東方への旅にみる原風景をもつ。かれは二三才のとき、東方の地中海を巡る国々を旅する。このとき地中海の光に映える民俗の芸術がかれを打つ。そこに見る「白壁」は、かれの根本の色彩として生き続ける。「白」色が現わす空間は、ピューリスム絵画の構成と分かちあう空間の意味をもつ。白壁の空間は、絵画に通約される一つの空間的意味をもっていた。ル・コルビュジエの絵画と建築は、その根底に一つの空間思考をもつ。

こうしたことを考えてみるとき、「大気の光」に向かう一つの身体とピューリスム絵画にかたちづくられるもう一つの身体像は、同一の空間的意味をもって存在しているのであり、この二つの身体は、自ら根源的といえるような一つの「力」を定義しながら、相同的な空間を生きる一つの身体として現われる。この意味において、ル・コルビュジエの身体は、単なる身体の描写ではない。こうした見方に立てば、それは、まさにデミウルゴスの創造的意味をもって描かれている。

力学の構成的意味をもつピューリスム絵画の身体像は、まさにル・コルビュジエの空間を構成するもう一つの身体に結びついている。溢れる光の大気にあそぶその身体は、こうした観点において改めて考察されなければならない。ル・コルビュジエの絵画と建築は、根源的な意味をもつ一つの世界をわれわれに語ってくる。

注

1 I. 総ピロティ　II. 彫刻　III. 絵画　VI. 不詳（Vの誤記か）　V. 展示　すべてオンデュラター（昇る道）と付記される。
Eduard F.Sekler, William Curtis, *Le Corbusier at Work*, Harvard University Press, 1978, p.56による。

2 *Ibid*, p. 45, p. 286, Appendix 3（ル・コルビュジエがセルトに書いた返信。パリ一九五八年一〇月二七日発信）。セルトの本名はジョセップ・リュイス・セルト。

3 *Ibid*, p.6, pp. 279-285, Appendix 1, Report of the committee on the practice of the visual arts For the year 1957-58

4 *Ibid*., p.VIII.　セルト自らがそのことを述べている。

5 *Ibid*., p.287, Appendix 4.　ハーバード大学から届いたル・コルビュジエ宛の手紙が収録される。

6 *Ibid*., p.49

7 *Ibid*.

8 *Ibid*.

9 *Ibid*., p.52

10 *Ibid*., p.57

11　*Ibid.*, p.42（一九五八年六月二六日付けの手紙文抜粋訳）

12　*Ibid.*

13　*Ibid.*, p.286, Appendix 3.　ル・コルビュジエがセルトに宛た手紙が収録される。

14　*Ibid.*, p.5.　このブラウン・レポートによって、当センターの建設が企画される。

15　*Ibid.*, p.42

16　*Ibid.*, p.46, p.286, Appendix 4

17　*Ibid.*, p.53

18　*Ibid.*, pp.41-43

19　*Ibid.*, p.50

20　*Ibid.*, p.43, pp.283-285, Appendix 1（四ヶ所の敷地条件と所要室面積が示されている。）

21　*Ibid.*, p.50.　ル・コルビュジエは「建物の横断道を用意しなければならないだろうIl faudra préparer une route de traversée du bâtiment」と述べている。

22　Le Corbusier et Pierre Jeanneret, *Œuvre Complète 1910-1929*, 1965, Les Édition d'Architecture, pp.128-129（邦訳：吉阪隆正訳『ル・コルビュジエ全作品集　第1巻　一九一〇―一九二九』A.D.A.Edita Tokyo、一九七九年、一一四～一一五頁

23　*Ibid.*, p.132（前掲注22邦訳書、一一八頁）

24　*Ibid.*, pp.44-46

25　*Ibid.*, pp.23-24

26　「ドム＝イノ」システムが見せる完全なまでの滑らかな仕上げとその作為的な形態的単純性を捉えて、ターナーは、その「骨組形式」は、構造的なものではなく、造形的であることを主張している（*The Open Hand*, edited by Russell Walden, Essays on Le Corbusier, The MIT press, 1977, pp.32-38）。ターナーは、「ドム＝イノ」システムに強いル・コルビュジエの造形的意図を見る。そうした見方は、いま、差し置くが、「ドム＝イノ」システムが見せる一つの造形性は明らかであろう。

27　Le Corbusier et Pierre Jeanneret, *op. cit.*, pp.44-46

28　*Ibid.*, p.31

29　*Ibid.*, p.128

30　*Ibid.*, pp.23-24.　外壁や間仕切りの構造体からの分離が語られ、柱はスラブの端から奥まって配置される。

31 Le Corbusier, *Vers Une Architecture*, Vincent Freal & Cie, Paris, 1966, p.143, Le plan procéde du dedans au dehors（邦訳：ル・コルビュジエ-ソーニエ、樋口清訳『建築へ〔新装普及版〕』中央公論美術出版、二〇一一年、一四五～一六二頁）
32 Le Corbusier et Pierre Jeanneret, *op. cit.*, p.44. 玄関は二階の歩廊のテラスに付いている。そのことはこうした身体の動きにつながる室内を語るものと思われる。
33 ル・コルビュジエ、石井勉他訳『東方への旅』鹿島出版会、二〇〇九年、八頁
34 同前
35 前掲注33『東方への旅』七六頁：「チルノボでは、部屋の中まで石灰で白く塗られており、そのあまりの美しさは強く印象に残っている。……」
36 Le Corbusier, *L'Art Décoratif d'Aujourd'hui*, Arthaud, Paris, 1980, pp.185-195（邦訳：ル・コルビュジエ、前川国男訳『今日の装飾芸術』鹿島出版会、一九七六年、二〇一～二一五頁）
37 Le Corbusier et Pierre Jeanneret, *op. cit.*, p.31, Maison〈CITROHAN〉1920
38 Le Corbusier, *op. cit.*, p.193（前掲注36邦訳書、二一一～二一二頁）
39 ロマーン・ヤーコブソン、川本茂雄監修、田村すず子・村崎恭子・長嶋善郎・八幡屋直子訳『一般言語学』みすず書房、一九八一年、三九頁
40 前掲注39『一般言語学』三四頁
41 前掲注39『一般言語学』三六頁
42 前掲注39『一般言語学』三四頁
43 前掲注39『一般言語学』二三～二四頁
44 前掲注39『一般言語学』三三～三四頁
45 前掲注39『一般言語学』三五頁
46 前掲注39『一般言語学』三五～三六頁
47 前掲注39『一般言語学』二三～二四、三三頁
48 前掲注39『一般言語学』四一頁
49 ル・コルビュジエ、生田勉・樋口清訳『伽藍が白かったとき』岩波書店、一九七三年、一九七～二〇一頁「キュービスムはひとつの強力な革命であり、新時代の旗じるしである。健康、力、楽観主義、創造、少数の強くて健康

な人間の贈物。（中略）これに反して、シュールレアリスムは高貴、優雅、風流で、葬式的虚飾の創設である。……」

50　A・オザンファン、E・ジャンヌレ、吉川逸治訳『近代絵画』鹿島出版会、一九六八年、一七三頁

第二部　身体の表現

第三章　身体の表現の展開

近代建築とル・コルビュジエ

周知のように、ギーディオンは、新たな様式として成立する近代建築の空間概念「時・空間」を指摘する(1)。空間的三次元に加わる新しい一次元、時間がそこに観察されるのである。かれは、そうした「時・空間」を象徴的に描くものとしてキュービスムを挙げる。ルネサンスの遠近法の空間は、不動の一つの視点から構成されている。これにたいし、キュービスムの空間は、対象のまわりをめぐる視点の動きとともに構成される。

三次元の空間に加わる「時間」はそこに生まれる。キュービスムに象徴されるような空間概念をかれは近代建築に見出す。グロピウスのバウハウス（一九二六）やアメリカ大使館（一九六一）、あるいはル・コルビュジエのサヴォア邸（一九三〇）、またミース・ファン・デル・ローエのイリノイ工科大学（一九三九）やバガルディ・ラム酒工場（一九六一）といった作品はその代表的なものである。

こうした建築作品は、かれの言葉によると、「時間」という次元を包含すること、つまり動くことによって初めて徐々に知覚されてくるような空間を表現している(2)。とりわけ、そうした「時・空間」を形態的に示すものが、判別しがたいほど貫入しあった近代建築の内部と外部である。

ギーディオンが近代に読みとるそのような「時・空間」は、見方を換えれば、運動する身体の感覚的表現である。そ

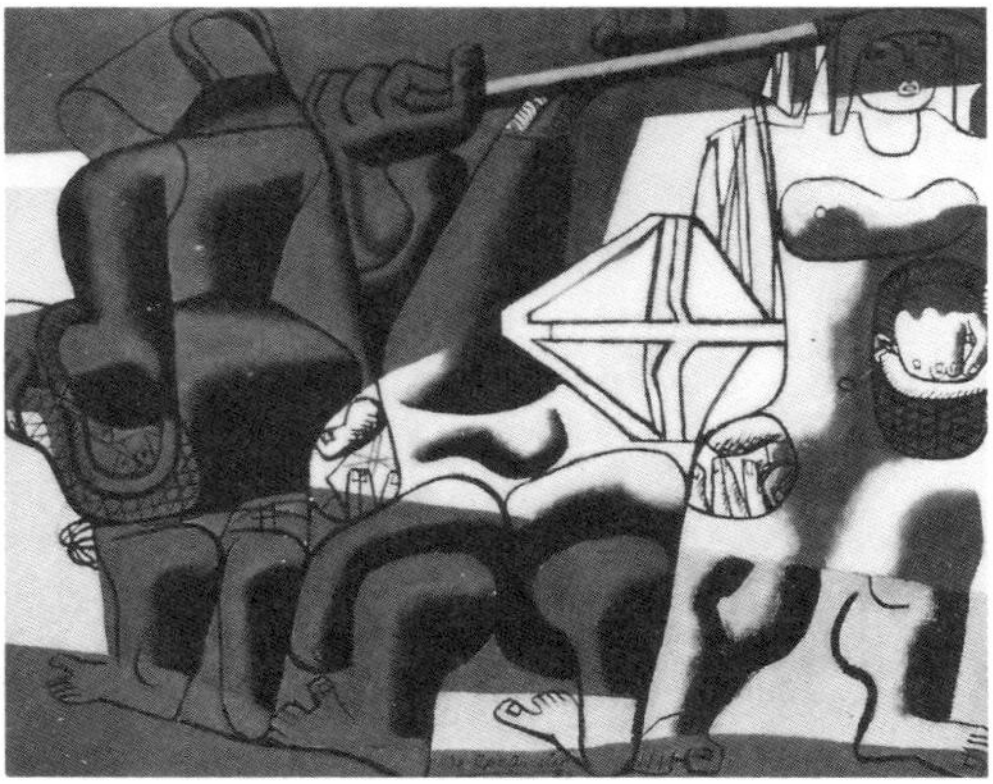

図版13 「漁師」(1938)

うした「身体」こそをひろく近代建築は表現しているといえる。ル・コルビュジエの「サヴォア邸」はギーディオンのいう「時・空間」を表現する優れた例である。筆者は、その「時・空間」における身体こそを主題化したい。つまり、一つの身体に結びつく空間構成の問題としてこれを考えてみたいのである。

ル・コルビュジエにおける身体の表現は、二〇世紀近代の建築に普遍化される重要な意味をもっている。ル・コルビュジエは、そうした身体を自身の芸術に主題化する。かれの絵画においてまさに近代建築における身体の一つの意味が深く追究されるのである。近代建築思想における ル・コルビュジエの絵画の意味はまさにそこに存在している。絵画を交える独自の近代建築の方法が、後に、ル・モデュロールと呼ぶ一つの身体図式を完成する。

ル・コルビュジエのそのような身体の描出において、かれの一九三〇年代の絵画に表現される身体、とりわけその絵画に示される特徴的な手の表現が着目される。ル・コルビュジエは、一九三〇年代の絵画において、それまでのピューリスム絵画にはない新たなテーマを見出す。かれは活動的な人物を主題に描く(図版13)。

この絵画の展開は、一九二〇年代末から三〇年代にかけてかれが行なう旅行と深く関わっている。こうした旅行が建築に与えた影響として、ル・コルビュジエが旅先に見る民俗の形態とかれの建築との類似が指摘されている(3)。が、そうした形態の単なる類似性ではない、かれの建築の創造的意味こそがより問われなければならない。いかにして、そのような形態を創るのか。このことこそが重要である。こうした観点からル・コルビュジエの建築を考えてみるとき、一九三〇年代の絵画は、自身の建築思想を深める重要な意味をもつ。一九三〇年代の絵画は、単に旅行のスケッチにおける風景の描写ではない。まさにかれの身体思想とピューリスム構成論がその絵画の発展において統一されるのである。

　ピューリスムにおける初期の絵画は、日常的な物象を扱う静物画であった。初期の絵画に見る静物の構成は一つの身体の表象へと主題的な意味を変えているのであるが、その絵画の発展は、そうした身体の表現的展開と同時にピューリスム構成論の発展としてもまた考察されなければならない。特徴的な手の表現は、このことを示唆している。ル・コルビュジエの一九三〇年代の絵画は、独自の身体の意味をかたちづくる。

著作『講話』（一九四二）

「建築科の学生たちへ」と題したかれの『講話』（一九四二）がある。[4] これは、建築教室を開くことをかれに願い出た国立美術学校《エコール・デ・ボザール》の学生の要望に応えたものである。かれのおこなういわゆる建築教育は設計活動を通じたアトリエでのものであり、学校教育の場にかれは身を置かなかった。ル・コルビュジエはいわゆる学校に見るアカデミックな建築教育を受けていない。[5]

　伝統的なフランス建築教育の殿堂である国立美術学校《エコール・デ・ボザール》の意の介しないところで、一人、近代建築を拓くかれの姿は、一方において、そうした国立美術学校の保守派から見れば危険とも思われる異端児に写ったことは容易に想像できる。また、ル・コルビュジエから見れば、国立美術学校の建築教育は「型にはまった単調な繰り返し le ronron académique」にしかすぎなかった。[6]

　このような両者の反目は、ジュネーブの「国際連盟」（一九二七）をめぐる競技設計において決定的なものになる。三七七案もの応募案が寄せられたこの設計競技においてかれの案は落選する。その理由は、審査員に名を連ねた国立美術学校保守派の一人がかれの図面は条件にある墨で描かれていないことを主張したことにあったといわれる。(7) この設計競技に並々ならぬ意欲を示していたル・コルビュジエの失望は大きかった。(8)

ル・コルビュジエと国立美術学校とのこうした対立を背景にもつ『講話』は重要な意義をもつ。「建築科学生たちへ」と銘打つ『講話』はヴィニョーラや建築の三つのオーダーに見るような国立美術学校の古典的な考え方にたいして、かれ自らが拠って立つ思想の論拠をまさしく見せるものになる。

ル・コルビュジエの建築思想はどんな体系的意義をもつのか。その学術的な根拠はいかに存在するのか。かれは『講話』においてこの主題に迫る。「建築科の学生たちへ」と題したこの『講話』は、末尾に一九四二年一〇月一七日の日付をもつ。ル・コルビュジエの一九一一年の「東方への旅」からほぼ三〇年を経てこれが書かれている。『講話』は、ル・コルビュジエの「旅行」が自身の建築思想を形成する重要な要素であったことを明らかにしている。かれは、そのなかでそうした経験つまり一九一一年の旅において、建築が風景に開かれたものであることを学んだと述べ、(9) 一九二七年の国際連盟会館の設計案はまさにこうした思想を表明するものであったことを説明している。(10)

「空が支配し、あらゆる物に優先する」(11) という『講話』のこの言葉こそ、かれの「旅行」学から普遍化される最も基本的な建築に対するかれの見方を明確にしている。かれはまず第一に自然の空を挙げて、そこにに支配的な力を見る。「空が支配する」という宣言的なその一文が含蓄するものは小さなものではない。それはかれの建築世界のゆえんを語る。かれの建築思想の成立する重要な根拠がそこに語られている。

自然の空は人々の生きる姿と結びつく。そうした人々の情景こそをかれは捉える。かれは民俗 folklore の知恵に永遠の価値を認める。(12) かれの旅行記はその克明な記録である。かれは民俗に学ぶ。「石灰乳白、色彩、光、かたち、寸法、……」というル・コルビュジエの建築固有の語彙は旅に見る体験の賜物である。国立美術学校の古典的な考えかたに対決するかれの学術的な根拠はまさしくそこに示されている。

身体の揺動leibliche Regungen

ル・コルビュジエのアトリエは一九二七年に拡張されている。[13] これを期にかれの仕事は世界的なものになってゆく。[14] 計画案の実現と相まって、一九二〇年代末から一九三〇年代にかけてかれの旅行がはじまる。一九二九年、アルゼンチン（南米）旅行。一九三〇年、モスクワ旅行、スペイン旅行。一九三一年、アルジェ旅行。一九三四年、アルジェ、ガルダイア旅行。一九三五年、アメリカ旅行。一九三六年、リオデジャネイロ旅行。旅行は多くの国々にわたっている。[15] 画帖を手にしたこれらの旅行はかれの建築思想を深く形成してゆく。

ところで、これらに先立つ一九一一年の東方への旅は、ル・コルビュジエの建築思想に決定的ともいえる意義をもつ。[16] ジャンヌレ（＝ル・コルビュジエ）はその旅において生命の生きる輝きを見る。かれは「東方への旅」においてつぎの手紙を書いている。「農民芸術は美学的官能主義の生みだした一つの顕著なる創造物なのだ。もし芸術が科学の上に立つとするならば、それはまさに後者に比して前者が官能をそそり、肉体的存在の内奥深く、反響を喚起せしめるものだからにほかならない。（中略）美しき生命としての生きることの歓びがおおらかに誇示されている。フォルムは活力にみなぎり、豊かにふくらんでいる。線はつねに自然の様相を現わし、その近傍や作品そのものと相まって、幾何学の仙境をつくり出している。始源的な本能と高度の抽象的考察を受容し得る天性との驚くべき結合。――色彩もまた描写ではなく惹起なのだ。[17]（後略）」。地中海を巡る東方の旅におけるこの出会いはかれの全身を揺がすのである。

ヘルマン・シュミッツは「身体の状態感と感情」と題する小論を書く。[18] この論文は、そうした旅の体験と身体とをつなぐ一つの意味を語る。このなかで、かれは情動の成立をまず感情と身体の揺動とに分けて考察している。[19] かれは、感情と身体の揺動がもつ共通の徴表に空間性を見て取る。[20] つまり、かれの云うところにしたがえば、こうである。われわれがある気候を感知するとき、それは雰囲気というものをもっており、そんな空中に漂う気配（雰囲気）をひとは自分の身体において感じる。[21] 気候のもつ雰囲気はそのような身体の感情に働くものとして注目されるのである。

シュミッツによれば、感情は雰囲気として分かちがたい仕方で空間的にひろがっている。[22] 感情のもつ空間性とこれに対する身体との関わりをかれは問う。つまり、単に執拗に現前してくるだけで、時に間接的に働きかけてくるにすぎない感情とわれわれを捉えてしまう感情とをかれは区別する。[23] ある人間に現われてくる感情がその感情によってかれが捉えられている感情であるその感情にいかにして成るのか。[24] そのためには身体的な揺動というかたちをとるもう一つの感情が必要なのである。

身体の揺動によってわれわれはまさしく一つの感情を捉える。こうしたことから云ってみれば、感情によって捉えられて起こる感動と気候がわれわれに引き起こす感動は、同じような事情をもつ。[25] 気候のもつ雰囲気は、自己の身体においてその身体の揺動を通じて感知され得るからである。[26]

ル・コルビュジエの「東方への旅」は、シュミッツの語るそうした「身体の揺動」をまさに体験したものであるといえる。いわば地中海の大気と一体になるその身体の経験をかれは自身の空間に実践する。つまり、そこに見る空間的な体験がル・コルビュジエにおいて創造的に捉えられるのである。かれは、大気と結びあう身体の揺動に根源的な意味を与える。地中海の大気の光に共鳴する身体は、ル・コルビュジエの建築に確かな身体の意味を与えるのである。

シュミッツの語る「身体の揺動」、それは、感動的な身体の一つの揺動でしかない。ル・コルビュジエの「東方への旅」がもつ意義は、そうした身体の体験を新たな空間構成へとまさに創造的に捉えてゆくことにある。そこにおいて、まさにル・コルビュジエの身体の根本的な意味が生まれるのである。「東方への旅」は、こうしたことを語る。

「海辺の家」（一九一八）

つぎの絵は、ル・コルビュジエの描いた二つの室内スケッチである。一つは、ラ・ショー＝ド＝フォンで設計したジャンヌレ＝ペレー邸（一九一二）（図版14・15）であり、もう一つは、「海辺の家」と題する別荘（一九一八）である（図版16・17）。

二つのスケッチは大きな違いを見せる。落ち着いた静謐感を漂わせるラ・ショー＝ド＝フォンの住宅の室内に対して、「海辺の家」の内部は逆に身体の運動的な表現をもつ。

前者が山の中に建つ住宅であり、後者が開放的な海辺に建つ別荘という違いがあるとはいえ、そこに見られる変化はかれの思想の変化を如実に語っている。特にこの印象を強くしているのが「海辺の家」の螺旋階段である。螺旋階段は「海辺の家」に強い力動感を与えている。これは、室内透視のスケッチとしてル・コルビュジエが自ら描いたものであるから、その階段は表現的意図をもって室内の中央に置かれていると考えられる。「海辺の家」の透視図のスケッチはうまくこの螺旋階段を表現しており、透視図の空間表現はその階段を中心にして構成されていると見てよい。

図版14　ジャンヌレ＝ペレー邸の外観パース

図版15　同室内のパース

つぎのデッサンは、ル・コルビュジエによるラ・ロッシュ＝ジャンヌレ邸（一九二三、パリ）の室内のスケッチである（図版18）。

こうしたスケッチは、力動感を

もつ一つの空間を示している。とりわけ、そこに描かれる斜路はそのような空間的な力動感を表現する重要なモメントになっている。

　われわれはそこに現わされる力動感をこれに先立つ「海辺の家」に見出すことができる。[27]「海辺の家」の螺旋階段は機能的な意味の単なる階段ではない。力動的な人間の躍動感こそが表現されている。その「海辺の階段」のモチーフは、海辺の一風景を超えてかれの建築思想の根本的な意味を担っていったと考えられる。ラ・ロッシュ＝ジャンヌレ邸の室内のスケッチはこのことを示唆している。スケッチに見る階段や斜路はあたかもその空間の中から生まれ出るかのごとく構成される。ル・コルビュジエにおける階段や斜路は機能的な意味を超えるかれの空間構成の表現的モメ

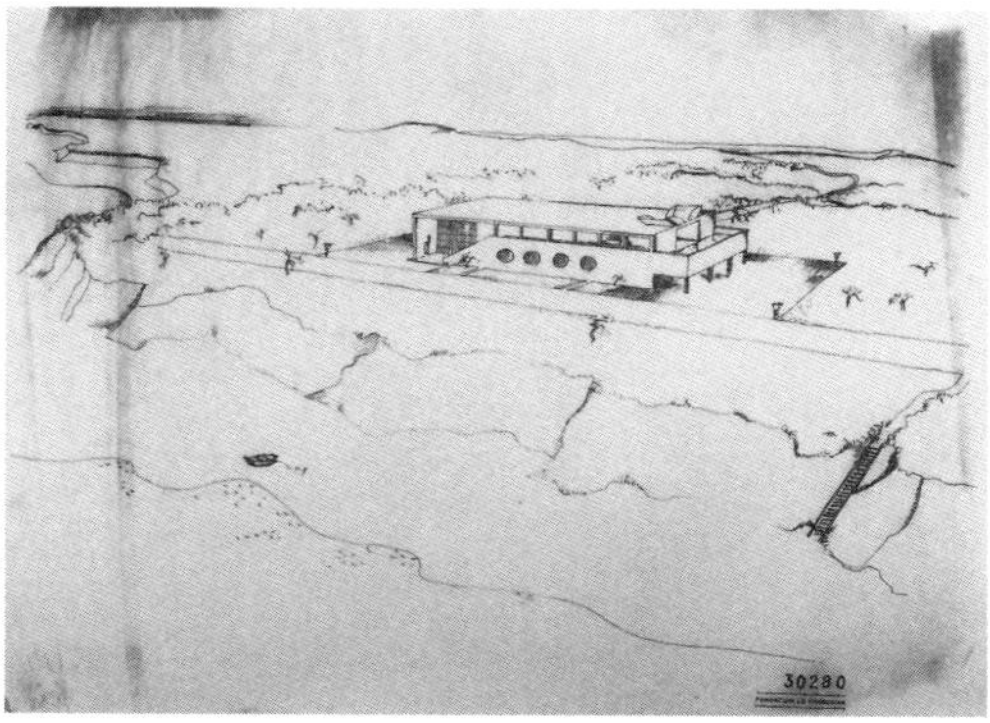

図版16　海辺の家

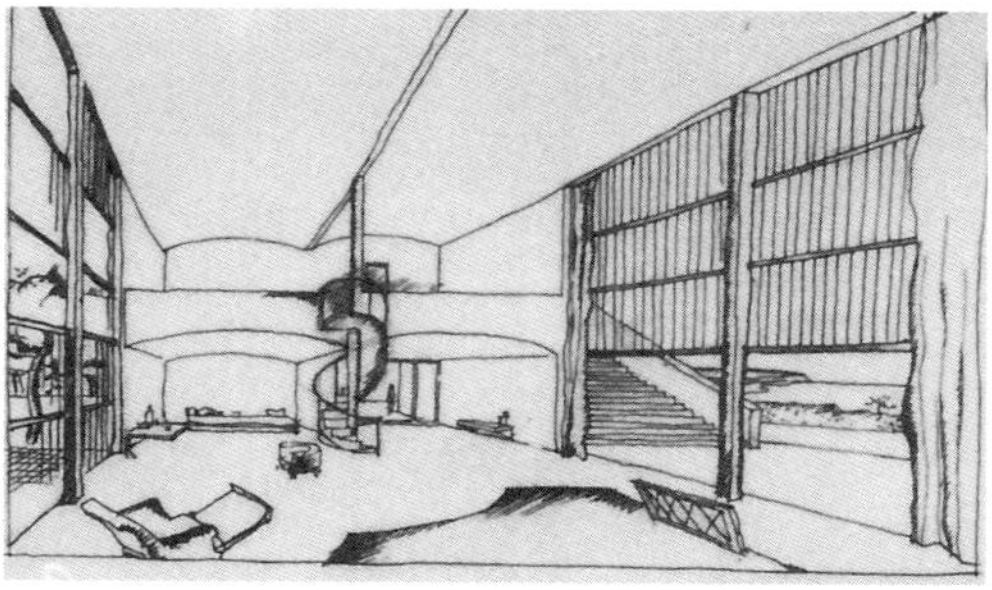

図版17　海辺の家　室内（1918）

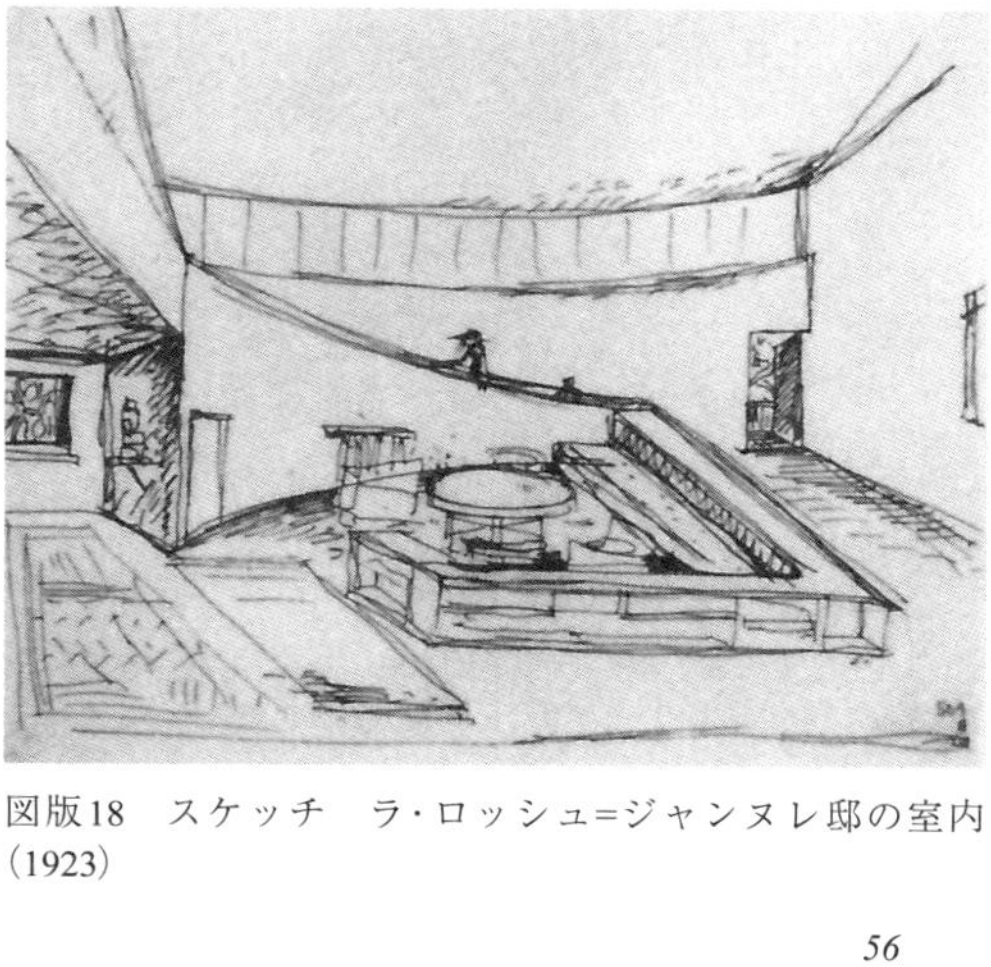

図版18　スケッチ　ラ・ロッシュ=ジャンヌレ邸の室内（1923）

ントであることが窺える。そこに見られる階段や斜路はル・コルビュジエの建築制作において一連のものである。オザンファンの家（一九二二）の外部階段（図版19）は、そうした身体の運動感を表現していよう。

ル・コルビュジエの力動感をもつそのような階段が初めて示されるのは「海辺の家」である。階段はかれの建築思想の形成にはたす重要な意味をもっている。海辺の輝きとそこに生起する身体の力動、ル・コルビュジエの「海辺の家」はこのことを表現している。そうだとすれば、ル・コルビュジエの「海辺の家」はシュミッツの語るような「身体の揺動」を創造的にかたちづくる一つの空間をまさに表現している。

「東方への旅」において、ル・コルビュジエは地中海の大気の放つ輝きに魅了される。大気の光が放つ風景はシュミッツの云う身体の揺動となって、かれはいわばその大気の光の世界と一体になる。自身の感情となって現われる地中海世界の体験が、ル・コルビュジエにおいて実践的な意味をもちながら、一つの空間構成へと創造的に展開される。「海辺の家」はこのことを語ってくる。螺旋階段はそこに見る身体の躍動感を表現している。ル・コルビュジエのなかに生まれる感情は、身体の構成的表現にかたちを結ぶ。「海辺の家」は、単に海辺における一つの家であるのではない。その家は、ル・コルビュジエその人の空間感情をいわば構成的に表現している。気候的意味の感情は、まさにそこにおいて一つの身体の感情へと発展している。

図版19　オザンファン邸の外部階段

「海辺の家」は、そこにおける感情を身体の揺動のうちに捉えるまさにその身体のなす空間の表現である。この点に立っていえば、身体の力動感を表現する階段や斜路は、ル・コルビュジエの優れた空間的造形であることがわかる。海辺に見る大気の光、これらに躍動する身体の力動は自らの感情を形成する。そこに捉えられる一つの感情がル・コルビュジエの空間の根源的といえる一つの意味をかたちづくってゆく。

かれが全身で体験するその身体の生は、ル・コルビュジエの五つの要点（1．ピロティ、2．屋上庭園、3．自由な平面、4．横長の窓、5．自由な正面）のなかに生きづいている[28]。この空間構成において身体の生が躍動的なまでに表現される。

一九二〇年代末から三〇年代の旅行記に見るスケッチ

一九一〇年代の旅から、再び一九二〇年代末から三〇年代にわたる旅行記のスケッチをル・コルビュジエは残している。一九三〇年代の絵画を考えるうえで、一九二〇年代末から三〇年代にわたる旅行記のスケッチを見逃すことはできない。旅行記とスケッチは『ル・コルビュジエ　スケッチブック』にまとめられている[29]。最初のスケッチはジュラ山麓ランデロンでのものである。一九二〇年代から三〇年代に描かれるスケッチとして、最初のスケッチから数えて四冊目（B 4）の一九二九年の日付を打つ南米旅行がある。

ル・コルビュジエが折に触れあるいは旅の間に取るスケッチの人物描写を見ると、かれの一九一〇年代の三冊のスケッチと一九二九年の南米旅行に始まる一九二〇年代末から三〇年代にわたるスケッチは一つの違いを示す。一九一〇年代の三冊のスケッチブックにおける人物描写は少ない。人物描写は即興的なものであり、主題的な明瞭さを欠いている。

ところで、これとは別に、一九一〇年代に描かれる絵が『ル・コルビュ

図版20　「静物 1911-1912」

図版21　スケッチ　黒いヴィーナス／ペローラ

ジエ　ピューリスム以前の画家』[30]に収められている。

それらの絵は静物や風景あるいは人物を描いている。この画集は題名のとおり、ピューリスム以前のかれの絵を集めたものである。人物を描いたそれらのあるものは幾分か内面的な心理を窺わせるものになっている。静物画は無論ピューリスムに至ってはいない（図版20）。

一九一〇年代の絵にたいして、南米のスケッチにおいては人物のもつ力強さがよく表現されている（図版21）。人物は主題的な明瞭さをもって描かれる。健康な力が満ち、明瞭な輪郭をもつ豊かな肉体が表現される。人物描写はかれがそこに見る風景の一コマである。その姿がかれの心を捉える。

このように見てみると、南米旅行においてその人物描写は様相を一変した感があり、そうした旅行がル・コルビュジエの建築思想に果たす意義の大きさを改めて窺うことができる。一九二〇年代末から三〇年代にかけておこなう九冊の旅行スケッチに描かれるデッサンを見ると、かれは豊かな肉体を表現するその地の女をとりわけスケッチしている。

絵画「横たわった女、舟、貝がら」（一九三二）

一九三〇年代の絵画において、かれは、二〇年代の静物画にはなかった人物を主題化する。これらの絵画は、一九二〇年代末から三〇年代におけるかれの旅行と時を同じくして描かれており、旅行におけるそれらのスケッチが一九三〇年代の絵画に強い影響を及ぼしていることがわかる。

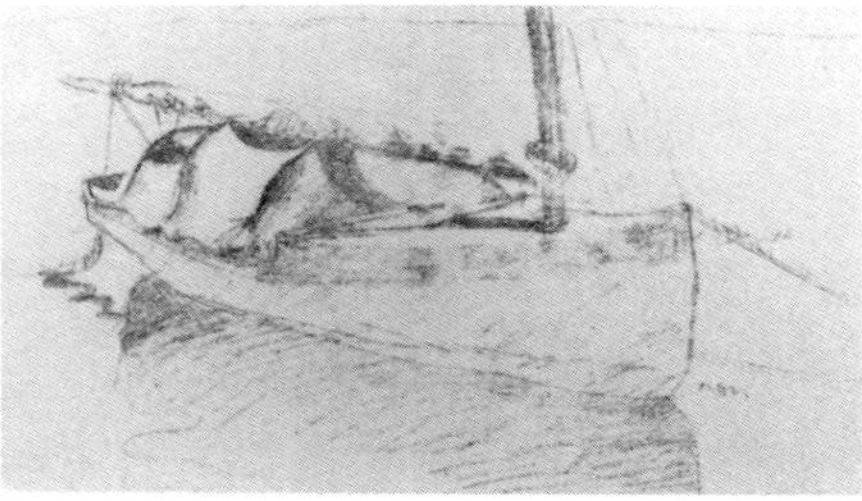
図版22　スケッチ　舟

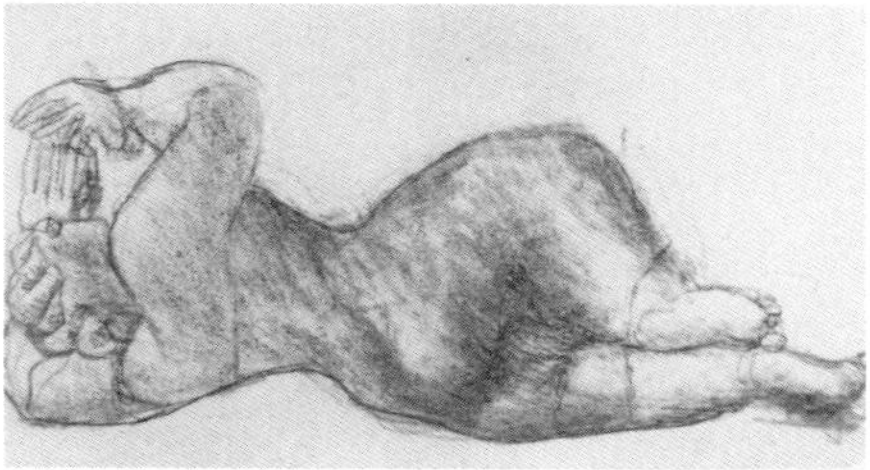
図版23　スケッチ　横たわった女

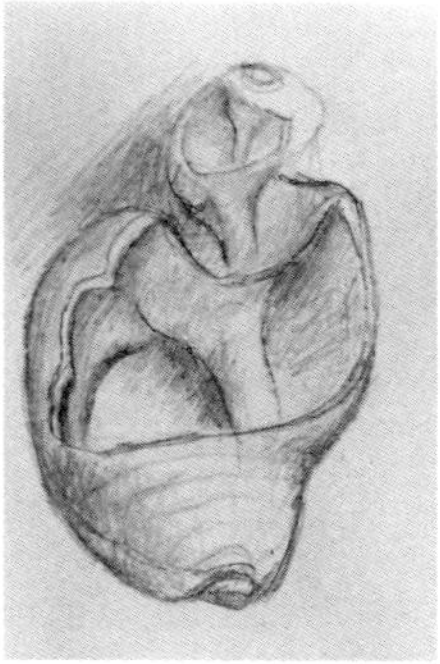
図版24　スケッチ　崩れた貝がら

なかでも、「横たわった女、舟、貝がら」と題される絵（口絵3）は、その絵画に表現される人物像が一九二〇年代末から三〇年代の旅行記に見られる女のスケッチから着想されたことを明白にしている。

この絵は上段に帆船、中断に横たわる女、下段に貝がらをもって組み立てられている。舟、横たわる女、貝がらというその同じモチーフをわれわれはかれの旅行記のスケッチに見出すことができる[31]（図版22～24）。一九二〇年代末から三〇年代の旅に見る人物の風景はかれの三〇年代の絵画における身体の表現にまさにつながっている。

ところで絵画とスケッチは区別される。絵画は即興的なスケッチがもたない構成の統一的意味を自らもつ。「横たわった女、舟、貝がら」は、そのモチーフが旅行記のスケッチにあるにしても、単なるスケッチを超える表現的な絵画を構成する。絵画における構成はいわば有機的に統一される。絵のなかの舟、横たわった女、貝がらが有機的な一つの意味をもつとすれば、それはいかに構成されているのか。

ロマン・ヤコブソンの語るところによれば、シュールレアリスムとキュービスムは異なった表現理論をもつ[32]。前者は隠喩の方法を用いて絵を構成する。キュービスムはシュールレアリスムのような隠喩の方法ではなく換喩の方法で絵を構成する。

この見方に立ってみるとき、ル・コルビュジエの「横たわった女、舟、貝がら」はどんな意味をもつのであろうか。シュールレアリスムの意味における絵画の一つとしてこれを見れば、絵の横たわった女、舟、貝がらは互いに通ずるような一つの象徴的な意義をもって構成される。そうだとすれば、どんなことが考えられるのか。

一つには舟と貝がらのもつ柔らかなくぼみ、つまりそこに抱かれるような母性に似た一つの象徴的意味を読むこともできよう。中段に横たわる女はそうした意味でいうなら母性としての女になる。ところがこの絵のモチーフになるスケッチの女は量感と肉体的な力を存分に現わしている。このことを考えてみると、絵の横たわった女は母性としてではなくむしろ力感を表現する女の肢体であるといえる。母性としての女は、かれの絵画の主題にはなっていない。(33) こうしたことから、その絵がシュールレアリスムのいうような構成をもつとする見方にはいくらかの無理が生じる。

かれのスケッチは舟や地の女また貝がらを描いている。舟と貝がら、この二つは海辺の存在である。かれは海辺につながれた舟をスケッチしている（図版22）。貝がらはかれが海辺に見たものである。貝がらのつくる複雑な空洞と立体、スケッチの一つは、それを表現している（図版24）。かれは人知を超えるような貝がらのかたちの妙味に魅せられている。絵に見る舟と女とはどんな関係をもつのであろう

図版25　スケッチ　舟を倒す二人の女

図版26　スケッチ　海辺の女

か。スケッチは、舟を倒すふたりの女を描く（図版25）。また、他のスケッチはそうした女を海辺に描いている（図版26）。舟と女もまた海辺において存在している。

こうした点を考えてみるならば、ル・コルビュジエの「横たわった女、舟、貝がら」は象徴的と云うより、より空間的な意味をもって構成されている。つまり、そこに描かれる舟、横たわった女、貝がらは同じ空間（海辺）を分かちあう三つの存在であるということができる。その絵は、シュールレアリスムの象徴的な隠喩の方法というよりは、キュービスムに見るような空間的な換喩の方法において構成されていると考えられる。かれの絵画の理論は、キュービスムを継承したピューリスムであった。空間の構成論としてのキュービスムの見方がこの絵に成り立つのである。「横たわった女、舟と貝がら」は一つの空間的意味（海辺）のもとに構成される。横たわった女はそうした世界（海辺）における存在であるといえる。が、さらに付け加えていえば、その絵は、同時に象徴的な構成の片鱗をいくらか見せる。

「詩的反応を起こす貝がら」と「横たわった女」

ところで、この絵に描かれる貝がらについて考えてみる。かれが「詩的な反応を起こす題材 objet à réaction poétique」と呼ぶ一連のオブジェがある。(34) これは具体的にいえば、言い表わしようのない形になって押し流されてきた小石、骨、化石、石のようになった木、貝がらなどのことである。計り知れないそれらのかたちに魅せられ、かれは、これらのものによってわれわれと自然との間に一つの友好関係が保たれると書いている。(35) ル・コルビュジエがそこに語る自然は、内に未知をも含む人知を超えるようなそれであることがわかる。かれは、『講話』でそのような「詩的反応を起こす題材」すなわち有機的な生の証拠、自然や宇宙の法則によって制約されたボリュームの雄弁な表れを学生たちがデッサンすることを強く望むのである。(36)

かれが絵画や壁画の主題とする「詩的反応を起こす題材」は、説明によれば、さまざまな特徴を表している。それらは、雌雄、植物と鉱物、芽と果実（明け方と正午）、すべての色合（プリズムと七色の鋭い閃光、大地や石や木の鈍い色）、すべてのかたち（球、錐と円筒またこれらの変化した構成部分）を表現している。[37] ル・コルビュジエの貝がらの意味は何であったか。その貝がらに寄せた一篇の詩をかれは残している。

優しき！
貝がら　海はなかから砂の上に
美しき調和の遺失物を
われわれに投げ出すことをやめない
手は練り、手は撫で、手は滑る
手と貝がらは愛しあう
……
ここに承知されたもののなかに、
ひとつの完全に崇高な成就が生じている
浸潤は時に一致し、比例はかたちに一致する
――つまり、一つの霊感が心に起き、
昼間の現実の外に運ばれ、
条理の規制から逃れた言語を絶するもの、
幻想のなかに受肉した神
それは、多分、真理の認識

……

けれども　生きてそれら固有の結婚を
おこなわなければならぬ
それ自身の家にそれ自らの皮膚の袋のなかに
いなければならぬ
それ自身の必要を求めて
造物主に感謝しなければならぬ。(38)

ル・コルビュジエのいう、驚異に値する螺旋状を呈した壊れた貝がら、それは自然の言葉を語り、手で撫でられ、目を楽しませ、感情をよびさます力をもつ伴侶なのである。(39) ル・コルビュジエの貝がらは「大自然」の真只中に生まれ出ている。裏返していえば、そのような貝がらはそのかたちのなかにいわば大自然をさらにまた宇宙をさえ映す。

こうしたことからいえば、驚異に値する貝がらのかたち、それは大自然の奥深くへと開かれるル・コルビュジエの世界をまさしく描いている。その貝がらの意味を考えてみるとき、「横たわった女、舟、貝がら」に見る海辺の世界は、さらに「大自然」の奥深くへとその世界を広げてゆく。

それは、身体が己の起源を見るような風景である。かれはその絵のなかに女の身体を描く。舟と貝がら、そのあいだに豊かな量感をもつ一つの身体が横たわる。そこに描かれる一つの身体は海辺からさらに大自然の真只中へと己の世界を深めてゆくのである。そうした大自然における身体、このことをこそかれは描いたのではなかったか。

一九二〇年代末から三〇年代の旅行におけるかれの体験は一九三〇年代の絵画の構成に決定的な意味をもって働くのである。一九一〇年代の旅行におけるル・コルビュジエの身体の揺動は、まさにこの絵画へと発展する。

ピューリスム静物画と一九三〇年代の絵画

一九三〇年代の絵画は、一九一〇年代末から一九二〇年代に見る静物画からはなれて、その主題を身体の表象へと展開している。一九三〇年代の絵画とそれ以前のピューリスムの静物画とはどんな関係をもっているのであろうか。このことについて考えてみたい。かれは自ら絵画の問いを一新し、新たな絵画に向かったのであろうか。ル・コルビュジエの静物画の構成は二元論的な意義をもつと考えられた(40)。静物の独立性とそれらの構成における力的な統一である。こうした構成論は、かれの絵画が出発する根本のモチーフであると考えられた。一九三〇年代の絵画は、静物画のそのような構成論にたいしていかなる意義をもつのであろうか。ピューリスムにおける静物の構成は一九二〇年代に幕を閉じたのか。

図版27　「寝そべった二人の女」（1936-40）

　一九三〇年代のかれの絵を見てみる（図版27）。これらの絵は横たわる二人の女を描いている。二人の女は複雑に立体化される量感をもつ。人物を構成するそうした立体は、同時に画面の全体を構成するエレメントにもなっている。人物の立体構成は静物の立体をさえ思わせる。こうしたことからいえば、複雑な静物の立体とその統一的構成という静物画のモチーフをこれらの絵は同じように人物の構成にもつ。

　ところでかれの人物画は特徴的な手の表現をもっている。「漁師」（図版13）に描かれる手は、力強い漁師の手であり、大きな一つの手はその力強さをよく現わしている。他の手は、微妙な手の動きを表現しており、絵はル・コルビュジエの漁師の「手」への賛歌ともいえる。

図版28 「立って頭の上で両手を組む2人の女」(1935)

図版29 「抱擁」(1938)

手はどんな意味をもつのか。このことにヒントを与える絵がある(図版28)。絵は、立って頭の上で手を組むふたりの女を描く。二人の女の豊かな量感をもつ肢体は踊るような動きを見せている。頭の上で両手が組み合う。両手はそうした自由な動きにつよい緊張感を与えている。つまり、その手はそうした肢体の動きを律する力の均衡を表現しているといえる。

こうした見方が成り立つとすれば、かれは、個々の静物の力学的統一というピューリスムの同じモチーフをさらに身体の手がもつ一つの働きへと展開させている。一九三〇年代の人物画がもつこのようなピューリスム的モチーフをよく示していると思われるのが「抱擁」と名付けられる絵である(図版29)。

人物の肢体は個々に物象化されて、それらの肢体はピューリスム静物画が個々の静物にもつような配置を表現している。さらに、この中段下方のところに手が描かれており、その手は、散乱するかのように物象化されるこの肢体を見事に統一している。

一九三〇年代のこうした絵画を見ると、それらの絵画がピュ－リスム静物画に通ずるような構成のモチーフをもつことがわかる。このことを最もよく表わしているのがそれらの人物が見せる「手」の表現である。「手」は握りしめ、あるいは組み合う。手は一つの力を表現している。ピュ－リスム静物画の主題は一言でいえば静物の力学的な統一である。「手」が意味するものは、初期ピュ－リスム絵画のその主題がまさに身体の表現へと発展して現われる新たな構成のモチーフである。この見方に立てば、人物を主題的に描くル・コルビュジエの一九三〇年代の絵画はピュ－リスム構成論のより発展したかたちであるといえる。

一九二〇年代の白い壁と横長の窓から一九三〇年代の全面ガラスの壁面への展開

一九二〇年代末から一九三〇年代にかけておこなうル・コルビュジエの南米旅行の講演録が残されている。『プレシジョン(41)（闡明）』と名付けられるこの講演録は、一九二〇年代から一九三〇年代へのル・コルビュジエの建築の発展を解明する一つの手掛かりを与える。

一九三〇年代の初期に完成を見るル・コルビュジエの有名な二つの建築作品にサヴォア邸（一九二九～三一）（図版30）とスイス館（一九三〇～三二）（図版31）がある。

ところが、この二つの作品は造形的な違いをもつ。サヴォア邸は、白い壁と見事なプロポーションを見せる横長の窓をもつ。が、これにたいして、スイス館は、ガラスのファサードとガラス・ブロックそしてピロティの力強い表現をもっており、サヴォア邸に見るような壁面の構成をもたない。サヴォア邸とスイス館を区別するこうした造形が、じつにル・コルビュジエの一九二〇年代の作品と一九三〇年代のそれらとを大きく隔てている。

一九三〇年代の作品は、全面ガラスのファサード、ガラス・ブロックの使用という一九二〇年代の作品にはない新たな造形的特徴をもっている。パリ避難収容所（一九三一～三三）（図版32）はこの特徴を示す一九三〇年代の作品である。ル・コルビュジエは、全面ガラスの壁面を一九三〇年代になって積極的につくるのである。

一九二〇年代のル・コルビュジエの建築作品は、身体の力動感を表現するような階段や斜路そして白い壁をもつ。かれが「新建築の五つの要点」に語る「横長の窓」と白い壁は、「規制図形」の方法によって、美的に構成される。ル・コルビュジエは見事なコントラストをなす白い壁とガラス窓の構成を一九三〇年代において全面ガラスの壁面へと変えている。一九二〇年代から一九三〇年代へのル・コルビュジエのこの建築の発展は、一九二〇年代末から一九三〇年代にかけておこなうかれの南アメリカ旅行を契機にしていると考えられる。

かれは『プレシジョン』の南アメリカ序章のなかで、つぎのことを書く。この序章は、南アメリカに滞在した一人の建築家の魂の有りようを表現する[42]。「リオの大地は赤くバラ色で、植物は緑、海は青。重なり広がる浜辺に波が打ち寄せ、わずかな泡をたてる。水面から突き出た島、水中に落ち込む峰、高い丘、大きな山、すべてが屹立。（中略）大西洋の砂が住宅や広壮な邸宅や館をとり巻いている。そして無限の光が人の心を動かす。私の南アメリカの想い出のピラミッドは何と美しく、力強く、刺激的なことか！[43]」。

ル・コルビュジエは、南アメリカの光を見る。「パリが光の都市であることを精神的な意味においては認めなければならない。しかし、旅をすると、見せつけられるのである。他の地においては光とは何かということを[44]」。

かれは、南アメリカでおこなった講演において、「建築、それは採光された床である」という言葉を繰り返し述べている。こうした言葉は、南アメリカの光の意味を浮かび上がらせている。ガラス壁面の始まりがエスプリ・ヌーボー館（一九二五）にあることをル・コルビュジエは一方において明らかにしているが[45]、いわゆる「白い壁」から「全面ガラスの壁面」への移行は、一九三〇年代になってから特徴的に見られる。『ル・コルビュジエ全作品集』を調べてみると、一九二一年から一九二八年における初期の壁面構成は、水平な窓、あるいは二重の水平窓であることがわかる[46]。一九二九年を境にして、ル・コルビュジエの壁面構成は新たな展開をなしている。

つまり、ル・コルビュジエの壁面の発展を要約してみると、一九二〇年代の「白い壁と横長の窓」から、一九三〇年代の「全面ガラスの壁面」へ、そこからさらに、「ブリーズ・ソレイユ」の造形的な壁面へと展開し、一九四〇年代に見る壁面の色彩化、[47]そしてロンシャン礼拝堂における光の表現[48]に至っている。ル・コルビュジエの壁面をかたちづくる根本の意味は光にある。かれは「建築の歴史は窓の歴史である」とさえ云う。[49]その言葉はかれの建築構成の中心的な意味が光に存在することを語っている。

光の意味は何であるか。一九二〇年代末から一九三〇年代にかけての南アメリカ旅行がこれを解く一つの手掛かりを与える。南アメリカの光はかれに光の何たるかを教える。光に映える原初的な大地と緑、そこに生きるひとびと、

図版30　サヴォア邸（1929-31）

図版31　スイス館（パリ大学都市）（1930-32）

図版32　パリ避難収容所（1932-1933）

「アサンション！　前時代そのままであり、標準化され、国の区別もつかなくなった既製服の侵入は、まだ、おこなわれていなかった(50)」、かれは情景をこのように書き留めている。かれは、「自然人」すなわちかれのいう「純粋人(51)」を見る。

南アメリカはル・コルビュジエにおいて重要な意味をもっている。旧大陸ヨーロッパに対する新大陸アメリカの奥地、南アメリカの人々は、かれの眼にヨーロッパ文明の既製服をまとわない善良なルソー的自然人として映る(52)。ル・コルビュジエの原住民のデッサンは、「光」の何たるかを教える南アメリカのその自然に生きるひとびとの姿を捉える。ル・コルビュジエが一九三〇年代に描く裸体は、まさに原初的な自然と一つになる身体の表現であったといえる。一九一〇年代の東方への旅に見る旧大陸、地中海の陽光は、一九二〇年代末に、さらにそれを遡る原初的な太陽の光、そしてこれと一つになる裸体、すなわちヨーロッパ文明の様式的な衣装を脱ぎ捨てる自然人、まさに身体の根源的な姿へと主題化されるのである。

こうしたことからいえば、一九二〇年代の「白い壁と横長の窓」の壁面から一九三〇年代の「全面ガラス」の壁面への発展は、南アメリカのその体験にまさしく触発されている。一九二〇年代の作品を特徴づけた身体の力動感を表現する階段や斜路は、さらに、「採光された床」すなわちスイス館に見るようなピロティの力強い表現と全面ガラスの壁面へとつながって、そこに見る身体の感覚をより高めている。

かれの南アメリカ旅行は、一九二〇年代の作品を一九三〇年代のそれへと展開する重要なモメントであったことがわかる。南アメリカでのその体験はル・コルビュジエの一九三〇年代の建築作品の光の意味をここに語る。

一九三〇年代の絵画とル・モデュロール

ル・コルビュジエの空間構成に見られる身体の力動感は、シュミッツの語るような揺動を表現している。自然世界におけるそうした身体をかれは一九三〇年代の絵画に捉える。つまり、東方への旅に見る光の世界、その世界における身体をル・コルビュジエは一九二〇年代末から一九三〇年代の旅の風景に見るのである。ル・コルビュジエは身体の揺動をさらに根源的といえる身体の表現へと発展させ、これを主題化する。

ところで、一九三〇年代の絵画における特徴的な手をもつ身体の描写は、かれの建築制作に新たな一つの意味を加える。一九一〇年代末から一九二〇年代におけるル・コルビュジエの静物画は、一九三〇年代の絵画に見られるような量感をもつ力の肢体を描いてはいない。一九三〇年代の絵画が建築に果たすもう一つの意義がル・モデュロールとの関わりにおいて見出される。一九三〇年代の絵画に表現される身体は、ル・モデュロールの空間構成を可能にする身体の意味を構成していると考えられる。

ル・モデュロールに描かれる身体は大きな手をもっている。そうした手の表現を特徴的に示すのが一九三〇年代の絵画なのである。ル・モデュロールの空間に図式化される身体の手は、絵画に表現される手の意味をもつことが示唆される。すなわち、絵画の「手」が表わすような意味をル・モデュロールの身体もまたもっているといえる。

ル・コルビュジエは、ル・モデュロールの空間を「人間のごく近くに」[53]と説明している。ル・モデュロールのもつ空間の意味が語られている。ル・モデュロールの空間は、ピューリスムの構成の方法を身体の「手のはたらき」へと発展させる一九三〇年代の絵画の思想からまさに導かれている。ル・コルビュジエのピューリスムの構成は、物象の空間的統一をはたす力の作用を示す。かれのピューリスムのこのモチーフを一九三〇年代の絵画の「手」は表現するのである。絵画の「手」は、ものに触れてこれを集めるような「手」の働きをまさに表わしている。

こうしたことからいえば、ル・コルビュジエの「手」は、それが届く範囲という、根本的な空間の条件をもっている。つまり、ル・コルビュジエの「空間」は触れられるのである。「人間のごく近くに」はこのことを言い表している。ル・コルビュジエの一九三〇年代の絵画に表わされる身体は、ピューリスムの構成をさらに一つの身体の空間構成へと発展させるのである。

ル・コルビュジエの新建築の五つの要点（ピロティ、屋上庭園、自由な平面、横長の窓、自由な立面）は力動的な身体を表現する。そうした一九二〇年代の空間構成は、一九三〇年代の絵画を経てさらにかれの後期の空間構成であるル・モデュロールへと発展してゆく。

かれの後期の空間構成は、ピューリスム静物画を身体の表現へと展開する一九三〇年代の絵画においてかたちづくられてゆく。身体の揺動を空間構成へと展開するル・コルビュジエの一九二〇年代の建築思想は、さらに絵画を交えて発展し、ル・モデュロールという独自の方法につながる身体の一表象を生む。

ピューリスムと身体思想の絵画における統一

一九二〇年代末から一九三〇年代にかけての旅がかれの絵画をさらに発展させる。ル・コルビュジエの静物画は物象の統一をはたす力の作用を構成的に描いている。静物画を構成するそのような力は、能動的な働きをもつ。この力は一体どんな意味をもつのか。そのような力はいったいどこから来るのか。かれのピューリスム絵画においてこれらのことは隠されるままになっていた。

その力の意味を一九三〇年代の絵画は明らかにしている。それは、身体における力なのである。このことを一九三〇年代の絵画は明瞭にしたといえる。すなわち、ピューリスム絵画が構成にもつ力の意味は、一九三〇年代の絵画においてまさしく身体化される。

この意味においていえば、一九二〇年代末から一九三〇年代にかけての旅は、ピューリスム絵画と建築とをつなぐ重要な鍵になっている。そこにおいて、かれのピューリスム絵画は一つの身体の表現へと展開し、一方、その建築思想は根源的といえる一つの身体を捉える。一九三〇年代の絵画は、特徴的な「手」をもつ一つの身体の表現を結ぶ。そこに見る特徴的な「手」の表現は、ピューリスム構成論の身体化を現していると考えられる。

ル・コルビュジエの新建築の五つの要点――1．ピロティ、2．屋上庭園、3．自由な平面、4．横長の窓、5．自由な立面――に表現される空間は、さらに後期において、明確な一つの身体による空間構成へと発展する。そうした空間論の展開を一九三〇年代の絵画はまさに示している。ル・コルビュジエの建築制作における身体の独自の意義が浮かびあがる。

注

1 S・ギーディオン、太田實訳『空間 時間 建築』1・2、丸善株式会社、一九九八・二〇〇二年

2 前掲注1『空間 時間 建築2』六八六頁

3 こうした例に次のようなものがある。前掲注1『空間 時間 建築2』六六〇～六六一頁：ギーディオンは、メキシコの建築家バルラガンが指摘したサルディニアの石碑とロンシャンの塔の類似性を挙げている。また、*Le Corbusier et la Méditerranée*, Parenthèses Musées de Marseille, 1987, pp.51-61：ダニエル・ポーリーは、ル・コルビュジエが一九三一年の北アフリカ滞在においてスケッチしたムザブの民家とロンシャンの形態的な類似性を指摘している。

4 Le Corbusier, *Entretien*, Minuit, 1957（邦訳：「建築科の学生たちへの談話」吉阪隆正編訳『ル・コルビュジエ：アテネ憲章』鹿島出版会、一九七六年、一三三～一八〇頁）

5 *Ibid.*, un atelier de recherches（前掲注4邦訳書、一七五頁）ル・コルビュジエ自身の言葉である。

6 *Ibid.*, 14

7 ル・コルビュジエ、井田安弘訳『住宅と宮殿』鹿島出版会、二〇一三年。ル・コルビュジエは、「第Ⅲ部　補遺」にこの国際連盟設計案決定に至るまでの詳しい資料を付けて自らこれに対する抗議を表明している。

8 Le Corbusier, *op. cit.*（前掲注4邦訳書、一三九～一四二頁）：ル・コルビュジエは「国際連盟」の建物がもつ意義の大きさとアカデミー（衒学派）への感情の入り混じった抗議を書いている。

9 *Ibid.*, L'architecture（前掲注4邦訳書、一五三頁）

10 *Ibid.*

11　*Ibid.*（前掲注４邦訳書、一五一頁）：原文は「Le ciel domine, primant toutes choses, le ciel qui est celui d'un climat.（空が支配し、あらゆるものに勝る。その空とは気候のそれである。）」

12　*Ibid.*（前掲注４邦訳書、一六三頁）

13　S・v・モース、住野天平訳『ル・コルビュジエの生涯』彰国社、一九八一年、三三七～三四七頁「年譜」による。

14　同前

15　同前

16　本書第二章、三九～四〇頁

17　ル・コルビュジエ、石井勉他訳『東方への旅』鹿島出版会、二〇〇九年、二〇～二一頁

Le Corbusier, *Peintre avant le Purisme*, Musée des Beaux-arts de la Chaux-de-Fonds et les auteurs, 1987, p.12

18　ヘルマン・シュミッツ、竹市明弘・小川侃訳「身体の状態感と感情」（新田義弘・小川侃編『現象学の根本問題』晃洋書房、一九七八年、三五九～三八五頁所収）

19　前掲注18「身体の状態感と感情」、三六三～三六四頁

20　前掲注18「身体の状態感と感情」、三六四頁

21　前掲注18「身体の状態感と感情」、三六四～三六五頁

22　前掲注18「身体の状態感と感情」、三七二頁

23　前掲注18「身体の状態感と感情」、三八〇頁

24　前掲注18「身体の状態感と感情」、三七八頁

25　前掲注18「身体の状態感と感情」、三八〇頁

26　同前

27　Le Corbusier et Pierre Jeanneret, *Œuvre Complète 1910-1929*, Architecture, Zurich, 1965に従えば、「海辺の家」は一九一六年に計画されており、力動感をもつ階段を表現したものとして最も早期のものになっている。ただし、図版17の（一九一八）については、ル・コルビュジエのサインに残された「一九一八」に従っている。

28　本書第二章、四二～四三頁

29　Le Corbusier, *Sketchbooks, Volume 1, 1914-1948*, the Fondation Le Corbusier and the Architectural History Foundation, The MIT Press Cambridge, 1981；Le Corbusier, *Sketchbooks, Volume 2,1950-1954*, the Fondation Le Corbusier and the Architectural History

Foundation, The MIT Press Cambridge, 1981 ; Le Corbusier, *Sketchbooks, Volume 3, 1954-1957*, the Fondation Le Corbusier and the Architectural History Foundation The MIT Press Cambridge, 1981

30 Le Corbusier, *Peintre avant le Purisme*, Musée des Beaux-arts de La Chaux-de-Fonds et les auteurs, 13 juin-4 octobre, 1987

31 Le Corbusier, *Sketchbooks, Volume 1, 1914-1948*, cit., B6-B9

32 ローマン・ヤコブソン、川本茂雄監修『一般言語学』みすず書房、一九八一年、二一〜四四頁

33 例えば、ル・コルビュジエはギリシア神話に出てくる女武者の部族「アマゾンLes Amazones」をテーマにした絵を描いている（一九五八年）。その女性は勇婦である。

34 Le Corbusier, *Entretien*, cit., 16（前掲注4邦訳書、一七〇〜一七四頁）

35 *Ibid.*（前掲注4邦訳書、一七二頁）

36 *Ibid.*

37 *Ibid.*（前掲注4邦訳書、一七二〜一七三頁）

38 Le Corbusier, *Le Poème de l'Angle Droit*, Tériade éditeur, Paris, 1955（Le Corbusier, *LE POÈME DE L'ANGLE DROIT (1947-1953)*, Catalogue by GA Gallery, 1984　拙訳）

39 Le Corbusier, *Entretien*, cit., 16（前掲注4邦訳書、一七二頁）

40 本書第一章、二四〜二五頁

41 ル・コルビュジエ、井田安弘・芝優子共訳『プレシジョン』（上）（下）、鹿島出版会、二〇一五年

42 前掲註41『プレシジョン』（上）、八頁

43 前掲註41『プレシジョン』（上）、一〇頁

44 同前

45 前掲註41『プレシジョン』（上）、九七頁

46 Le Corbusier, *Œuvre complète 1938-1946*, publiée par W.Boesiger, Architecture, Zurich, 1966 p.104（邦訳：ウィリ・ボシガー編、吉阪隆正訳『ル・コルビュジエ全作品集　一九三八―一九四六』A.D.A EDITA Tokyo、一九七八年、一〇二頁）

47 本書第四章、八三〜八六頁

48 本書第五章、一一〇〜一一四頁

49 Le Corbusier, *Œuvre complète 1938-1946*, op.cit., p.103（前掲注46邦訳書、一〇一頁）

50　前掲註41『プレシジョン』（上）、二〇頁
51　前掲註41『プレシジョン』（上）、八一頁
52　前掲註41『プレシジョン』（上）、二四頁
53　Le Corbusier, *Modulor* 2, Fondation Le Corbusier, l'Architecture d'Aujourd'hui, Paris, 1983, p.275（邦訳：吉阪隆正訳『モデュロール2』鹿島出版会、二〇〇六年、一九九頁）：「*Tout près de l'homme*, telle est la valeur foncière du Modulor.（人間のごく近くにというのがモデュロールの根源的な価値である。）」

第四章　身体表現としてのル・モデュロール

「身体」の表現

身体は、己に相反するふたつの極限を秘めている。冷徹な目をどこまでも通してゆけば、それは一つの物体である。限りなく省りみてゆけば、それはまた一個の精神にまでつながってゆく。身体のなかに、われわれは、周知の二元論、肉体と精神を見出す。肉体は精神を遠ざけ、また精神は肉体を脱却するが、身体は、そのような肉体と精神を一つにしている。身体は一つの謎をもっている。

そのような謎をもつ身体をわれわれはいかにして見ることができるのか。身体を見るとはいかなることなのか。それは、身体のこの相克を見ることでしかない。身体の表現する驚くべき意味がそこにある。それは、文字通り、創られる。身体を見る鏡はない。身体を見るということは、身体を生きることでしかない。それは、まさに一つの存在そのものの問題なのである。一つの存在を生きること、身体はこのことに関わっている。

建築空間における身体の意味は、まさにこの点に存在している。(1)建築空間と身体は深く結びあう。空間を定義する身体と身体の意味を語る空間。二つは一体のものである。身体の定義は、同時に、空間の定義を意味する。(2)そこには包み包まれる一つの世界が存在する。

ル・モデュロールは、ル・コルビュジエの後期の空間論である。かれは「ル・モデュロール」に影絵のような一つの身体を描いている。かれは空間を色彩化する。ル・コルビュジエの身体の意味は、一つにはかれの色彩思想と関わる。色彩は空間をより厳密に定義しながらそこにおける身体の意味を語っている。このことに着目しながら、かれの後期の思想をさぐってみる。

ル・モデュロールの成立と理論

ル・コルビュジエは、ル・モデュロール Le Modulor（図版33）を音楽になぞらえる[3]。

かれは、ピタゴラス学派の見出した音階の比例階梯[4]が音楽の普遍性を築くように、同様な構成的階梯を空間構成の方法として取りあげる[5]。かれは、ル・モデュロールに単に空間構成の便法を見ているのではない。楽音の階梯は、変貌自在のいかなる調べにもつながる。それは、音階の根底的な意味である。

そのような音階になぞらえられるル・モデュロールの寸法構成の方法は、ル・コルビュジエの建築思想において決定的な意味をもつ。最も根底的な空間構成の原基が楽音の階梯に比される寸法の階梯として語られるからである。こうしたことから見れば、ル・モデュロールはかれの建築制作をまさに定義している。

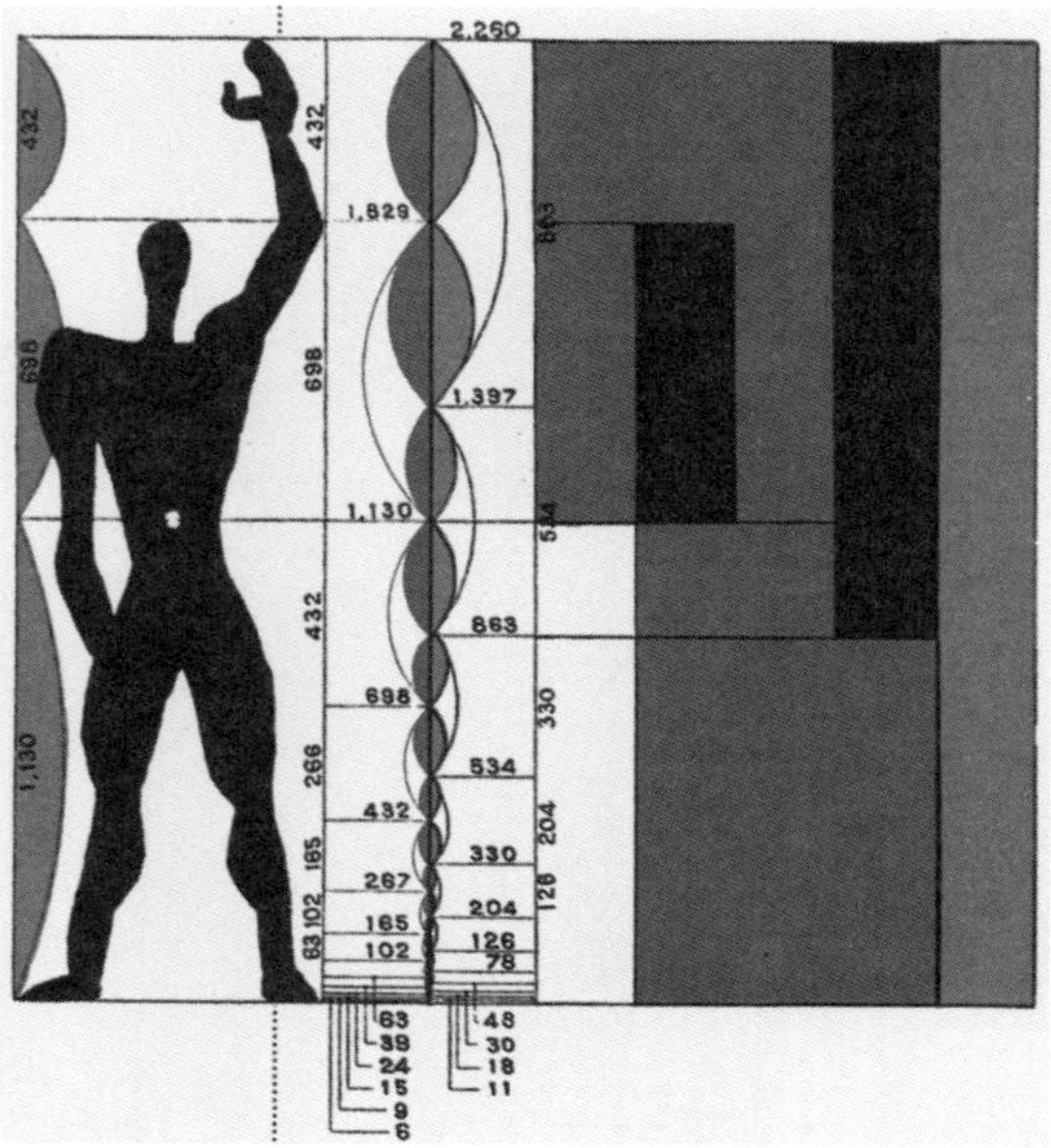

図版33　ル・モデュロール

ル・モデュロールは、複合的な図形条件を一つの身体のかたちに結んで成立している。ル・モデュロールの研究のきっかけは、第二次世界大戦におけるドイツ軍のパリ占領（一九四〇）である。[6] ル・コルビュジエは、この研究において閑暇を埋めようとした。[7]

問題の設定は、つぎのようなことにあった。それは、「手をあげた人間の高さ（二m二〇cm）を取って、これを二つの正方形（一m一〇cm）に入れ、つぎに、一つの直角の頂点の位置から定まるようなその二つの正方形（一m一〇cm）にまたがるもう一つの正方形の作図は、どうすれば可能になるか」である。[8] ル・モデュロールの三つの条件が示されている。第一にまず「手をあげた人間の高さ（二m二〇cm）」による空間の決定のしかたである。第二に、それが「比例格子[9] grille des proportions」をもつことである。第三に、そうした幾何学の総合が「直角の頂点」によってなされることである。

ル・コルビュジエのこの問題は、結論的にいえば、黄金比φ（$(1+\sqrt{5})/2$）に基づく比例階梯を生む。これが「モデュロール」と名付けられる[10]（一九四六）。その寸法階梯は、「手をあげた人間の高さ」を二二六cmにとり、この1／2の一一三cm（六フィートの人間のヘソの位置）を決定的な単位としている。この単位は、二つの数値階梯へと展開する。「赤組」と呼ばれる一一三cmの黄金比（φ≒一・六一八）系列――……70，113，183……――と「青組」と呼ばれる二二六cmの黄金比（φ≒一・六一八）系列――……140，226，366……――である。[11]

このような黄金比数列は、$M^{n-2}+M^{n-1}=M^{n}$（n≧3）で表されるフィボナチ級数の一つである。フィボナチ級数の特殊な性質はつぎの点に存在している。それは、前二項の和が第三項の値であると同時にそれがそのまま第二項のφ比（φ≒一・六一八）になることである。[12] つまり、ル・モデュロールは、数列の見事な合理性と幾何学的明快さを示すのである。

そのφ比数列は、一一三cmに始まる。それは、「手をあげた身体」の1／2の高さである。ル・モデュロールは、原

図版34　ル・モデュロールの身体像

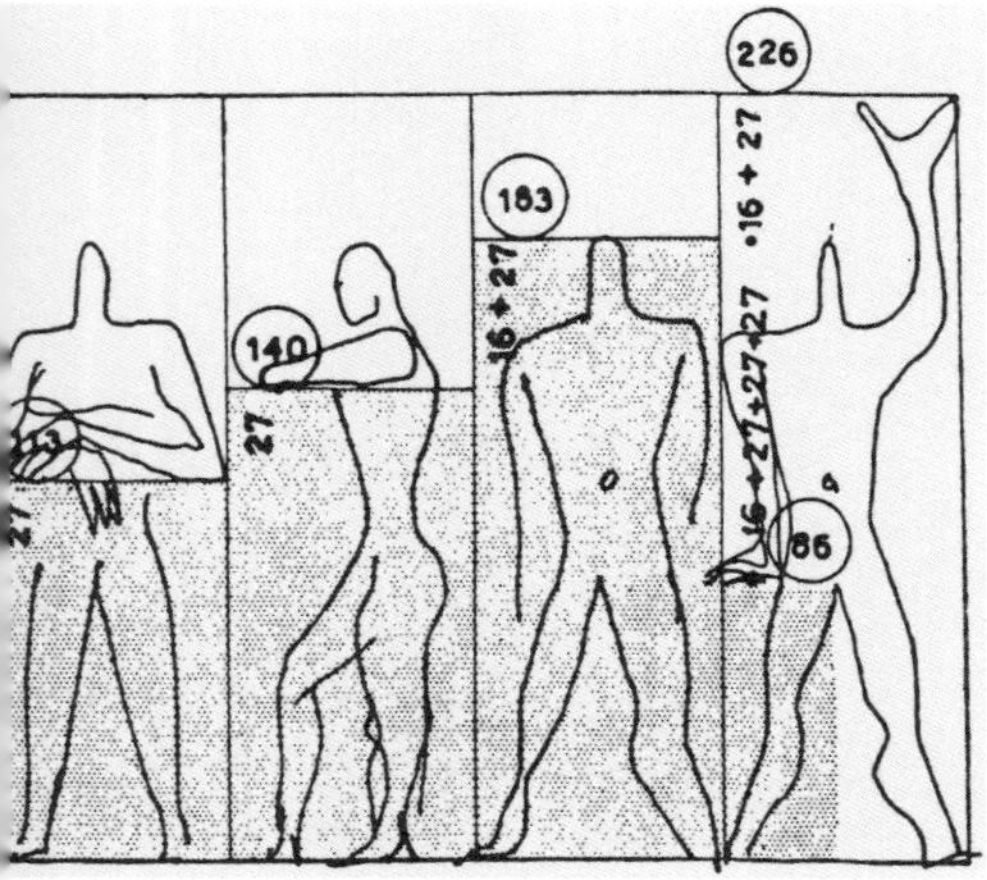

図版35　ル・モデュロールの身体的解釈を示すスケッチ
（黄金比数列の寸法と身体の動きが図示される）

点に一つの身体像をもつ（図版34）。

かれは、この身体をϕ比数列――226，183，140，113，86，70，43，27――に結んでいる（図版35）。身体の活動が一つの数列に捉えられる。

ル・コルビュジエは、ル・モデュロールに身体のかたちを描く。ル・モデュロールの空間構成は、この身体から導かれている。

ル・モデュロールに数値階梯を与えるϕ比の由来は、ル・コルビュジエの図形的な操作にある。かれは、カンピドリオ広場正面（ミケランジェロ、一五四六年、ローマ）に隠された直角の意味を見出す。[13] かれはそれを「啓示 révélation」と呼び、[14] これをショワジーの『建築史』[15] の「規制図形 tracés régulateurs」に確かめている。[16] 図形的な直角は、幾何学の位置関係ではない。それは、かたちを生み出すような一つの原理を意味する。

ル・モデュロールに見るかれの思想を確かめてみる。第一は、「手をあげる」身体の高さ、すなわち、空間における身体の一つの存在のしかたである。第二は、「比例格子」つまり近代工業社会に応じる規格化である。第三は、「直角」のデミウルゴス的意義である。この三つが統一的に働いて、ϕ比数列に結ばれる身

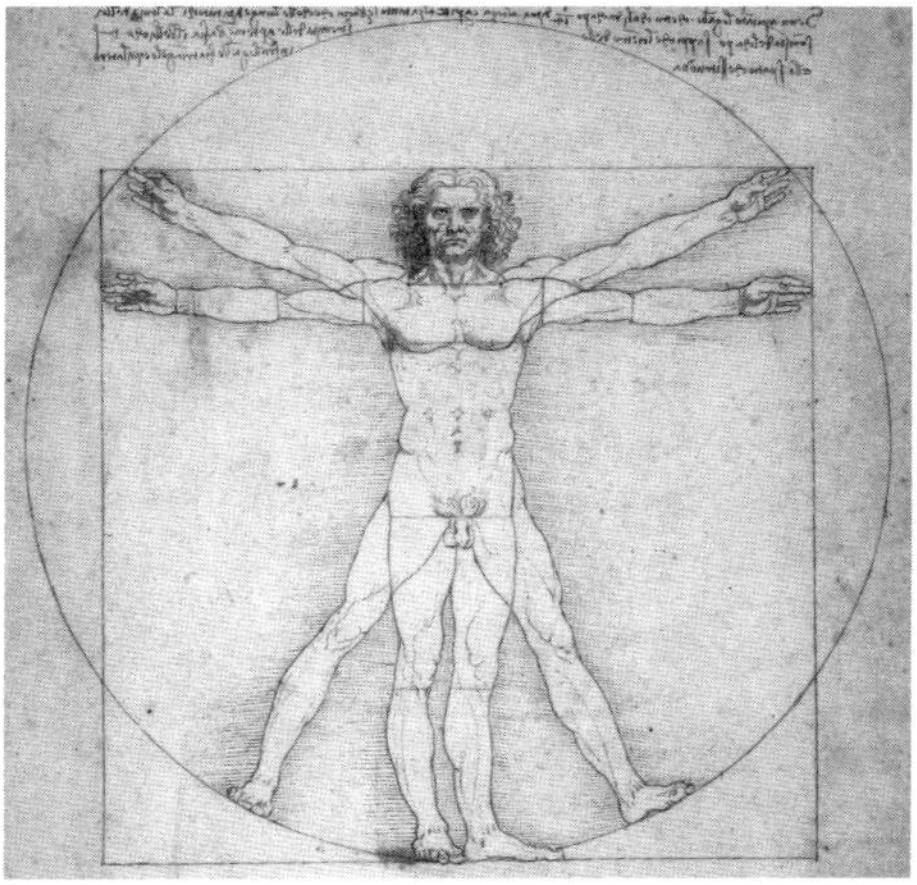

図版36　レオナルド・ダ・ヴィンチのウィトルーウィウス的人間

体の一つのかたちを完成する。

　φ比数列のル・モデュロールは一つの身体像をもつ。ル・コルビュジエの空間を定義するこの身体の存在は見落とされてはならない。ル・コルビュジエにおいてφ比数列は空間と身体を媒介する。φ比は、ギリシアのアナロギアἀναλογία[17]に遡るが、そこに見る身体はかれ独自のものである。かれは、ポール・クローデルの「マリアへのお告げ[18]」の一章を引きながら、ル・モデュロールの「身体」を「尺度の身体」として語る[19]。つまり、コンパスの比例ではない定規の尺度こそを身体はもたなければならないという。

　こうした見方においてル・モデュロールを改めて考えてみると、そこには古典的な比例論と近代的な身体の意味が存在する。それは二元論的な意味をもつことがわかる。ル・モデュロールは、この二元論的意味を自ら統一する。そこにおいてまさに身体の空間化と空間の身体化が織りあう。すなわち、空間が一つの身体のもとに拡がり、同時に身体は空間にはたらく一存在としてある。

　身体の比例論は、ウィトルーウィウスの「建築書」に述べられている[20]。レオナルド・ダ・ヴィンチは、このウィトルーウィウス的人間を描いている[21]（図版36）。
それは人間身体の寸法摂理を明らかにしようとする「身体における比例」である。これにたいして、ル・コルビュジエのル・モデュロールの比例は、いわば「身体のなす比例」である。ル・モデュロールに描かれる、「片手をあげる」非対称の身体像のもつ意義の大きさが明確にされる。ル・コルビュジエは、西欧建築史上に新たな身体図式を提出する。

幾何学の意味	身体の動き	身体の形姿
	ル・コルビュジエ	ウィトルーウィウス

ル・コルビュジエの絵画作品展（一九五三）

ル・コルビュジエは、「非人間的な広間の改造」と題した一つの事件を書いている[22]。それは、ル・モデュロールの方法に関わった小さな事件である。この事件は考察に値する。そこにおいて、ル・モデュロールの根源的な価値が明確にされているからである。その小さな事件は、一九五三年一一月から翌年の一月にかけてパリ国立近代美術館で開催された絵画作品展に際し、起こった。ル・コルビュジエは、その美術館の広間が人間的な寸法を越えていると云って、自ら作品と広間の間に架かる第三の立方体空間を造る。かれは、二二六cmの寸法をもつ立方体空間によって、作品と観賞者をつなぐほどよい接点を見出そうとした。

このル・コルビュジエの処理が賛否を招く。事件のあらましである。かれは、そうした賛否に応えて、ル・モデュロールを「人間のごく近くに Tout près de l'homme」と説明したのである[23]。

ル・モデュロールは単に便法的な数値階梯ではない。それは、まさにル・コルビュジエの空間感覚に裏付けられた数値階梯であり、その空間感覚と一つになる構成論なのである。すなわち、ル・モデュロールの身体は、そうした空間感覚をも示している。

ところで、身体の近傍に空間を捉えるル・モデュロールのこの構成論は、かれの絵画が表現する身体の意味をもつといえる。(24)空間を近傍化する身体の意味はまさに「手」のはたらきにおいて存在している。かれの絵画はそうした「手」を表現している。「人間のごく近くに」というル・モデュロールの思想は、そのような身体の手が捉える空間を示している。身体が空間を近傍化する、この意味においてル・モデュロールの身体は、身体の単なるϕ比解釈を超えている。それは、身体の部位的ϕ比に導かれる外的な空間の構成なのである。

ル・コルビュジエが絵画や彫刻に表現する身体、ル・モデュロールの身体は自身の起源をそこにもつ。ル・モデュロールの身体はまさにこのデミウルゴスの分節的形姿なのである。ル・コルビュジエの建築思想において「大気の光と一つになる身体」が明らかにされる。(25)それは、われわれの五感が大気に解放されるそのような身体の生にほかならなかった。

そうした身体の思想は、またかれの絵画へと展開し、ピューリスム構成論と一つになる新たな身体の意味を築くのである。(26)ル・コルビュジエの空間は、こうした絵画の方法をもってかたちづくられ、深められてゆく。身体は空間を触知に視る。(27)ル・モデュロールの身体はじつにそのような身体を表わしている。

ル・コルビュジエの建築における色彩

建築空間における身体の意味は円環をなす。身体と空間は包み包まれる一つの全体をなしている。(28)ル・コルビュジエの色彩は空間の全体に関わる。そこに見る色彩は一つの指向的意義をもってこの全体に作用している。ル・コルビュジエの色彩の基調は、地中海の太陽に輝く「白さ」にあったが、後期の傑作の一つ、「マルセイユ住居単位」（一九四九）は、白色ではなく強く色彩を表現している。が、これはかれの本来の意図ではなかったとされる。その処理はじつは「マルセイユ住居単位」の施工のミスを凌ぐ苦肉の策であった(29)。

くわしくいえば「マルセイユ住居単位」が規準外の窓枠と異質な単位のコンクリートブロックをもってしまったために、ル・モデュロールの諧調を損なう不協和感を生む。ブリーズ・ソレイユの色彩化が、こうして行われたのである。「マルセイユ住居単位」の色彩の塗布は、そうした経緯を考えるてみると、表現に何ら特別な意義をもたない。が、ル・コルビュジエの色彩思想は既にピューリスムにおいて確かなものがある。

かれが「マルセイユ住居単位」の色彩に求めたものは、色彩の力強い感覚**l'irrésistible torrent de sensations colorées majeures**である(30)。かれは、奔流のような強い色彩の表現によってその不協和感を正そうとした。つまり、ブリーズ・ソレイユの塗布がル・モデュロールの諧調的世界に引き戻す処理であるとすれば、そのことはむしろ逆に造形と深く結びつくル・コルビュジエの色彩にたいする考えかたを鮮明にしている。

この後に造られるル・コルビュジエの作品の一つに、チャンディガールの最高裁判所（一九五一）がある。その作品は、エントランス・ロビーに鮮やかな色彩を付けている。エントランス・ロビーの構造的な三対の大きな壁体は、三つの色――緑、黄、赤――に塗り分けられている(31)。三つの色は造形と相まって効果的な表現を見せる。かれは自身の造形と一つになる色彩の表現をそこに見い出している。

同様に、インドのアーメダバードに建てられた二つの住宅（一九五五、一九五六）の内部が明快に色付けされている(32)。また、ラ・トゥーレットの聖マリア修道院の内陣においても、色彩は強く表現されて、トップライトの光に映える赤や黄、青の色がそこに輝く(33)（図版37）。後期のこれらの作品は、鮮明に色彩を表現している。

一方、ル・コルビュジエのこうした建築の色彩化は、つぎの特徴をもつ。それは、色彩が塗布されることである。そうした色彩は自ら表現するフォルムをもたない。色彩は、造形を面的に色彩化しているだけなのである。これは、かれの建築の色彩がもつ大きな性質である。いわゆる「面」とは造形を定義するものである。そのことに返ってみると、かれの色彩の一つの意味が明らかになる。それは、ル・コルビュジエの建築における色彩が造形に従属していることである。造形的空間と一つになる色彩の表現はそこに存在している。

ところで、ピューリスムによれば、色彩は独自の表現をもつ(34)。そうしたピューリスム色彩論がかれの建築においてもまた引き継がれるとすれば、色彩は、造形的空間に裏打ちされながら、そこにおいて形態から分離される独自の表現をもつ。こうしたことを考えてみると、ル・コルビュジエの建築の色彩化は、表現の二重的意味、造形と色彩をまさに統一している。この意味において、色彩は全体的なかれの建築思想に深く関わっている。

一九一一年の東方への旅先から、ラ・ショー＝ド＝フォンの「総合芸術工房」の友人たちに宛てた手紙のなかで、かれは民俗の芸術の新鮮な輝きに触れ、その感嘆を伝える。「美しき生命としての生きることの歓びがおおらかに誇示される(35)」。かれは描写ではない惹起する色彩をそこに見る(36)。この色彩観は、一貫する。『講話』（一九四二）において、かれは建築における色彩の表現をつぎのように説明している。色彩の基調である石灰乳「白」の歓びをさらに輝かせる力強い色彩のざわめき、そのような色彩が空間とその多様性をつくる。それが生の行動を受けいれて、魂の躍動が起こる(37)。

図版37　聖マリア修道院の小内陣

ル・コルビュジエの建築における色彩は、石灰乳「白」から発展している。かれは色彩をまた『伽藍が白かったとき』のなかでつぎのように歌う。

色彩の交響楽。色彩とは？

それは身体のなかにたくましくめぐる血である。
色彩とは生命のしるしである。
庭や畠にある花には「古色」はない。
空は天気のよいときには青い。
耕きおこされた土、立った岩、露わな地層などのくすんだ協和音は、
冬のあとの春ごとに生まれかわる生の爆発の堅固な踏切台である。
色彩！[38]

ル・コルビュジエの色彩は「古色」にはない原色の輝きをもつ。その色は空間や身体の生命に深く関わる。

ピューリスムと近代色彩理論

ル・コルビュジエの色彩は身体に働く作用をもつ。色彩は空間の表現に分節する一つの身体感覚であるといえる。ル・コルビュジエの色彩は身体の有り様をまさに表現的なものにしている。それは空間における身体の意味を示唆する。

ル・コルビュジエの色彩を今一度こうした視点から考えてみたい。

色彩についての見方は、ピューリスムの色彩論に理論的根拠をもっている。ピューリスムの色彩論は『近代絵画』（一九二四）に述べられる。オザンファンとジャンヌレ（＝ル・コルビュジエ）は、まず芸術に普遍的な表現を求める。具体的にいえば、その意味について理解することが困難なエジプト彫刻や黒人彫刻が、そうしたこととは別に、なおわれわれを感動させるのは、それらが表現力の普遍性をもつからである。[39]ピューリスムは作品の物語的あるいは文学的

な性格を退けて作品自体の表現力を捉えようとする。

ピューリスムのこの芸術理論はキュービスムを継承している。オザンファンとル・コルビュジエは作品の直接的な表現力がキュービスムにおいて見い出されたという(40)。作品の詩的な感情は、直接的な表現作用に基づく。オザンファンは、このことを『近代芸術の基礎』のなかでも述べながら、キュービスムはかたちの表意性によることなく情動emotionを呼び出すと云う(41)。

ピューリスムの思想は色彩を視覚的な感覚として把握しながら、色彩感覚をさらに観念的な連想において捉える(42)。詩的感情の表現において、芸術作品は歴史的あるいは地方的なものから脱却しなければならない。ピューリスム固有の表現力は、色彩や形態が身体感覚に及ぼす直接的な作用にある(43)。色彩の恒常性が、生理学的反応において捉えられ、その心理学的な想起が考察される(44)。形態の表現力は重力の示す垂直感を軸に展開する(45)。ピューリスムは、色彩や形態が身体感覚に及ぼす生理学的な反応の一定性に目を向けるのである。

ピューリスムは、好奇的な逸話や文学的な意味を離れ、最も身近な対象、四肢の延長にあるような日常の物品に主題を求める(46)。歴史的あるいは地方的なものを脱却する空間とこれに応じる身体の感覚がピューリスム絵画の成立する根本的な条件である。オザンファンとジャンヌレは、近代の「新しい人間(47)」をそこに見る。つまり、ピューリスムは人間の本質的な同一を謳うのである(48)。

オザンファンとジャンヌレは、牡牛が赤い色に興奮すると云われることを例に挙げ、色彩が引き起こす生理学的な反応の一般性や恒常性を指摘し、「このような色彩が与える根本的感覚の常数は、一定の恒常的な表現を有する諸色彩の一個の階梯――音階に相応する色階――を可能にする」と述べる(49)。ピューリスムは、そのような色彩理論をルード、ヘルムホルツ、ケーニクス（ケーニッヒのこと）、グローダン、ヘンリ等の研究に見い出している(50)。ピューリスム色彩論は、理論的根拠を近代の色彩光学にもつ。「色彩に惹起する反応の恒常性」は、近代の色彩光学に基づく生理学的な色彩理論によって説明される。

トマス・ヤングの光学研究において、ニュートン・スペクトルの色光が光の物理的現象としてではなく、感覚現象として捉えられる。(51)近代の色彩の科学的研究がそこに開かれる。ヤングの色彩理論は三原色説として名高い。かれは、いわば「色」が感覚であると言明して、その事実を光の性質にではなく、人間の本性に求めるのである。(52)かれの研究の決定的な意義はこの点にあった。

この研究から半世紀を経て、その学説の重要性が気付かれるのである。(53)ヘルムホルツは、ヤングの三原色説を引きながらつぎのように述べている。「われわれが色彩を三つの基本色に還元すると云うとき、このことは主観的な意味において理解されなければならない。それは、色彩感覚を三つの基本的感覚において明らかにしようとすることである。これは、ヤングが考えた方法であった。事実、それは、生理学的な色彩理論のすべての現象をことのほか単純かつ明快に説明することができた。(54)」

ヘルムホルツは、さらに外界からの作用的な刺激Stimuliとその刺激によって起こる神経自身の変化を興奮Stimulationと呼んでこれらを明確に区別し、神経繊維は刺激による興奮性excitabilityのみならず、伝導性conductivityをも所有していると語る。(55)ヘルムホルツは、ヤングの三原色説に加えて、それぞれの神経がそれぞれの感覚を分業するというミューラーの神経の特定エネルギー説を考察する。(56)

ヤングに始まる色彩の三原色感覚論は、ヘルムホルツによってさらに身体組織の神経生理学へと進む。ヘルムホルツの弟子であったケーニッヒは、こうした研究からそれぞれの波長とその定量的な感覚を現わす「基本感覚曲線」（一八九四年頃）を導く。(57)これが近代の色彩光学研究のあらましである。

ピューリスム色彩の身体感覚論

オザンファンとル・コルビュジエは、こうした近代の色彩理論に基づいて「キュービスムより生まれたピューリスムは、とりわけ、視覚の感覚性の研究および感覚と観念の連想に基礎を置いた一個の技術である」[58]と語る。かれらは、一定の色彩が引き起こす感覚的反応の恒常性を確信し、ピューリスムを「形態と色彩にたいする人間精神の反応の標準的総目録」や「形態および色彩と本性的に連結されている観念および感情の測定」に基づける。[59]

このようにピューリスム色彩論は、主にヤングーヘルムホルツ理論（神経の特定エネルギー説と三原色論）に基礎づけられている。それは、ピューリスムの見せる優れて身体的な感覚を理論的に担ったと考えられる。ピューリスムは近代の神経生理学的な色彩感覚に一つの基礎をもつ。すなわち、ピューリスム色彩論の根底に「色彩刺激がもたらす一定の神経の興奮」がある。ピューリスムの色彩は、身体と結びつく。

こうしたピューリスム色彩理論のル・コルビュジエの絵画への展開を「静物（一九二八―一九六二）」は示している。[60]絵は、形態に「ヴァイオリン」、「静物」、「新聞紙のコラージュ」、色彩において「赤」、「緑」、「黄」を表わす。ピューリスム色彩理論によると、色彩の直接的、純粋生理学的反応に第二次的に心理学的印象が結合する。心理学的印象とは普遍的な連想観念である。

この絵の「色」に連想されることを挙げてみると、「赤」の動的な興奮、「緑」の静かな落ち着き、「黄」の実りや緊張がある。こうした「色」につながって、「赤」＝ヴァイオリン、「緑」＝静物、「黄」＝新聞紙のコラージュがあった。すなわち、ヴァイオリンの「赤」を媒介にする動的な興奮、静物の「緑」を媒介にする静かな落ち着き、そして新聞紙コラージュの「黄」を媒介にする緊張がまさしく表現される。ピューリスムの色彩理論がこの絵画の意味を組み立てている。

ところでさらに、この絵は、ヴァイオリンの置かれる上段、コラージュのある中段、静物の位置する下段によって構成されている。このなかで、中段は上段と下段を統一するような構成的意味をもった。こうしたことに着眼して、絵

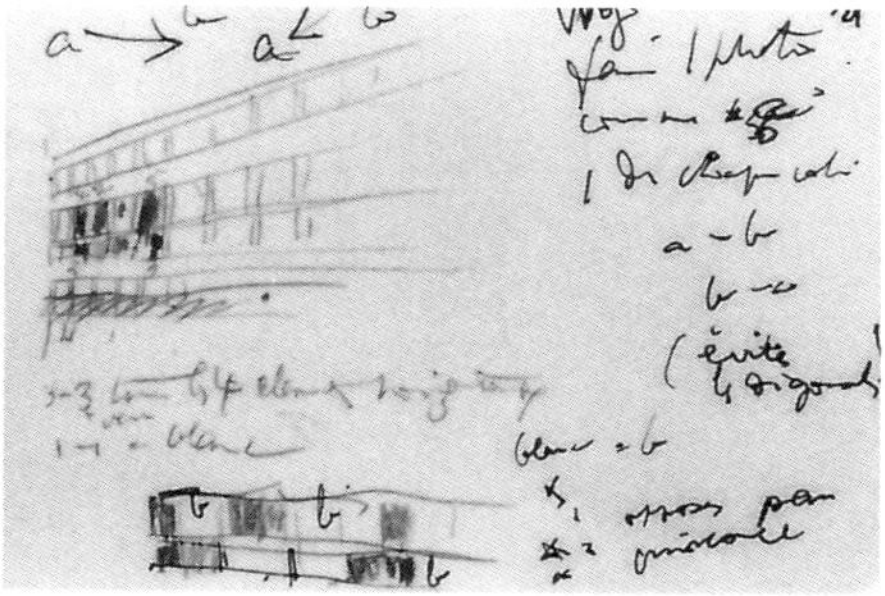

図版38　ブリーズ・ソレイユの白色塗布を示すメモ
blanc（白色）＝bと書かれる。

の色彩を改めて考えてみると、「赤」「緑」「黄」は同じような論理をもって構成されていることが明白にされる。ピューリスムの云うところに従えば、色彩は形態に付属する。中段の形態に見る統一構成は、同じように色彩においても成り立っている。色彩の光学において、「黄」（中段）＝「赤」（上段）＋「緑」（下段）であるからである。

　こうした解釈は、同時にル・コルビュジエの色彩思想を明らかにする。絵のそうした構成は、一つには色彩の光学的研究から導かれている。黄は赤と緑のスペクトル的な混色である。すなわち、色は光として描かれる。ル・コルビュジエはこのことを絵に表わしている。三原色感覚論と一定の連想を伴う神経の興奮がそこに示されている。色彩は確かな身体的な意味をもって描かれている。

　ル・コルビュジエの建築における色彩は、こうしたピューリスム色彩論を根底にもつと考えられる。「マルセイユ住居単位」のブリーズ・ソレイユに塗布された色彩を調べてみると、「白」色が塗布されていることがわかる（図版38）。

　塗られる「色彩のざわめき」は、ル・コルビュジエの空間をかたちづくる最も根底的な色彩、石灰乳の「白さ」に調和する。石灰乳の「白さ」は、輝く太陽の光を意味した。かれは、そうした色彩をまた生命のしるしであると語る。建築におけるル・コルビュジエの色彩は、太陽の光に結ばれる生命の色彩なのである。色彩は、刺激的で活力に富んだものでなければならない。

　ところで、O・N・ルードの『近代色彩学Modern Chromatics』は、今日最もよく用いられるマンセルの色立体に強い影響を与えたといわれる[61]。その測色法の基礎がルードの語る色の三定数、つまり「色の純粋さPurity」、「光度

Luminosity」、「色（光の波長）Hue」である。[62] マンセル表示法でこれらは、順に、「彩度（色の飽和度）Chroma」、「明るさValue」、「色相Hue」と呼ばれる。[63]

建築におけるル・コルビュジエの色彩をこのマンセルの測色法に分析してみる。その色彩は、「白」を基調にする。これは太陽光線に映える白色の明瞭さを意味する。つまり、その白色はマンセル表示法でいう「明るさ」（光）なのである。また、色彩の刺激的で活力的な性質、それは「色の飽和度」すなわち「彩度」である。ル・コルビュジエの建築における色彩は、そのような「明るさ」と「彩度」をもつことがわかる。その色彩の「鮮やかさ」は、「明るさ」と色の「純粋性」をもって構成されるのである。[64]

ル・コルビュジエの建築空間における身体の意味は、一方においてこうした色彩論において明瞭にされる。すなわち、「感官的身体の働きSensoriel Corps」こそがル・コルビュジエの空間の意味を築くのである。ル・コルビュジエのつぎの詩がある。

内在的な詩
内在的な幸福
見るための眼
触れるための手[65]

この独白的な詩に、われわれはル・コルビュジエの「感官的身体」を垣間見る。

ル・コルビュジエの身体表現

近代の色彩生理学に導かれるル・コルビュジエの色彩理論は、一方において確かに神経生理学に捉えられる身体を語る。が、かれの身体の真の起源はそこにはない。ピュ－リスム絵画は人形の身体を構成する[66]。が、それは、身体のもう一つの起源によって超えられてゆく。ル・コルビュジエは、さらに血肉をもつ身体を描く。ピュ－リスムの人形の身体は血肉化される。一九三〇年代のかれの絵画はこのことを明らかにしている[67]。

かれの旅は自らの魂の経験といえる。かれは民俗の色に打たれ、そこに生きる命を見る。ピュ－リスムの人形の身体と近代の色彩理論は、血肉の身体と生命の色へとさらに深まる。かれの色彩思想もまた、血肉の身体につながるもう一つの起源をもつのである。

かれは、ピュ－リスム構成論や近代の色彩理論の合理的な思考を超えて、身体の真の生命へと向かう。地中海の陽光に輝く「白さ」がル・コルビュジエの建築の色彩となる。輝く大気の光と生命の色彩、そこに見る血肉の身体こそ、かれが空間化しようとしたものである。

「静物（一九二八―一九六二）」において明らかにされるように、ル・コルビュジエは近代の色彩理論に基づく厳密な色彩の論理を組み立てており、色彩の表現は、ピュ－リスム思想の厳格な発展を示している。がまた、その色彩にかれは身体のなかにたくましくめぐる血、生命のしるしをも見るのである。

「生命」を表現するそのような色彩は、近代の生理学的色彩理論を超えている。それは、ピュ－リスムの連想観念を凌ぐ色彩の意味である。色彩は、ピュ－リスムの方法的意味から、それを超え出る存在の証へとさらに展開する。ピュ－リスムの色彩は、スペクトルの色であった。が、それは生命の表現ではない。色が命をもつ。これをかれは旅に学ぶ。

色彩は、ル・コルビュジエの身体の表現的発展と軌を一にしてゆく。かれは力強い色彩のざわめきに魂の躍動を見る。ル・コルビュジエの血肉の身体、その身体―世界における色は、もはやスペクトルの色ではない。その色は、ピューリスムの連想観念を超える生命の本質を現わしている。かれは、色彩は生命のしるしであるという。その言葉は、まさにル・コルビュジエの建築に生きる血肉の身体を証拠だてている。生命としての身体の意味をかれは打ちたてる。かれの身体の真の起源はそこに存在している。

ル・コルビュジエの造形の五原則は、大気の光と一つになる身体の表現を源にもつ。一方、かれの絵画に身体が描かれる。ピューリスムにおいて人形化される身体は、一九三〇年代に、特徴的な手をもつ身体の表現へと発展する。そのような手の表現は、ピューリスム構成論の身体化をまさに意味すると考えられた(68)。ル・コルビュジエの絵画の手は、その力を表現する。手は、そのはたらきを詩う(69)。

そうした手を表わすル・モデュロールの身体は、加工された身体というべきものであり、まさにピューリスム構成論とかれの身体思想を統一している。「人間のごく近くに」と語られるル・モデュロールは、ピューリスム構成論の身体化であると同時に建築における身体思想の絵画化である。生命の色をもつル・モデュロールの空間にル・コルビュジエは、一つの身体―世界を築く。ル・コルビュジエは、この身体―世界を語る。

メルロ＝ポンティの身体論

ところで、二〇世紀において身体の意味が深く考察される。メルロ＝ポンティは、身体をつぎのように語る。「これ（シュナイダーのデッサンの特異性）に反して、正常者にあっては、知覚をつうじて対象のなかに浸透し、対象の構造を己のうちに同化するということがおこるのであって、かれの身体をつうじて、対象が直接的にかれの運動を規制するのである。主体と対象とのこうした対話、つまり、主体が対象のなかに散乱した意味を捉え直し、逆に対象の方が主体の意図を把え直すこうした交互作用――こうしたものこそ表情による知覚なのだが、こうした知覚によって、主体にたいして己自身のことを物語る一つの世界が主体のまわりに用意され、逆に主体自身の思想が世界のなかに据えつけられるのだ。[70]」

メルロ＝ポンティは、身体は知覚する主観と知覚される世界とを、ともに、われわれに啓示するという。[71] かれによれば、私の身体のもつ空間性は、外面的諸対象のもつ空間性や〈空間的諸感覚〉のもつ空間性と同じような、一つの位置の空間性 Spatialité de position（傍点、メルロ＝ポンティ）ではなくて、一つの状況の空間性 Spatialité de situation（傍点、メルロ＝ポンティ）なのである。[72]

かれはこう云う。「われわれの身体は、単に他の一切の表出空間とならぶ一表出空間にとどまるものではない。そのようなものとしては、それは構成された身体でしかない。身体はむしろ他の一切の表出空間の根源であり、表出の運動そのものであり、それによってはじめて意味が一つの場所をあたえられて外部に投射され、意味がわれわれの手もとに、われわれの眼下に物として存在しはじめるようになる[73]」。

メルロ＝ポンティが知覚のしくみに掘りあてる身体の秘儀、主客を統一するその身体の世界は、同様に、ル・コルビュジエの表現する身体の世界に通じている。メルロ＝ポンティが『知覚の現象学』に云うような身体の意味をル・コルビュジエは創出しなかったか。ル・コルビュジエの云う「言語に絶する空間 L'Espace Indicible」[74] は、自らが言説し得て通ずるメルロ＝ポンティの語る「身体」の一世界ではあるまいか。

そのまえに、もう少しメルロ＝ポンティの云うところを引いてみる。いわゆる意識のデカルト的考察「われ思う」から、これを「われ能う」[75]と捉え直すメルロ＝ポンティの現象学は、実在論と懐疑論に象徴される古典的な二律背反に対し、「行動における〈ゲシュタルト〉」にこれを超える心身の統一を見出す。[76] かれは心的なものとか精神というのは実体ではなくて弁証法ないし統一形式であると云う。[77]

この見方から、かれは、いわゆる「心身問題」を捉えて「意識の生活（認識生活、欲望の生活、あるいは知覚生活）には一つの〈指向弓〉が張り渡されていて、これがわれわれのまわりに、われわれの過去や未来や人間的環境、物的状況、観念的状況、精神的状況を投射し、あるいはむしろ、われわれをこれらすべての関係のもとに状況づけているのである。この〈指向弓〉こそが感官の統一を、感官と知性との統一を、また感受性と運動性との統一をつくる」(78)と述べる。ル・コルビュジエのピューリスム絵画は、静物の静力学的釣合いに見るような配置とそこにおける力の構成的統一を表わす。絵画の構成論は二元論的な意味をもった。その二元論の統一こそ、かれの絵画の中心的モチーフであったといえる。力学の構成はさらに身体の力の表現へと発展する。ル・コルビュジエの世界は身体によって統一される。絵画の身体への表現的展開はまさしくこのことを語る。

同じように、メルロ＝ポンティは、「行動における〈ゲシュタルト〉」を手がかりにしながら、心的なものとか精神というのは、実体ではなくて統一形式であると云う。そこでの問題は、「世界にあり」「実存する」ある仕方であった。とすれば、ル・コルビュジエの身体は、メルロ＝ポンティが語る身体と同様な地平を分かちあっていよう。それは、メルロ＝ポンティの言葉を借りるならば、いわゆる心身の古典的問題を克服するような存在であることになる。すなわち、ル・コルビュジエの身体は、心身の一つの統一形式であるといえる。

デカルトの語る「われ思う、ゆえにわれ在り cogito, ergo sum」は、二律背反における古典的な心身の表現であった。われわれは、そのような心身の二律背反にギリシア的な肉体とゴシックの精神の乖離をも見る。(79)それらの彫像は、己の身体の意味をまさにその相貌に語るのである。(80)誇らしげな肉体を自らのテオリアに描き出すギリシアの美に対し、ゴシック聖堂に並ぶ彫像は己の肉体に超越する精神を自らに誇っている。(81)

ル・コルビュジエの身体は、メルロ＝ポンティの身体論に返れば、そのような心身の乖離を統一する。その二元論の統一にかれは向かったのである。身体の表現はそこに生まれている。

メルロ＝ポンティの言葉を借りるならば、ル・コルビュジエの空間は「私の身体のもつ空間性」にこそ、開かれる。こうしたことを考えれば、ル・コルビュジエは二〇世紀現象学に語られる一つの身体を己の芸術に創出していたといえる。[82]

ル・コルビュジエの「言語に絶する空間 L'Espace Indicible」

ル・コルビュジエは「言語に絶する空間」を語っている。[83]「ル・モデュロール」におけるその言葉をここに引いてみる。

かれは、まず、存在することの第一の証明は空間を占めることであると述べる。[84]こうした見方は、メルロ＝ポンティの云う「世界にあり」「実存する」ある仕方を捉えている。かれは、ある景趣（花や植物あるいは樹木、山など）がどっしりした至上の姿を呈するそのような光景に触れて、そうした景趣は、まわりから浮き立ちながら同時にその周囲に相呼応する共鳴を弾き起こしているのだという。[85]かれは、また建築や彫刻あるいは絵画は、とりわけ、空間に結びついており、そこで本質的にいえることは、その美的感情の鍵が空間的作用にあることだと述べる。[86]「言語に絶する空間」がつぎのように語られる。

作品（建築、彫刻、絵画）の環境に対する作用――波動、感情的叫びあるいは叫喚（アテネのアクロポリスにあるパルテノン）、爆発のように放射するほとばしる線、それによって近くのあるいは遠くの風景がゆすぶられ、動かされ、支配され、愛撫される。

環境の反作用――部屋の壁、その寸法、重さの違う壁面に囲まれた広場、景色のひろがりやその傾き、そして平原の裸の地平線まで、あるいは山脈のぎざぎざの稜線、それらすべてが人間の意志の象徴つまり芸術作品のあるその場所に覆いかぶさってくる。すなわち、その奥行、あるいは感情的湧出、その高いあるいはちょっとした密度、その激しさまたその優しさが、そこに迫る。そこに符合しあう現象が、数学のごとく正確に——まさに造形的音響の響きとして——現われ出る。(87)

ル・コルビュジエの空間における究極的な存在の仕方がここに語られている。作品は、世界にあってこれを一つにする空間の共鳴現象として捉えられる。敢えていえば、ル・コルビュジエの二元論は、一つの共鳴現象「言語に絶する空間」に統一される。それは、メルロ＝ポンティの云う「世界にあり」「実存する」ことからまさに生まれ出る一つの輝きであるといえよう。

ル・コルビュジエは、キュービスムの四次元に触れて、それは造形的方法の例外的に正しい協和によって弾き起こされる限りない恍惚境のように思えると、これに対する自らの見解を述べている。(88) かれは、それは選ばれたテーマの結果ではなく、すべての上になされた比例決定の勝利であると述べて、完成され成功した作品には無数の意図が満たされて、真に一つの世界がそこに姿を現すのだという。(89) そのとき、限りない奥行が開かれ、壁を消し、偶然の出来事を追い払い、「言語に絶する空間」の驚異がそこに成し遂げられると語る。(90)

「言語に絶する空間」は、優れて空間に関わるかれの思想を明らかにしている。ル・コルビュジエの作品は空間における存在であり、かれは、その作品とこれを取り巻く場所がまさにひとつになる空間現象を見る。そこにおいて、主体は客体に客体は主体に相通じながら、互いに呼応する。一つの絶対的な共鳴がそこに奏でられる。

近代におけるル・コルビュジエの「身体」

建築空間と身体は深く関わる。(91) ル・コルビュジエは、後期に「ル・モデュロール」による空間構成をおこなう。かれはそこに一つの身体像を描く。かれの空間構成は、原点に一つの身体をもつのである。この身体はどんな意味をもっているのか。

ル・コルビュジエはピューリスム静物画を身体の表現へと発展させ、ル・モデュロールの空間思想を「人間のごく近くに」と説明する。身体はいわば空間を触知するのである。そうした「手」の表現が一九三〇年代の絵画に描かれる。それは、ピューリスム構成論の身体表現への展開といえるものであり、静物の構成的統一と旅に見る血肉の身体、この二つの統一を表現すると考えられるのである。[92] ル・モデュロールの身体は、この絵画の身体像を原点にもつ。

建築空間と身体は円環をなす。[93] この見方において、ル・コルビュジエの色彩が着目される。それは身体の様態を語る。身体が表現的色彩に分節されるのである。ピューリスムのスペクトル的色彩論は、生命の色へと回帰する。ル・コルビュジエの身体は、血肉の身体を表現する。ル・コルビュジエの描く「手」は、まさしくピューリスム構成思想の身体的な解釈を現わす。それは、ピューリスム構成論の身体化をまさに証拠立てる。かれの独自の身体図式がそこに完成する。

「身体」の意味について、メルロ＝ポンティは深く考察する。かれは、心的なものや精神を統一形式として捉え、これを「世界にあり」「実存する」ある仕方として問う。ル・コルビュジエの絵画はこうした見方と軌を一にする着想をもつ。個々の物象と統一を絵画の主題にしながら、かれはこれを一つの力の作用において構成するのである。ル・コルビュジエの優れて自覚的な身体の構成論は、この絵画の意味から導かれたといえる。かれの絵画はまさに一つの統一形式において築かれる。そこに見る身体は二元論を統一する表現的意味をもつ。かれの身体もまた「世界にあり」「実存する」一つの仕方なのである。

ル・コルビュジエは、メルロ＝ポンティが語る身体の一つの意味を己の芸術に創出する。それは、ギリシア彫刻に見るテオリア[94]から、またゴシックの彫像が表現する超越[95]から身を引き離し、己が身体の生命を詩う。

ル・コルビュジエの「言語に絶する空間」は究極の空間的意味を語る。それは、世界の統一される絶対的共鳴というべきものであった。ギリシアのシンメトリアの至極の零、あるいはまたゴシックに飛翔する超越の高み、これらにたいしてル・コルビュジエの「身体」は、己固有の奥行を「世界の無限の共鳴」に見る。近代の一つの存在がまさにそこに語られるのである。

注

1　本書付論2、三一一〜三一六頁
2　同前
3　Le Corbusier, *Le Modulor*, Fondation Le Corbusier, l'Architecture d'Aujourd'hui, Paris, 1983, pp.15-17（邦訳：吉阪隆正訳『モデュロールI』鹿島出版会、二〇〇六年、一二〜一四頁）
4　ジャン・ブラン、鈴木幹也訳『ソクラテス以前の哲学』白水社、一九七三年、四七〜五〇頁：「音程の数的な限定ならびに十弦琴や七弦琴の案出は、ピュタゴラスに帰せられていたが、……」
5　Le Corbusier, *op.cit.*, pp.16-17（前掲注3邦訳書、一三頁）
6　*Ibid.*, p.36（前掲注3邦訳書、二四〜二五頁）
7　*Ibid.*：所員の一人アニングが問題をル・コルビュジエに求める。
8　*Ibid.*, p.37（前掲注3邦訳書、二六〜二七頁）
9　*Ibid.*, pp.36-37（前掲注3邦訳書、二六〜二七頁）
10　*Ibid.*, p.55（前掲注3邦訳書、三九頁）
11　*Ibid.*, pp.64-69（前掲注3邦訳書、四五〜四九頁）
12　*Ibid.*, p.44（前掲注3邦訳書、三一〜三二頁）：ル・コルビュジエは、この時（これがフィボナチ数列であることに気付いた時）、特許を取ったと説明している。
13　*Ibid.*, pp.26-27（前掲注3邦訳書、一八〜一九頁）
14　*Ibid.*

15 A. Choisy, *Histoire de l'Architecture*, 1, 2, SERG, 1976（邦訳：桐敷真次郎訳『建築史』（全二巻）中央公論美術出版、二〇〇八年）

16 Le Corbusier, *op. cit.*, pp.26-27（前掲注3邦訳書、一八〜一九頁）

17 森田慶一訳注『ウィトルーウィウス建築書』東海大学出版会、一九七九年、六九頁「神殿の構成はシュムメトリアから定まる。この理法を建築家は、十分注意深く身に付けなければならぬ。これは、ギリシア語でアナロギアと言われる比例から得られる。比例とは、あらゆる建物において肢体および全体が一定部分の度に従うことで、これからシュムメトリアの理法が生まれる。」（第三書　第一章）

18 ポール・クローデル、木村太郎訳『マリアへのお告げ』（現代カトリック文芸叢書3）、ヴェリタス書院、一九六〇年（原題は"l'Annonce fait à Marie"）

19 Le Corbusier, *op. cit.*, pp.221-226（前掲注3邦訳書、一四九〜一五三頁）

20 前掲注17『ウィトルーウィウス建築書』六九頁「実に、自然は人間の身体を次のように構成した——頭部顔面はあごから額の上毛髪の生え際まで十分の一、同じく掌も手首から中指の先端まで同量。頭は顎からいちばん上の頂きまで八分の一、（中略）人体の中心は自然に臍である。なぜなら、もし人が手と足を広げて仰向けにねかされ、コムパスの先端がその臍に置かれるならば、円周線を描くことによって両方の手と足の指がその線に接するから。さらに、人体に円の図形がつくられるのと同様に、四角い図形もそれに見い出されるであろう。」（第三書　第一章）

21 ケネス・クラーク、高階秀爾・佐々木英也共訳『ザ・ヌード　裸体芸術論』美術出版社、一九七一年、三一〜三四頁

22 Le Corbusier, *MODULOR 2*, Fondation Le Corbusier, l'Architecture d'Aujourd'hui, Paris, 1983, pp.275-279（邦訳：吉阪隆正訳『モデュロールⅡ』鹿島出版会、一九七六年、一九九〜二〇三頁）

23 *Ibid.*, p.275（前掲注22邦訳書、一九九頁）：「*Tout près de l'homme*, telle est la valeur foncière du Modulor.（人間のごく近くにというのがモデュロールの根源的な価値である。）」

24 本書第三章、七一〜七三頁

25 本書第二章、四二〜四三頁

26 本書第三章、七二〜七三頁

27 「開かれた手」にル・コルビュジエはつぎの詩を作っている。

それは開かれている、なぜならすべては

思いのまま扱え、手でとらえられ得て、在るゆえに。

受けんがために、開かれ、
めいめいがそこにとらえに来んがためにも、また、
開かれている。
水は流れ、
太陽は照らす。
その交錯、こま糸を織り、
流れ、至るところ、
道具を手に、
手の愛撫
両手の意匠から人間の味わう生
触知のなかの視
……
手一杯、私は受け取り、
手一杯、私は与える

28　本書付論2、三一二〜三一六頁
29　Le Corbusier, *Modulor 2*, cit., pp.246-247（前掲注22邦訳書、一七八頁）
30　*Ibid.*
31　*GA 30, Le Corbusier Chandigarh*, A.D.A Edita Tokyo Co.,Ltd., 1981
32　*GA 32, Le Corbusier Sarabhai House & Shodhan*, A.D.A Edita Tokyo Co.,Ltd., 1981
33　Le Corbusier, *Le Couvent de la Tourette*, Edition Parenthèses à Marseille, 1988
34　Ozenfant et Jeanneret, *Après le Cubisme*, Commentaires, Paris, p.55：形の思想は色彩のそれに先行する。
35　ル・コルビュジエ、石井勉他訳『東方への旅』鹿島出版会、二〇〇九年、二〇〜二一頁：この旅行は、一九一一年五月から同年一〇月にかけておこなわれる。
36　同前
37　Le Corbusier, *Entretien*, Les Éditions des Minuit, 1957（邦訳：ル・コルビュジエ、吉阪隆正編訳『アテネ憲章』鹿島出版会、

38　一九七六年、一七〇〜一七一頁
39　ル・コルビュジエ、生田勉・樋口清訳『伽藍が白かったとき』岩波書店、一九七三年、一七五頁
40　A・オザンファン、E・ジャンヌレ、吉川逸治訳『近代絵画』鹿島出版会、一九六八年、一六〜一七頁
41　前掲注39『近代絵画』一一〜一四頁
42　Ozenfant, *Foundation of Modern Art*, Dover publications, New York, 1952, p.55
43　前掲注39『近代絵画』一六四頁
44　前掲注39『近代絵画』一六五〜一七〇頁
45　同前
46　前掲注39『近代絵画』一六九〜一七〇頁
47　前掲注39『近代絵画』一七〇〜一七二頁
48　前掲注39『近代絵画』三六頁
49　前掲注39『近代絵画』一四九〜一五〇頁
50　前掲注39『近代絵画』一六七〜一六八頁
51　同前
52　金子隆芳『色の科学　その精神物理学』みすず書房、一九六八年、一四三頁
53　*Helmholtz's Treatise on PHYSIOLOGICAL OPTICS*, Edited by James P. C. Southhall, Dover Publications Inc., New York, 1962, pp.142-143 :So far as I（J.C.Maxwell）know, THOMAS YOUNG was the first who, starting from the well-known fact that there are three primary colours, sought for the explanation of this fact, not in the nature of light, but in the constitution of man.（Volume II）
54　稲村耕雄『色彩論』岩波新書、一九八三年、八二〜八三頁
54　*Helmholtz's Treatise*, cit.
55　*Ibid.*, pp.142-143（Volume II）
56　*Ibid.*, pp.1-3
57　*Ibid.*；前掲注51『色の科学』一四五頁；マルセル・ボル、ジャン・ドゥルニョン、稲村耕雄・中原勝儼共訳『色彩の秘密』白水社、一九八三年、九六〜九七頁
57　前掲注51『色の科学』一四八頁

58 前掲注39『近代絵画』一六四頁

59 前掲注39『近代絵画』一六五〜一六八頁

60 本書第一章、二一〜二三頁

61 前掲注53『色彩論』二五頁

62 Ogden N. Rood, *Modern Chromatics*, Van Nostrand Reinhold Company, New York Cincinnati Toront London Melbourne, 1973, p.78, pp.30-42

63 *Ibid.*, p.78；モーリス・デリベレ、久保田浩資訳『色彩』白水社、一九八三年、一一二〜一一三頁

64 前掲注63『色彩』一七頁：物体の色が明るいと同時に彩度が高いならば、それは鮮やかであるといわれる。

65 Le Corbusier, *Modulor 2*, op. cit. p.69（前掲注22邦訳書、五一頁）

66 本書第一章、二五〜二六頁

67 本書第三章、七二〜七三頁

68 本書第三章、六五〜六七頁

69 「開かれた手」のル・コルビュジエの詩。

　それは開かれている、なぜならすべては
思いのまま扱え、手でとらえられ得て、在るゆえに。
受けんがために、開かれ、
めいめいがそこにとらえに来んがためにも、また、
開かれている。
　　水は流れ、
　　太陽は照らす。
　その交錯、こま糸を織り、
　流れ、至るところ、
道具を手に、
手の愛撫
両手の意匠から人間の味わう生

触知のなかの視
……
手一杯、私は受け取り、
手一杯、私は与える

70 M・メルロー＝ポンティ、竹内芳郎・小木貞孝訳　『知覚の現象学Ⅰ』みすず書房、一九八二年、二二三頁
71 前掲注70『知覚の現象学Ⅰ』一三三頁
72 前掲注70『知覚の現象学Ⅰ』一七五頁
73 前掲注70『知覚の現象学Ⅰ』二四五頁
74 Le Corbusier, *LE MODULOR*, op.cit., pp.30-33（前掲注3邦訳書、二一～二三頁）
75 前掲注70『知覚の現象学Ⅰ』二三二頁
76 M・メルロ＝ポンティ、滝浦静雄・木田元訳『行動の構造』みすず書房、一九八三年、一九一頁；木田元『メルロ＝ポンティの思想』岩波書店、一九八四年、一〇～一二頁
「行動の諸動作や、それが動物の周囲の空間に描くいろいろの意図は、実在の世界ないし純粋存在を目ざすのではなく、動物にとっての存在（être-pour-l'animal）、すなわち〈種〉の或る特徴的環境を目ざすのであって、それらが透明に見せてくれるのは、意識、つまり認識することを本質とする存在ではなく、世界を扱う或る仕方、「世界にあり」（être au monde）「実存する」或る仕方なのである。」（『行動の構造』一八九頁）
77 前掲注76『行動の構造』二六八頁
78 前掲注70『知覚の現象学Ⅰ』二二九頁
79 本書付論2、三一四～三一六頁
80 同前
81 同前
82 メルロ＝ポンティ（一九〇八～一九六一）による『行動の構造』の公刊は一九四二年のことである。その脱稿は一九三八年になされている。メルロ＝ポンティは一九四五年に公刊されたばかりの『知覚の現象学』を主論文に、この『行動の構造』を副論文にして学位を請求している（前掲注76『メルロ＝ポンティの思想』四二頁）。これに対し、ル・コルビュジエは、奇しくも一九四五年に時を同じくして、かれの究極の空間思想を表す「言語に絶する空間」の初稿を発表している。ル・

コルビュジエは、一九一八年にピューリスム絵画を描き、独自の建築制作の一つの糸口をつかむ。かれの建築思想を最もよく表現すると言われる住宅作品の一つサヴォア邸は一九三〇年に完成している。こうしたことから言えば、ル・コルビュジエの空間論は、メルロ＝ポンティのそれを先取りするような一つの芸術思想であった。

83　Le Corbusier, *Modulor* 2, cit. p.23（前掲注22邦訳書、一八頁）：ル・コルビュジエによれば、その初稿は一九四五年に発表される。

84　*Ibid.*, pp.31（前掲注3邦訳書、二二頁）

85　*Ibid.*（前掲注3邦訳書、二一～二二頁）

86　*Ibid.*

87　*Ibid.*, pp.31-32（前掲注3邦訳書、二一～二二頁）

88　*Ibid.*

89　*Ibid.*

90　*Ibid.*

91　本書付論2、三一一～三一六頁

92　本書第三章、七一～七三頁

93　本書付論2、三一二～三一四頁

94　**theōria**（ギリシャ語）「（古代ギリシアにあって）純粋の知を追求することが、実は幸福の究極的な獲得なのだという考え方があるわけである。ここに考えられているのは vita contemplativa（bios theōrētikos）である。テオーレーティコスの theōrein, theōria は見るということである（田中美知太郎『学問論』筑摩書房、一九七六年、八九頁）」。また、九一～九二頁で、田中美知太郎は、ギリシア人の事業の基本にあるものは、見るという態度を確立したことにあると述べている。

95　森田慶一『建築論』東海大学出版会、一九八三年、六四頁によれば、一般に超越的とは、感覚によっても理知によっても捕捉することができない世界にありながら、それが存在すると意識せざるを得ないような状態をいうのである。建築の超越性というのは、建築によって規定されている空間が何か超越的な色合いを帯びるということであって、換言すれば、建築空間が神々しい、聖なる、あるいは神秘的な存在として受け取られるような建築の在り方をいうのである。

筆者は、そうした超越をゴシックのスティムング stimmung（気分）に見ながら、そこにおいて、身体は深く建築空間に関わって一つであるとし、ゴシック再発見におけるヴィクトル・ユゴー『ノートル＝ダム・ド・パリ』を解釈した。ゴシックの超越は、カジモドとエスメラルダが結ばれる至高のたかみ、すなわち身体を超越する至高の精神を表現するのである。

（本書付論2参照）

第五章　ノートル＝ダム＝デュ＝オー礼拝堂

ノートル＝ダム＝デュ＝オー礼拝堂

ノートル＝ダム＝デュ＝オー礼拝堂（以下、地名的表記のロンシャン礼拝堂を用いる）は、ル・コルビュジエの最後期に属する作品のひとつである（一九五〇～一九五三）。その作品は一連の建築作品から見れば特異なかたちになっている。大きく曲がりくねった壁面をもつこの作品は、ル・コルビュジエが造形の五原則とする「1．ピロティ、2．屋上庭園、3．自由な平面、4．横長の窓、5．自由な立面」を構成してはいない（図版39）。

このようなロンシャン礼拝堂は、ル・コルビュジエの建築の転換を示しているのであろうか。この作品について、一連の建築制作から改めて考えてみる。ロンシャン礼拝堂の成り立ちを示すエスキス、手記が残されている。これらの資料とあわせて絵画の発展からこの作品が表現する建築思想をさぐってみる。

参道

ル・コルビュジエは、ロンシャン礼拝堂について多くを語ってはいない。それについての覚え書きをわずかにまとめたものとして『ロンシャンのためのテキストとデッサン』（一九六五）が残されている。[1] 従って、この覚え書きは、ロンシャン礼拝堂の建築思想を考える重要な資料になるが、ロンシャン礼拝堂が成立するまでの経緯についてはダニエ

図版39　ノートル＝ダム＝デュ＝オー礼拝堂（1950-1953）

ル・ポーリーが詳しい報告をおこなっている。(2)

これによると、ル・コルビュジエはロンシャン礼拝堂の建てられるブーレモンの丘に着いた時、つぎのような逸話を残している。かれはこの設計依頼を仲介したモーリス・ジャルドと一緒にやって来たのであるが、車でそこに行くことを拒否して丘まで徒歩で昇ったのである。(3) ロンシャン礼拝堂は巡礼の礼拝堂であり、そこを訪れる人々の体験をル・コルビュジエは自ら経験しようとした。さすがに頂上に辿り着いて、かれは「礼拝堂は、徒歩で昇って来た人々を優しく迎えなければならないだろう。というのもここまで来るのに青息吐息だ」と悲鳴を上げている。(4)

その頂きまでの道のり――それはロンシャン礼拝堂に到る参道そのものである。参道は、この礼拝堂の存在そのものを担う。道は、それが到る礼拝堂に一つの生命を与えてゆく。そこを歩みながら、教会の神父はつぎのように語っている。

週末の雑踏のなかを車で下車する旅行者はこの礼拝堂の魂を捉えることはできない。私はできるごとに、森を横切って、徒歩で赤い大地の小道を昇った。私はそれを唯一人で、あるいは沈思黙考する仲間とともに、また、ロザリオの祈りを大きな声で吟唱する人々と一緒に行った。参道の静けさを捉えるたびに、徐々に下界の喧噪から解き放たれ、聖マリアや神に触れる我々の心の用意が出来てゆく。(5)

昇る道と参道。ル・コルビュジエの建築制作において重要な意味をもつ「昇る道」が、ここにおいて、新たに一建築作品の成立を担う。昇る道が参道になる新たな建築構成の方法、この構成の方法がル・コルビュジエの造形文法の根幹に迫る。

ところで、モーリス・ジャルドを通してこのロンシャン礼拝堂の設計依頼がル・コルビュジエに届いたとき、ル・コルビュジエは辞退したといわれるが、その後この決断をひるがえしている(6)。ル・コルビュジエはロンシャンの何かに惹かれたのである。これを動機づけた一つは、ロンシャン礼拝堂が巡礼の礼拝堂であったことにある。「巡礼の礼拝堂? それはおもしろい。それはちょっとした難問だ」。ル・コルビュジエはモーリス・ジャルドにこう言っている(7)。

巡礼、それははるかなる聖地への歩みである。それは、広大な大地をひたすらに踏む行脚の歩みにほかならない。とすれば、歩みあるくその巡礼の姿は、ル・コルビュジエの建築空間をかたちづくった海辺の身体、大気におけるその身体へと通じてゆこう。ロンシャン礼拝堂を構成する風景、巡礼の場所、そしてこれをなす集団、礼拝堂がもつそうした条件は、ル・コルビュジエの一連の建築制作に深くつながる一つの意味をもってくる。

歩みあるく巡礼人の群れ、その身体の歩む歩み、それこそが丘の頂きの一礼拝堂に一つの生命を与えてゆく。とすれば、そうした身体の歩みはまた生きいきとした大気の身体、ル・コルビュジエが自身の建築空間に表現するその身体に重なりあってゆく。ル・コルビュジエの一巡礼教会への密かな関心はそこに形成されたのではあるまいか。

ル・コルビュジエが初めてロンシャンを訪れたのは、一九五〇年六月四日である(8)。その丘でかれは数時間長居し、じっとまわりの風景を見つめ、スケッチ・ブックにいくらかの素描をしている(9)。かれは、四方の地平線を注意深く引く(10)。ル・コルビュジエはそこにおいて「形態の音響」ということを語るのである(11)。ル・コルビュジエによれば、それらの地平線が建築的な音の反響を惹き起こすと云う(12)。

かれは、礼拝堂をそれが建つロンシャンの自然の風景の只中に捉えようとする。礼拝堂が自然の風景の只中から生み出されてゆく、それは特筆さるべきル・コルビュジエの方法である。教会建築の一造形が自然の風景と交じりあいながら編み出されてゆく。ル・コルビュジエはつぎのことをいう。「ロンシャン？　風景との交わり、場所のありさま、場所の感動、場所に語りかける言葉[13]」。ロンシャン礼拝堂を制作するに際して、かれの中に流れたものがここに語られている。

壁体

ル・コルビュジエは蟹の甲羅を持ち出してその礼拝堂の屋根を構想している[14]。そのような屋根の構成法は、かれの建築造形の五原則にはない。屋根は屋上庭園toit jardinとして構成される。ロンシャン礼拝堂のかたちを見てみると、蟹の甲羅の屋根は四面の曲線の分厚い壁面の上に載せられるように架かっている（図版40・41）。

つまり、分厚く曲がった壁面構成こそが構想されているのである。それゆえに、これらの造形的な壁面を損なわずにまとめる屋根の工夫が問題になる。屋根は、これらの壁面にたいして造形としても調和し、同時に構造的フレームでもあるようなそんな二つの要求を満足しなければならない。蟹の甲羅はそこに思いつかれたと考えられる。

こうしたことから、ル・コルビュジエはロンシャン礼拝堂の制作において、造形的なその壁面に最も重要な意味を見い出していることがうかがえる。かれは、当初ロンシャン礼拝堂の前に人工的な広場を計画している（図版42）。この広場で、巡礼の日（聖母被昇天の八月一五日と聖マリア誕生の九月八日の祝日）巡礼者の集まる儀式がとり行われる。が、この広場は財政的な予算の面から、さらにそれが自然との直接的な結びつきをまったくなくしてしまうために廃案になる[15]。広場は、結局、自然の地形として着想され、礼拝堂の前の自然の広場に集まる巡礼者の群れを包みこむように外壁がかたちづくられる（図版43）。

ロンシャン礼拝堂の空間構成の主軸をなすものは、ブーレモンの丘の頂きに集う巡礼であることがわかる。ロン

図版40　礼拝堂の小屋組のエスキス

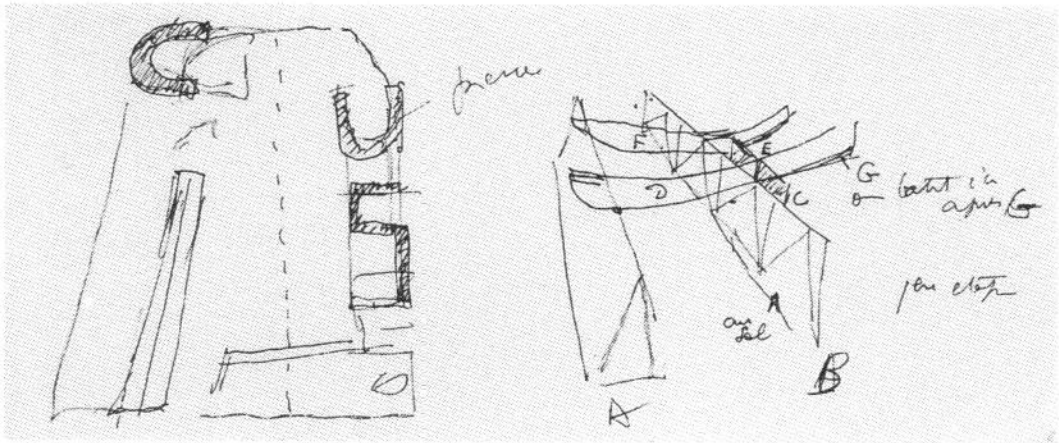

図版42　礼拝堂と人工の広場

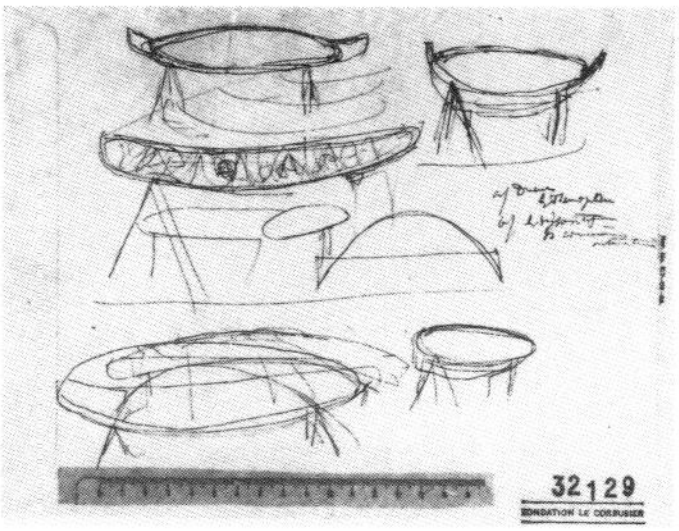

図版41　スケッチ　蟹の甲羅と壁面の取り合わせを示す礼拝堂の屋根のエスキス

図版44　スケッチ　ル・コルビュジエ礼拝堂の遠景

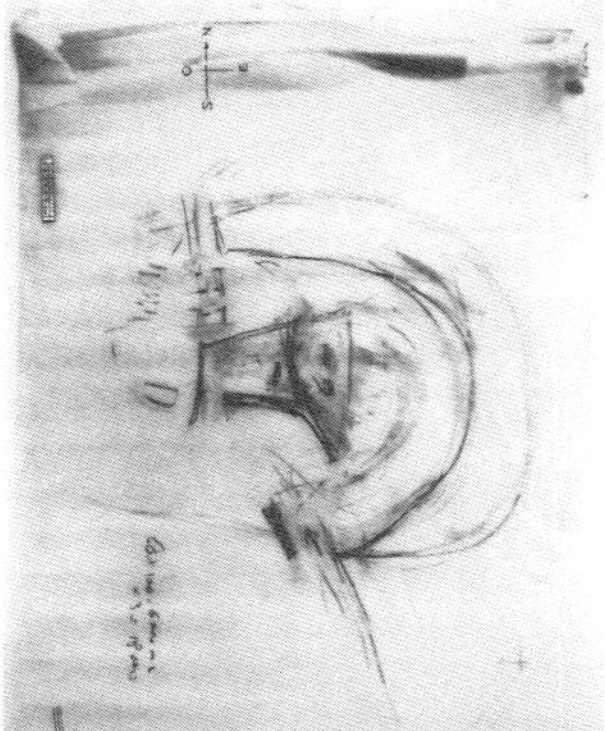

図版43　礼拝堂の最初のプラン

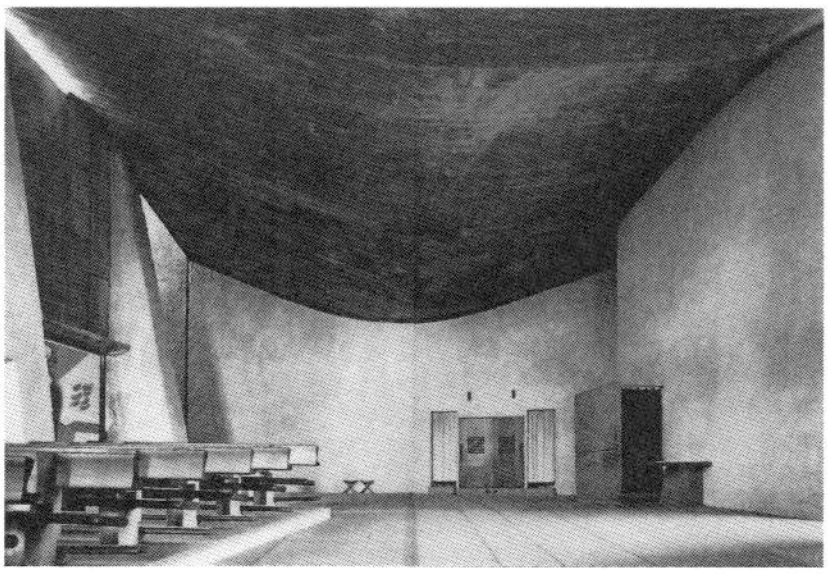

図版45　礼拝堂の内部

シャン礼拝堂の空間構成のモチーフは内部にあるのではなくいわば外部から生まれている。ロンシャン礼拝堂がそうした外部における視覚を引き継いでいることは明らかであろう（図版44）。本来、内部的な空間であるはずの宗教建築がいわば外部から構成される。それはいわゆる穹窿の天井をもたないのである。見上げた内部の天井はむしろ垂れ下がったものになっている（図版45）。それは、特筆されるべきロンシャン礼拝堂の造形性である。

この礼拝堂の設計依頼に際し、教会側は全く自由な制作をかれに認めている[16]。ル・コルビュジエは自身の建築思想においてロンシャン礼拝堂をかたちづくっている。ロンシャン礼拝堂はまさにル・コルビュジエ自身の建築思想の表明であったといえる。

三基の塔

ところで、このように優れて外部的に構成されるロンシャン礼拝堂は、さらに潜望鏡のような三基の塔を加えてその造形をより具体的なものにしている。それらの塔の造形はル・コルビュジエが東方への旅において見い出したものである。その小塔の起源となるのがティヴォリのセラピス神殿の廃墟である[17]。ル・コルビュジエはそこで洞窟の奥深くに届く太陽の光をスケッチしている（図版46）。

図版46　スケッチ　廃墟のセラピス神殿の光

つまり、ロンシャン礼拝堂がもつ潜望鏡のような塔は、太陽の光を祭壇へと導く、いわば光の造形化なのである。三基の塔から漏れる光は礼拝堂内部の三つの祭壇に注がれている（図版47）。南面の壁のはめころし窓は、独特の窪んだ形をもつ。それは、内部に差し込む光を見事に表現する（図版48）。

図版48　礼拝堂の南面の壁から内部に注がれる光

図版47　礼拝堂内部の祭壇と太陽の光

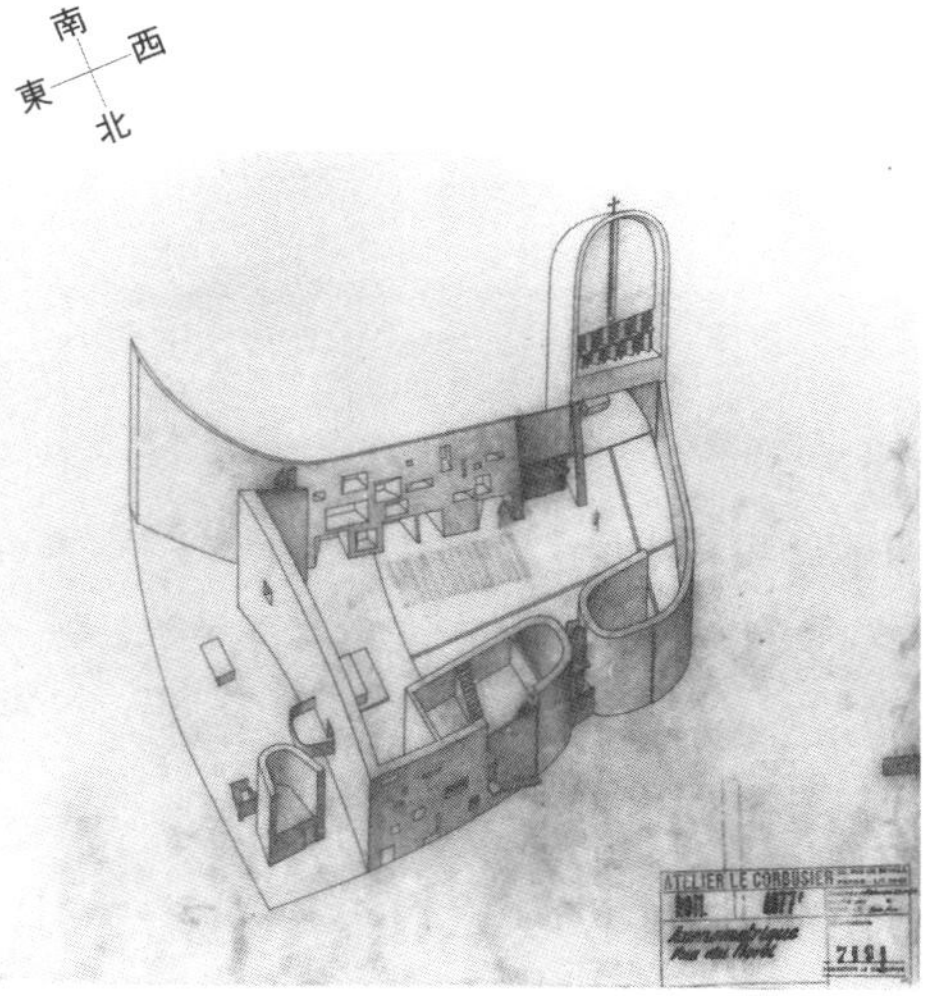

図版49　礼拝堂のアイソメトリック
※太陽の運行を捉える3基の塔＝大塔、北の光（四季の太陽）、東西の2基の小塔（図中、突端部切断）＝東西の光（一日の太陽）

ル・コルビュジエは太陽の光を捉えている。が、その光は、ゴシック建築のステンドグラスの放つあの透過光ではない。それは、太陽そのものの光、太陽の光が内部に侵入する光である。漏斗状に穿たれた壁を通して絞り取られる光は回折の波動となって内部に拡がる。

内部を照らす潜望鏡のような塔は、同時にそれぞれの向きをもって、礼拝堂の屋根に突き出ている。つまり、主祭壇を照らす大きな塔は北を、北面の二つの小さな塔はそれぞれ東と西を向いている

り、西へ沈む太陽の軌跡、ロンシャン礼拝堂の三基の塔はこの光を追っている。（図版49）。それらの塔の向きはじつは太陽の運行に従ったものである。[18] すなわち安定した北側からの光と、東から昇

そのようなロンシャン礼拝堂は、見方によればバロックを思わせる。それは確かに、ダニエル・ポーリーが云うように、線のダイナミズムそして曲面の巧妙な用い方、空間の構成における自由さ、さらに礼拝堂の光が色彩を加味するときの舞台装飾的な光の用い方、さらに極めて重要な光の役割というバロックに通じるような表現をもつ。[19]

そうしたことからいえば、この礼拝堂はル・コルビュジエの建築思想の転換であることになるが、かれは自らこれを否定している。「ロンシャンのこの小さな礼拝堂は〈バロック〉の旗印ではありません。私はこの言葉が嫌いなのです。つまり、私は、バロック芸術を愛しもしなかったし、またそれを顧慮しもしなかったし、それを認めることも出来なかったのです[20]」。ル・コルビュジエにおけるロンシャン礼拝堂の造形的意味は、そうしたバロックの解釈とは違った角度から捉えられなければならない。礼拝堂の三基の塔の方位は太陽の軌跡を追っている。運行する太陽、三基の塔はこのことをまさしく表現する。

ル・コルビュジエは太陽を歌っている。

隣り合わないが、しかし時間を守って　異なったそれぞれの一刻ごとに、
隔てた距離にハーレムの黒人が結びつけられるように、
これに応じて、地球と太陽は踊る。
四季の舞踏
歳《とし》の舞踏
二四時間の一日の舞踏

夏至と冬至
春分、秋分
太陽の大時計と暦は、
現代建造物のガラスの前で
取り付けられた〝ルーバー〟を
建築へともたらした。
一つの建築のシンフォニーが
次のタイトルのもとに準備される‥
〝住宅、太陽の娘〟
……結局ヴィニョーラは破滅した！
もう結構！
勝利！(21)

ル・コルビュジエは太陽の絵を描く（図版50）。すなわち、ロンシャン礼拝堂の三基の塔はル・コルビュジエが歌う太陽の運行をまさしく表現するのである。すなわち、北の塔は四季の光、東西の二つの塔は日毎の光を表わす。こうした造形の意味を捉えれば、ル・コルビュジエは、ロンシャン礼拝堂において一般にいわれるように自身の建築の転換をはかったのではないことがわかる。そうではなく、ル・コルビュジエは、そこにおいてより深く自身の建築思想を深めているのである。中心的意味をもつその太陽の光が追求され、ル・コルビュジエは、ロンシャン礼拝堂に生きている。

かれの造形思想の出発を表明する五原則は、輝く大気の光と躍動する身体、その身体の生をこそ、うたう。ル・コ

図版50　太陽と住宅の版画
太陽の軌跡（一日と四季）と住宅の日照の解説

ルビュジエの空間はこれをいえば太陽の光に浴する身体の世界である。かれの南仏のコート・ダジュールの住宅計画は、そのような太陽の輝きに満ちている。[22]ル・コルビュジエと輝く太陽、その出会いをわれわれは、「東方への旅」に見出すことができたのである。[23]そこに映える光の美しさこそがル・コルビュジエの建築の出発を告げる。

かれはロンシャン礼拝堂において太陽の光を周到に祭壇へと導く。太陽の論理が造形に生きるのである。いとおしむが如く、かれはそれを捉えている。まさしく太陽の運行そのものが造形へと展開する。ル・コルビュジエはいわばそのような太陽の光を極限にまで表現している。

扉の手

参道につながる礼拝堂の南面の入口に、ル・コルビュジエは大きな扉を付けている。開かれる扉、それは劇的ともいえる建築空間の始まりである。空間の結界に位置するそうした扉は、時に、そこに始まる空間を象徴的に暗示する。いわば建築空間の全体的な意味が予告的に語られるのである。こうしたことからいえば、場合によって、扉は全体的な建築の解釈に重要なヒントを与える。

ル・コルビュジエは扉に象徴的な絵を描いている。絵は、外側と内側に描かれている。外側の絵の中央に二つの手が描写される（図版51）。

それらは対的な表現になっている。つまり、一方の手はしぐさで言葉を与えるような表情をもつ。これにたいして、他方の手はこれを聞き受けるように開いている。

ル・コルビュジエは、先に述べたように、一連の手の表象を描いている。それらの手は自らの力を現わしている。[24]手は何かに力として働く。ところが、ル・コルビュジエがロンシャン礼拝堂の扉に描く手はそうした力を及ぼす作用的な手ではない。それは福音を垂れるかのような手のしぐさなのである。手は一つのしぐさの表現体となっている。

図版51　扉の外部の絵：二つの手

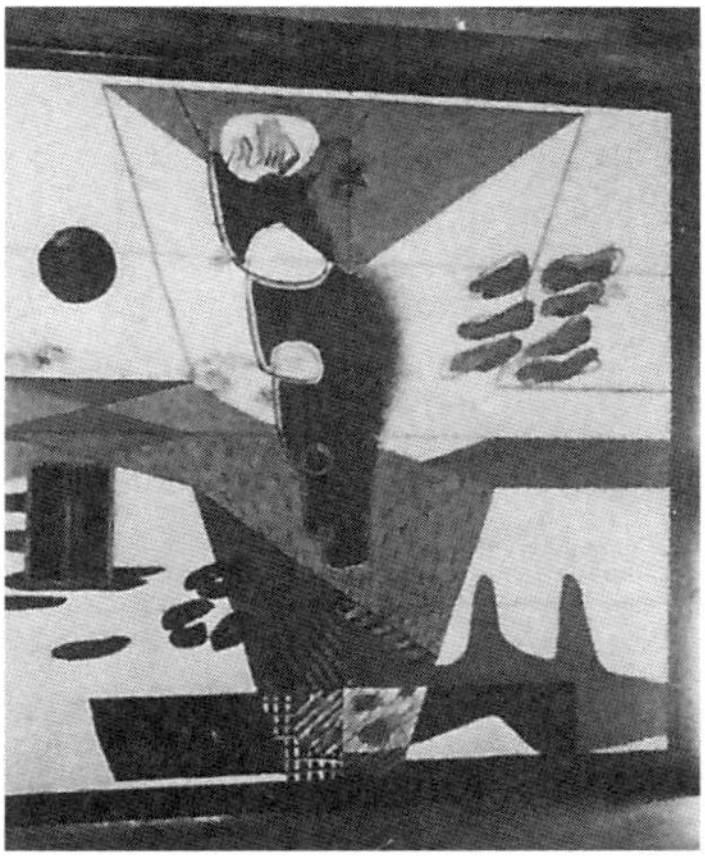

図版52　扉の内部の絵：祈る手

ル・コルビュジエの手の表現、それはかれの建築思想の象徴的意味であると考えられる。そうした手がロンシャン礼拝堂においても描かれるのである。ロンシャン礼拝堂はまたル・コルビュジエの一連の建築制作が導くものであるといえる。この建築作品は、一連の建築制作につながるある表現的意味をもっている。が、ロンシャン礼拝堂の手は一連の手の象徴から見れば、違った趣をもつ。一連の手が表わす力の働きをそれはもっていない。扉の内側に描かれるもう一つの手がある（図版52）。扉の上のところに描かれる両手は祈りの手である。それは、螺旋のかたちをもつ描線といっしょになって舞い上がるように描かれている。

　つまり、ロンシャン礼拝堂の手は、肉体的な作用をもたない精神的な手であることがわかる。そうした手の表情がすなわちロンシャン礼拝堂の空間的意味を語る。ル・コルビュジエはその礼拝堂を「沈黙と静けさの器」と云う[25]。礼拝堂の内部、その空間は一連のル・コルビュジエの建築作品から見れば特異なものになる。輝く大気の光と躍動する身体、それこそがル・コルビュジエの空間の生命であった。

　こうした建築思想から見れば、ル・コルビュジエによるロンシャン礼拝堂の設計は否定的なものになる。その礼拝堂の設計依頼にたいして、ル・コルビュジエが当初取った否定的な態度は、そうしたかれの建築思想を考えればうなずける。かれは、その設計依頼をつぎのように拒否したのである、「死んだ機関のために仕事をすることなぞ、私には興味が無い」[26]。

ところが、かれはロンシャン礼拝堂が巡礼の礼拝堂であることに新たな興味を示し、これを引き受けたことは先に述べたとおりである。ル・コルビュジエは、ロンシャンの丘の頂きに建つ、巡礼の礼拝堂に生きづく己れの建築思想を見ようとした。それは、またかれの建築思想の新たな表現へとつながっていったといえる。かれは、自身の思想が繰り広げられる情景の新たな可能性をそこに見たにちがいなかった。

ル・コルビュジエが自身の建築制作に歌いあげる生きいきとした力感の身体、が、それは、このロンシャン礼拝堂においてあたかも罪の宣告を受けたかのように見える。現実の肉体的意味をもたない礼拝堂の内部、それは、かれにとって「沈黙と静けさの器」であった。そのような堂内に「生きいきとした力感の身体」は存在しない。礼拝堂の扉の手は、明瞭にこのことを語っている。その手は力の手ではない。それは、礼拝堂がもつ静けさの祈りの手なのである。

十字架の巡礼

巡礼の日、礼拝堂は十字架の儀式をおこなう。祈る神父を先頭にして、十字架が二人の男に担がれてそのあとを巡礼者が従っていく（図版53）。十字架が東壁面のマリア像下の表の祭壇に立てられ、その前の大きな広場に巡礼者が集まる。十字架は巡礼の儀式の中心である。

その十字架をル・コルビュジエは作っている。それは巾一七五cm丈二一六cmに出来

図版53　礼拝堂の十字架の儀式

ている。ル・コルビュジエによれば、巾は広げた両手の腕の長さから、丈は人の身長を一七五㎝としてこれに土台部分の高さ四一㎝を加えて割り出されている(27)。その中に小さなキリスト像が彫り込まれる。そのキリスト像をかれはデッサンしている(28)。

ル・コルビュジエはこの十字架の儀式を自ら絵に描き、「それは、かつて無かった最もむごいドラマを証言する」と書いている(29)。十字架の身体刑、それは、深く悲しみに満ちた目、垂れた首、重い足取りである。この参道を歩く神父や巡礼者の足取りもまた、丘の頂きの沈黙へと向かう静かな歩みなのである。

とすれば、そうした参道はル・コルビュジエが己れの建築空間に構成した、身体の躍動する、昇る道ではない。そこにおいて、ル・コルビュジエの身体は己れの躍動する肉体の力を静かな精神的足取りへと変えていく。力動感を表現しないル・コルビュジエの扉の手は、深くその空間にかかわって、手のみならずいわば身体の沈黙と静けさを語りかける。生きいきとした力感の身体もまたそこにおいては悲劇的でさえあるかもしれない。

ル・コルビュジエの建築空間は、いってみればピロティの造形によって生まれている(30)。礼拝堂はそのようなかれの常としたピロティの造形法をもたない。が、そのことは、ル・コルビュジエの空間の内部的生命ともいうべき身体の生を却って示してはいないだろうか。参道が到る丘の頂きと風景の安らぎ、頂きに辿り着く巡礼者の歩み、礼拝堂の壁は安らぐ巡礼者の身体を包み入れる。

丘の頂きのピロティのない建築、大地の丘に建つこの壁の建築は、こうしたことからかたちづくられたのではあるまいか。すなわち、それは詩っていないか、力に満ちた身体の生が究極に放つ一つの風景を。

視覚の音響

ル・コルビュジエは空間にたいするある感情を語っている。本論において重要な意味をもつと思われるその言葉を要約すると、――かれの全知的活動は空間の表明に向けられてきたのであり、かれは精神的のみならず肉体的にも空間の人間であった。つまり、かれは飛行機や船が好きであり、さらに海、砂浜そして平原を山より好むのである。アルプスのふもとやその山中ではかれは押しつぶされてしまう――と述べている。頂上近くで空間は再び現われるけれどもそれは荒々しいという。かれは、それよりも最も冷厳なそれでいてまた最も感づき難い、最も奥深い法則に従いながら見せる、海のもつすばらしい時の刻み、すなわちその潮の満干、昼夜を分かつ春分秋分、またその日毎の変化に感動するのである。(31)

このようなル・コルビュジエの空間感情は、かれの制作の中心的部分につながっている。この空間感情を考えるとき、ロンシャンの丘の頂きから見る風景にたいするかれの強い関心が理解できる。その風景は教会堂の制作に強い意味をもってくる。その丘でかれはまわりの風景をじっと見つめ、四方の線を注意深く引き、それらの四方の線こそが建築的に音の反響――形態の領域の音響――を引き起こすと述べている。このことは、そこにおけるル・コルビュジエの空間感情を表明したものに他ならない。

「風景との交わり、場所のありさま、場所の感動、場所に語りかける言葉」、ル・コルビュジエがロンシャンの礼拝堂について述べるこの言葉からすれば、その丘の頂きに建つ礼拝堂は、土地神のごとくそこに生まれている。ロンシャン礼拝堂におけるル・コルビュジエのこの造形のしかたは、自らの空間的な思想をすぐれて表現しているといえる。ル・コルビュジエはつぎのことを語る。「ロンシャンの礼拝堂は全く自由な建築である。ミサの務めのほかにはどんな式次第もない。しかしながら重きを置かねばならぬ条件が存在する。それは四方の線である。支配力をもつのはそれらである。視覚的音響の真の現象、〈視覚の音響、形態の領域に引き起こされた現象〉、形態は音や沈黙をつくる。あるものは語り、またあるものは聞く……」(32)

このようなかれの言葉はそれ自ら一つの風景を作り出している。かれがロンシャンの丘に見た風景は、かれの制作の心象につながる。それは、眼前に広がる風景の単なる描写ではなく、かれの心象において立体化されるそのような世界の風景なのである。ル・コルビュジエの建築的世界における一つの風景をそれは体現する。つぎの文章はそうしたことをよく語る。

ロンシャンの礼拝堂、ヴォージュ山脈の末端の支脈に建つこの巡礼の礼拝堂は、沈黙のそして祈りの場である。それは、西にソーンヌ平原、東にヴォージュ山脈さらに北と南に小さな二つの渓谷を見下ろす。これらの風景がもつ四方の地平線は一つの現前であり、それらは主人である。

〈形態の領域に引き起こされた音響の現象〉によって、この礼拝堂が語りかけるのは、その四方の地平線である。一つの親密さが、それぞれのものを同化し、言語に絶する空間の放射線を放つことができる(33)。

空間にたいする自身の感情をル・コルビュジエは語っている。「視覚の音響」、かれの建築制作が産み出した一つの言葉。かれは風景のなかに音を視る。聴覚が視覚を携えあるいは視覚が聴覚を伴う。こうしたことをヴィオレ＝ル＝デュクも云う。「ばら窓が歌う(34)」。ばら窓が音楽を放って現われる。これは、精神の特別な体験である。

われわれが心象においてもつ一つの体験をこれらのことは表現している。そのような心象の風景は生にかかわっている。われわれは、もともとあった一つの風景をそこに捜し出したのではない。このような心象の風景はわれわれをつつみ、われわれもまたその風景に一つの生命を与えてゆく、その受動的で能動的な作用、そこに生まれる一つの世界こそをル・コルビュジエは表わそうとする。

ロンシャン礼拝堂について云ったル・コルビュジエのこれらの言葉を見過ごしてはならない。そのような視覚の音響を可能にするものは、ル・コルビュジエの身体の一体験である。それは、云ってみれば、心身の合一において見るような身体の経験である。

こうしたことから見れば、ロンシャン礼拝堂は深く身体的な経験に支えられている。視覚が聴覚を伴う。あるいは聴覚が視覚をもつ。このようなことを可能にするものは、身体の心象をおいて他にない(35)。ロンシャンの丘にかたちづくられたものはル・コルビュジエの身体的一心象の現われ、つまりその身体の世界であったといえる。

ル・コルビュジエは、また、「言語に絶する空間」をそこに見る。かれはつぎのようにいう。

建築、彫刻あるいは絵画、これらの作品は、波のように、叫びあるいはどよめきのように、放射するほとばしる線として、また爆発によって働くが如く、まわりの世界に作用する。

まわりの世界の反作用をいえば、部屋の壁にはその寸法が、広場にはそれを囲む重さの異なる正面、風景の広がりやその向き、果ては平原のむきだしの地平線あるいは山脈のひだのそれらまで、これらすべての雰囲気が、人間の意志のしるし、芸術作品の置かれるその場所にのしかかり、この作品に、それらの奥行をあるいはそれらの突出を、堅いまたぼんやりしたそれらの密度やそれらの激しさあるいはそれらの柔らかさを与える。

そこに、数学のように厳密に照応しあう現象――造形的な音響の真の表明が現われる。そのような造形的な音響が開く際限のない奥行は、「言語に絶する空間」の奇蹟をなしとげる(36)。

ル・コルビュジエはこうした現象をロンシャンの丘に見ている。とすれば、ロンシャン礼拝堂をかたちづくった最も重要でまた根底的な思想はそのような情景を生みだす一つの身体に他ならない。その丘に生きづくそうしたル・コルビュジエの身体の一世界こそをわれわれは注目しなければならぬ。

ロンシャン礼拝堂の太陽の塔は、一日の、日毎のさらに四季の綾なす光と影を現わす。それは、かれが海に見る時の刻みでさえある。礼拝堂を構成する一万人の広場[37]、そこは、歩みあるく巡礼人の到る頂きである。その巡礼人を抱く礼拝堂の凹面の壁、それは風景が放つ音を反響する。また礼拝堂の凸面の塔は、まわりの風景の世界にそのかたちの音を奏でている。礼拝堂の造形は視覚の音響によってかたちづくられる。

ロンシャン礼拝堂はその頂きから見る風景をいわば土地神の如く歌う。その心象の風景にこそ、ル・コルビュジエの身体の世界が表現されている。それは、煎じつめれば、かれが「昇る道」のかなたに見たものであるといえる。輝く大気の光に躍動する身体がロンシャンの丘に己れの風景を見る。すなわち、それこそは、生きとし生ける生命の赤、青あるいは巻き貝の渦巻くそのようなル・コルビュジエの世界が究極に放つ心象の風景世界なのである。

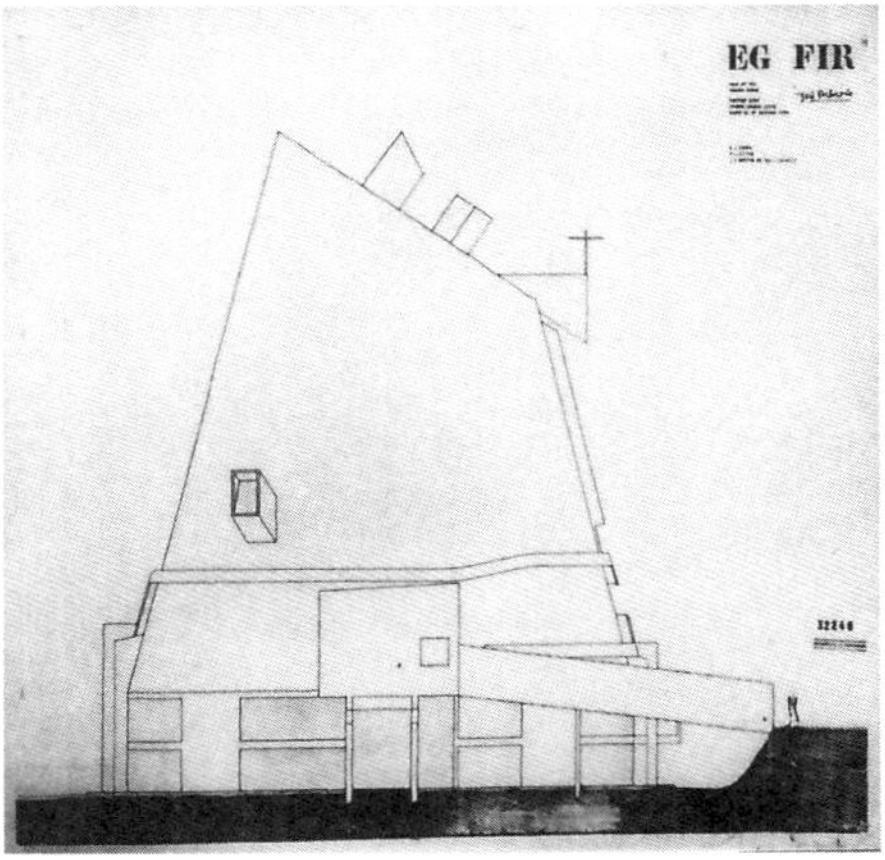

図版54　フィルミニー・ヴェールの教会案

このロンシャン礼拝堂と形が幾分か似たル・コルビュジエのフィルミニー・ヴェールの教会案がある（図版54）。ところが、その模型はピロティをもつ[38]。フィルミニー・ヴェールのその教会が建つ場所は地形的にいえば谷である[39]。したがって、ロンシャン礼拝堂とは全く逆の地形的条件を負っている。開けた風景へと向かうかれの空間感情を考えてみるとき、そのようなフィルミニー・ヴェールの地形がこの教会堂のピロティを構成する一つの条件になったと推察される。つまり、フィルミニー・ヴェールのピロティをもつ教会堂は、ロンシャン礼拝堂の特異なかたちがその地形と結びついて生まれていることを改めてわれわれに示唆するのである。

ロンシャン礼拝堂とル・コルビュジエの芸術

ロンシャン礼拝堂の制作において、ル・コルビュジエが描写した風景は即興的なものではなかった。ル・コルビュジエは絵画を通じて、晩年にブルターニュの指物師、サヴィナと共同して彫刻を作っている。この共同制作は、ル・コルビュジエの描いたスケッチをサヴィナが彫るかたちで進められる[40]。

二人の間でやりとりされた手紙のなかで、ル・コルビュジエはつぎのように作品を説明している。つまり、このような彫刻はかれのいう、「音響の造形」すなわち「音を発し音を聴く表現」なのである[41]。かたちの表現的な力が遠方へと及び、逆にその周りを取り巻く空間の圧力をこれが受け取るようなそうした彫刻をル・コルビュジエはサヴィナと共同して制作するのである[42]。

一九四七年のその作品を挙げてみる[43]（図版55）。それは、大まかに見れば二つの造形的エレメントをもっている。つまり、凸面と凹面の立体構成である。ル・コルビュジエの解説から、凸面の立体は音を発する形、逆に凹面の立体は音を受ける形として作られている。

こうした音響の造形する世界がル・コルビュジエの「言語に絶する空間」へと発展したといえる。空間的な表現力をもつ彫刻作品は、建築の造形と相通じるものがあり、ル・コルビュジエが自身の建築制作に見いだす極致は、そうした彫刻の制作を通して導かれる。ロンシャン礼拝堂とそれらの彫刻は同様の造形思想を分かちあっている。われわれは、ル・コルビュジエの建築制作がなす一結晶をそこに見出すことができる。

絵画から晩年の彫刻制作へと進むル・コルビュジエの歩みは、自らの建築における根底的な思想をかたちづくっている。かれは、彫刻の習作を絵に描く。その一つ（図版56）は一九四〇年一〇月四日の日付をもつ。このことから、「音響の造形」は、すでにロンシャン礼拝堂の設計（一九五〇）以前に視覚的な表現をもっていたことがわかる。「言語に

図版55　Ozon Opus I（1947）「音響の造形」

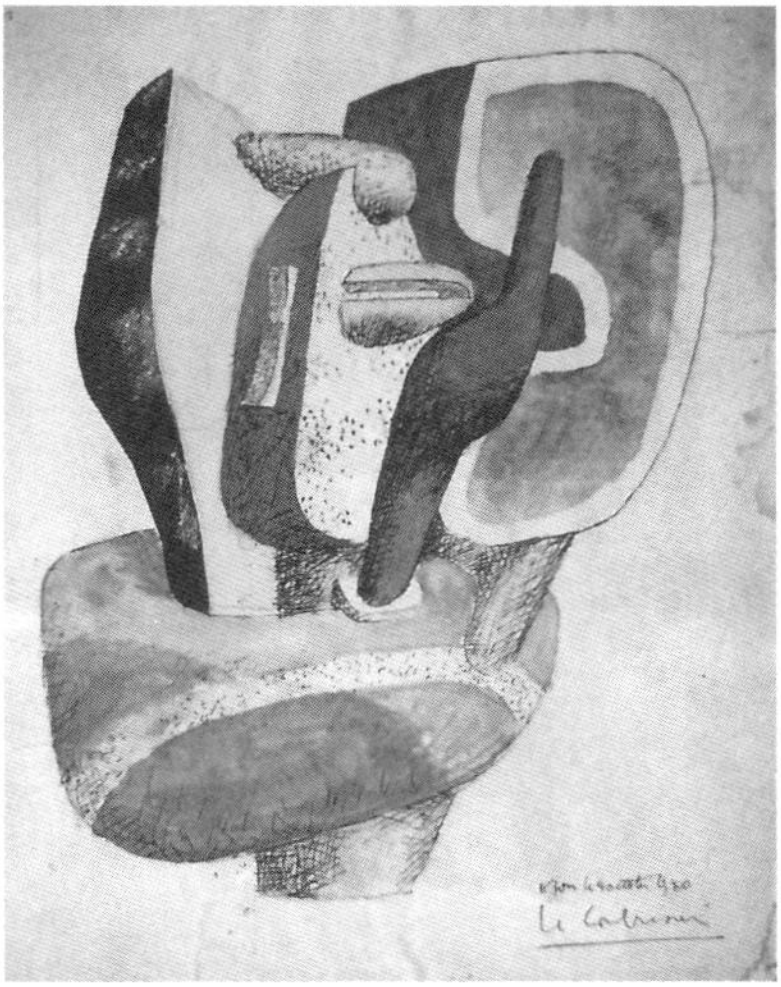

図版56　彫刻のための習作
「詩的反応を起こすオブジェ」をもつ初期の
「音響の造形」（1940）

絶する空間」（一九四五）は、また一方において絵画から彫刻へと展開するその芸術がまさに醸成したものであったといえる。

かれは「人は私を建築家としてしか認めない。人は私を画家としては認めたがらない。それにもかかわらず、絵画を通じてこそ、私は建築に到った」[44]という。

大まかに見てみると、ル・コルビュジエの絵画はつぎのような展開を現わしている[45]。つまり、一九二〇年代の絵は静物画として描かれるのであるが、一九三〇年代頃からその絵画は次第に人体を主題的に描くようになる。さらに一九四〇年代になると「オゾンOzon」（図版55）に見られるような「音響の造形」が彫刻として作られる。一九五〇年代に入ると、象形文字のようなリトグラフィーを集めた「直角の詩」が発表される。一九六〇年代のその作品は象徴的なものになって、記号的な文字のようにさえ見える。

絵画から彫刻に到るル・コルビュジエの芸術を貫いて形成される一つの思想、それは「身体」に基づく一つの世界の表現である。そのような身体の表現は、ル・コルビュジエの絵画や彫刻の根本的なモチーフであると同時にその建築の最も根底的な意味を担ったといえる。絵画から建築へ、また建築から絵画へと帰し帰されるその制作の方法こそ、ル・コルビュジエにおける近代建築完成への歩みにほかならなかったのである。

ル・コルビュジエの芸術の発展と建築制作

ル・コルビュジエの建築は、初期の作品に見られる外部の内部化から、ピロティの造形する空間を経て、さらに最後期の作品において大地的なもの宇宙的なものへと発展している。ル・コルビュジエの建築制作におけるこの発展は、一方、絵画から彫刻へと進むかれの芸術、つまり、静物の力学的構成から身体の表象、さらに音響の造形へと発展してゆくその歩みと一つになっている。彫刻に到るかれのピューリスムとその建築思想は、晩年に「音響の造形」を分かちあうのである。

「音響の造形」こそ、ル・コルビュジエの建築における身体が心象の一風景として放つものにほかならなかった。ル・コルビュジエの建築におけるゆるぎない身体の有り様が明瞭になる。つまり、身体の追究的深化において、ル・コルビュジエの芸術は初期の静物の構成から身体の世界的宇宙的意味へと発展するのである。「音響の造形」はまさしくル・コルビュジエのこの身体世界の深まりを示している。

ル・コルビュジエの建築制作に流れたものは、近代における新たな身体の意味である。ロンシャン礼拝堂はル・コルビュジエの建築制作におけるこの一筋の思想をわれわれに語ってくる。

注

1　Le Corbusier, *Textes et dessins pour ronchamp*, Association œuvre de Notre-dame du haut, les presses de la Coopi à Genève, 1965

2　Danièle Pauly, *Ronchamp Lecture d'une architecture*, Ophrys Paris, 1980
3　*Ibid.*, p.31 脚注
4　*Ibid.*
5　Jean Petit, *Le livre de Ronchamp*, Les cahiers Forces Vives Collection, 1961, p.64
6　Danièle Pauly, *op. cit.*, pp.27-28
7　*Ibid.* ダニエル・ポーリーの説明によると、それがちょっとした難問になるというのは、普段は、忠実な信徒のためのその礼拝堂が年に二度、つまり、聖母被昇天の八月一五日と聖マリア誕生の九月八日、何千人もの人々を集めて儀式をとりおこなう、巡礼の場に変わらなければならないからである。
8　*Ibid.*, p.31
9　Le Corbusier, *op. cit.*：「一九五〇年六月、私は丘の上で三時間、土地と風景をつかむことに専心した。」
10　Danièle Pauly, *op. cit.*, p.33
11　*Ibid.*
12　*Ibid.*
13　Le Corbusier, *op. cit.*
14　*Ibid.*：「一九四六年、ニューヨークのロング・アイランドで拾った一つの蟹の甲羅がデッサン用の机の上に置かれている。それは、教会堂の屋根になるだろう。」
15　Danièle Pauly, *op. cit.*, pp.43-44
16　*Ibid.*, p.27
17　Le Corbusier, *op. cit.*; Danièle Pauly, *op. cit.*, pp.50-51
18　Danièle Pauly, *op. cit.*, p.115
19　*Ibid.*, p.139
20　Le Corbusier, *op. cit.*
21　Le Corbusier, *Le Poème de l'Angle Droit*, GA gallery, 1984, B4 esprit 拙訳
22　「シトロアン型住宅」一九二二年の石膏模型、本書第二章、三六〜三九頁
23　本書第二章、三九頁

24 本書第三章、七一～七三頁
25 Le Corbusier, *op. cit.*
26 Danièle Pauly, *op. cit.*, p.27
27 *Ibid.*, pp.97-98
28 *Ibid.*
29 Le Corbusier, *op. cit.*
30 本書第二章、三五～三九頁
31 Le Corbusier, *Modulor 2*, AA, 1983, p.25（邦訳：ル・コルビュジエ、吉阪隆正訳『モデュロールⅡ』鹿島出版会、一九七九年、二〇頁
32 Le Corbusier, *op. cit.*
33 *Ibid.*
34 Viollet-le-Duc, *Entretien sur l'Architecture*, Pierre Mardaga éditeur, 1977, p.22
35 M・メルロ＝ポンティは身体がもつこうした現象について述べている。かれは、感覚を共存（coexistence）として定義し、音を見たり色を聞いたりすることは現象として存在していると言う。メルロ＝ポンティによれば、この共感覚的知覚こそ、身体のもつ働きなのである。

かれはそうした観点から次のように言っている：われわれはガラスの硬さともろさを見るのであり、それが透明な音とともに割れるときにはこの音も目に見えガラスによって担われるのだ。われわれには、はがねの弾性や灼熱したはがねの可延性、鉋の刃の堅さ、鉋くずの柔らかさが見えるのである。（M・メルロー・ポンティ、竹内芳郎・木田元・宮本忠雄訳『知覚の現象学2』みすず書房、一九八二年、一八頁、三九～四〇頁）

メルロ＝ポンティは身体を知覚の主体として捉えている（同書、三四頁）。かれの優れた絵画論である「眼と精神」で、かれは「奥行」ということを語っている。つまり、すべてが同時にあり、高さ、大きさ、距離がそこからの抽象でしかない全体的な「場所」の経験においてこの「奥行」が見られるという（M・メルロ＝ポンティ、滝浦静雄・木田元訳『眼と精神』みすず書房、一九七八年、二八六頁）。

同じように、かれは線、光、色彩、レリーフ、量などに共通のロゴスがあると述べている（同書、二八九～二九〇頁）。こうした見方は、ル・コルビュジエの空間論と軌を一にした視点であると考えられる。ル・コルビュジエはメルロ＝ポン

ティの言うような一つの身体世界を建築制作において創出していよう。「言語に絶する空間」はそのようなメルロ＝ポンティの身体論に通じたル・コルビュジエの空間現象であると見ることができる。

36 Le Corbusier, *Modulor 2*, op. cit. p.24-25（前掲注31邦訳書、一八～一九頁）

37 Le Corbusier, *Textes et dessins pour ronchamp*, op. cit.：ル・コルビュジエは内部を自己自身との内面的な対面とし、外部を一万人の巡礼者が祭壇の前に集まる場と考えている。

38 W.Boesiger, *Le Corbusier et son atelier rue de Sevres 35, Œuvre complète 1957-1965*, Les Edition d'Architecture, Zurich, 1985, pp.136-139に掲載のフィルミニ・ヴェールの教会案の模型写真によれば、一階はピロティの部分的構成をもつ。

39 *Ibid.*

40 Joseph Savina, *Sculpture de Le Corbusier-Savina*, Aujourd'hui-Art et Architecture-N°51, Novembre 1965, pp.96-102 ; Le Corbusier, *Œuvre complète 1946-1952*, Les Éditions d'Architecture, Zurich, 1985, pp.238 -243

41 Joseph Savina, *op. cit.*, p.97

42 W.Boesiger, *Le Corbusier Œuvre complète 1946-1952*, op.cit. p.240

43 Joseph Savina , *op. cit.*, p.98：その最初の多色塗り作品は一九四六年にできあがっている。

44 *Ibid.*, p.98

45 筆者が資料としたル・コルビュジエの画集の主なものは次のものである。

1. *LE CORBUSIER, PEINTRE AVANT LE PURISME*, Musée des beaux-arts, Lachaux-de-Fonds 13 juin- 4 octobre 1987, catalogue
2. *Le Corbusier peintre*, beyeler bâle, 1971
3. *LE CORBUSIER PITTORE E SCULTORE*, olivetti Arnold Mondadori Editore, 1986
4. *Le Corbusier, LE POÈME DE l'ANGLE DROIT*, Lithographies originales TÉRIADE ÉDITEUR PARIS（*Le Corbusier, Le Poème de l'Angle Droit*, GA gallery, 一九八四年、版画展カタログ）

第三部　ヴィオレ＝ル＝デュクとピューリスムの展開

第六章　形態表現の発展とラショナリズム

形態表現の展開

ル・コルビュジエは、形態にたいする思想を初期の著作において明確にしている。有名な『建築へ』（一九二三）のなかで、かれは、立方体、円錐、球、円筒あるいは角錐の美しさを強調している。

ところが、こうしたル・コルビュジエの形態に対する思想は、一九二〇年代末から一九三〇年代にかけて一つの変化を見せる。かれがいう「詩的反応を起こすオブジェ」は、初期の著作に語られた単純な立体から遠く離れ、幾何学的立体においては説明しがたい形を表現する。

さらに、一九四〇年代になると、「音響の造形」と名付ける、複雑な曲面をもつ立体彫刻をかれは作る。「言語に絶する空間」はこうした後期の形態思想が導く一つの造形現象である。このように、形態を巡るその言葉は、変化し、時に難解さを見せるのであるが、それは、同時に、かれの建築思想の発展を証言しているといえる。

「幾何学的立体」「詩的反応を起こすオブジェ」「音響の造形」そして「言語に絶する空間」という、それらの言葉から、ル・コルビュジエの形態にたいする思想を辿ってみたい。

ラ・ショー＝ド＝フォンにおける幾何学的立体

ル・コルビュジエは形態について述べる。「建築は、光線の中に集められた立体の巧みで、正確、そして壮麗な戯れである。……立方体、円錐、球、円柱そして角錐は、光線がはっきりと示す第一の崇高な形である。……それは、まさに造形芸術の条件そのものである」(1)。かれは『東方旅行手帳』(2)（一九一一）にそうした建築の立方体、光線に映える光と影のフォルムを書き留めている（図版57）。

ところで、一九一一年のこの「東方への旅」の一年前、かれは、一つの計画案「芸術家のアトリエ」をラ・ショー＝ド＝フォンで造る。その計画案は、明白な幾何学的立体で構成されている（図版58）。つまり、ジャンヌレ（＝ル・コルビュジエ）の幾何学的立体は、「東方への旅」以前に、あるかたちをもつ。

ラ・ショー＝ド＝フォンにおけるル・コルビュジエについては、S・v・モースやP・V・ターナーらの詳細な研究がある(3)。S・v・モースは、「芸術家のアトリエ」のモチーフとなったものとして、ジャンヌレが一九〇七年に訪れたフィレンツェ近郊のエマの僧院を挙げているが(4)、そうしたル・コルビュジエの幾何学的モチーフを探ってみると、建築の立体構成とはまた別に、かれは装飾の習作をおこなっている。レプラトニエの指導による、これらの装飾的なモチーフは、ル・コルビュジエがラ・ショー＝ド＝フォンで設計した最初の住宅「ファレ邸」（一九〇五～一九〇六）の窓やベランダを飾っている(5)（図版59）。

S・v・モースが指摘するように、確かに、そうした文様は自然からのインスピレーションを幾何学の厳しい語彙を使って翻訳しているように見える(6)。つまり、木のモチーフをもつ窓枠、樹木の形をした手すりの格子に、われわれは明白な幾何学の存在を読み取ることができる。一九〇〇年代のル・コルビュジエのこうした作品は、装飾にインスピレーションを与える自然とそうした自然を幾何学の言葉で現わすル・コルビュジエの思想を語る。自然は幾何学的に装飾される。

Ｐ・Ｖ・ターナーはこのようなル・コルビュジエの幾何学的概念に強く影響をあたえたものとしてプロバンサルの『明日の芸術』（一九〇四）があるという。(7) Ｐ・Ｖ・ターナーは、真に美しいものは永遠で普遍的であるというプロバンサルの言葉を挙げている。(8)「立方体」のかたちは、最も完全で普遍的であり、それは理想的な現実を最もよく表現するのである。(9) Ｐ・Ｖ・ターナによれば、ル・コルビュジエはこうしたプロバンサルの思想を繰り返している。

が、ル・コルビュジエの初期のデザインがすでにプロバンサルの『明日の芸術』を遡る一九〇二年の日付をもっていること(10)やファレ邸（一九〇六）の設計が必ずしもプロバンサルのいう「立体」を示さないことなどを考えてみるとき、プロバンサルとル・コルビュジエが共通の幾何学的思想をもつとはいえ、プロバンサルの直接的な影響をル・コ

図版57　「東方旅行手帖」のスケッチ（1911）

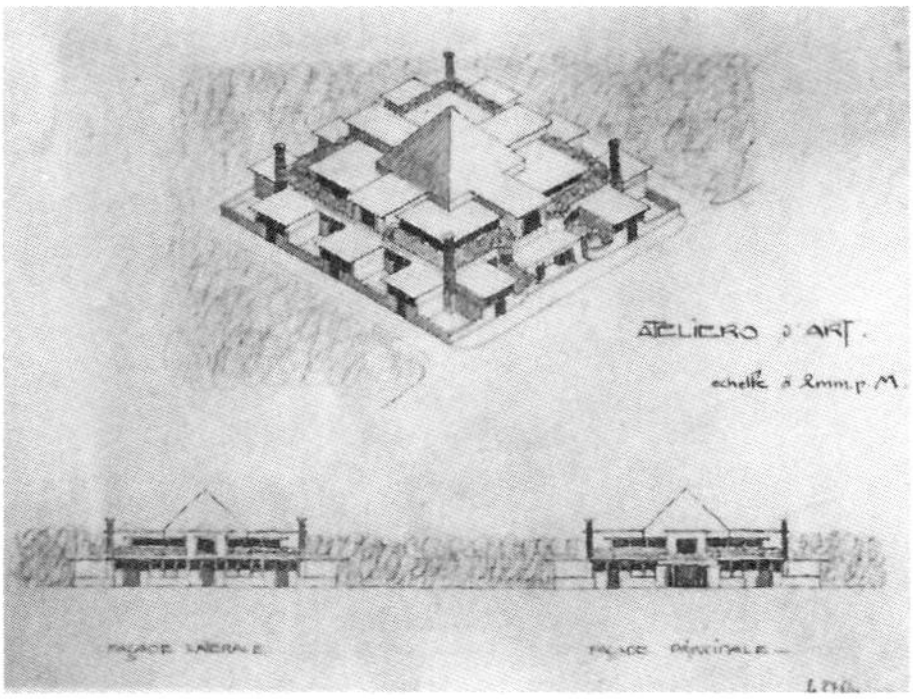

図版58　「芸術家のアトリエ」計画案（1910）

図版59　ファレ邸のファサード（1905/1906）

ルビュジエのなかに見出すことは難しいといえる。[11] ル・コルビュジエは、ラ・ショー＝ド＝フォンにおいて根本的な幾何学思想に触れていると考えられるのであるが、その幾何学思想は必ずしも明確であったとはいえない。それは一言でいえば幾何学の装飾的意味がつよいのである。

絵画「暖炉」（一九一八）

ところで、幾何学にたいするその不鮮明さを払拭するようなかれの一つの絵画をわれわれは見ることができる。ジャンヌレ＝ル・コルビュジエのピューリスムを開始する「暖炉」（口絵1）である。一切の解釈を寄せつけないかのごとく端正な構成をもつこの絵は、ル・コルビュジエの形態に対する思想を探るうえで重要な意味をもつと考えられる。

この絵を境にして、ル・コルビュジエの絵画は一変した感がある。無論、そこにおけるピューリスム思想の存在を指摘しなければならないのであるが、そうした変化は、絵のテーマのみならず、絵画の創作にまで及んでいる。とりわけ、一九一〇年代の絵画[12]とこの絵を比べてみると、その違いがよくわかる。

「暖炉」は何を語っているのか。描かれている場所は、暖炉のある室内の片隅であり、それは、一つの白い立体、二冊の本、暖炉そして壁をわずかに描いているだけである。画面の中央にあるものは、一つの白い立体である。絵のテーマが、その白い立体にあることは確かである。絵の表現は優れて写実的なものになっている。わずかな光線と明暗、暖炉の磨かれた額縁に映る白い立方体の姿、それらのことが忠実に描かれる。

が、一つの疑問が起きる。こうした写実的描写を裏切る一つの出来事、われわれは「白い立体」に当惑するのである。それは名状しがたい一つの物体である。それは、一体、何であるのか。絵の写実性が、却ってこれを一層わからなくしている。写実的な筆致からすれば、この立体はもっと明瞭な意味を表現するはずである。絵の最も深いテーマがおそらくそこに隠されていよう。この絵を解明する鍵はまさしくそこにあると考えられる。

ところで、一方、この絵はピューリスムの表現として描かれる。ピューリスムの宣言文は、科学と芸術の両立性と精神の共有を主張している。[13] つまり、ピューリスムは科学がもつような厳密な精神でもって芸術を定義する。[14] 純粋な科学の目的が恒常的なものの研究による自然の法則の表現であるように、主たる芸術の目的もまた、不変的なもの Invariant の研究に存する。[15]

こうした観点から、ピューリスムは絵画の主題を日常の物象に求める。[16] そのかたちは、一つの普遍性 généralité を表現していると考えられるからである。ピューリスムは、一般的なもの、普遍的なものへと向かう。[17] その普遍性は、かたちにおける不変的なもの、恒久的なもの、時を越えて持続するものを意味する。[18]

ピューリスムにおいて、美は法則の理解から導かれる。[19] 自然は純粋なものとしては現われず、無数の原因がその明晰さにヴェールをかける。[20] これにたいし、絵画は、純粋性、精神的願望を表現しなければならない。[21] ピューリスムは、明快な構成の論理あるいは幾何学の論理を絵画に求める。すなわち、ピューリスム絵画は、幾何学におけるような明白な構造を示さなければならないのである。[22]

ピューリスムの宣言文「キュービスム以後」が明らかにするこうした思想をひも解くとき、われわれは、「暖炉」に描かれる白い立体がまさに白い「立方体」すなわち理念的な幾何学的立体の表現として存在することに考え至る。それは、縦、横、巾そして重さをもった存在の純粋な幾何学的表現として浮かびあがる。つまり、現実世界を律する幾何学の根本的な意味がこの立方体のなかに現わされている考えることができる。

こうしたことを考えてみるとき、絵の左下に見え隠れするコンソールにみるような複雑なレリーフは、この白い立方体の形態的意義に対極する反対の概念、幾何学的明晰性をもたない装飾の形態として捉えることができる。すなわち、その装飾的形態に対比して、暖炉の上の白い立方体は、その立方体そのものを定義する稜、これをかたちづくる根源的な幾何学の意味を表しているといえる。

このような見方に立てば、他方、暖炉の左に置かれた書物は、この白い立方体の来歴すなわち幾何学の意味、プラトンの幾何学的理性(23)に通じてゆくそうした思想の寓意であるとここに考えてみることができる。つまり、そこにおける書物は、白い立方体がまさに根源的な一つの理性から生まれ出ていることを暗示しているといえる。

こうしたことからいえば、白い立方体は、ル・コルビュジエの形態あるいは建築思想の最も哲学的な一つの思惟を明らかにしている。すなわち、造形あるいは空間構成の根本的な意味が幾何学的理性に存在することをそれは宣言している。この絵は、重さをもつヴォリュームの立体的解釈すなわちそれが占める根本的な空間の定義なのであり、それは、ル・コルビュジエの芸術を支える根底的な理性を描いているといえる。

ところで、「暖炉」の絵がとりわけ注目されるのは、そこに描かれる白い立方体が「白いわん」あるいは「赤いわん」と題される一連の習作（一九一九）において、さらに重要な展開をなすからである。この絵画については「白いわん」（一九一九）の解釈においてすでに述べたとおりであるが(24)、その要点は、形態と力学の合理的統一である。その絵画の意味を成立させるより根本的な一つの条件がここに明らかにされる。

立方体の上に置かれる白いわん。その立方体は、巾、高さ、奥行を絵画の空間に定義している。それは「転げそうな白いわん」となる。まさに、一九一八年の絵画「暖炉」が定義する立方体の明白な意味、高さと巾、奥行をもつ空間がそこに表現される。その絵画における形態と力学の統一を可能にするものこそ、一九一八年の絵画「暖炉」の「立方体」なのである。その立方体は、まさに、形態と力学の統一を可能にする土台すなわち一つの力学を可能にする根底的な空間の意味を築いている。

「転げそうな」「白いわん」は「立方体」の空間に展開するもう一つの出来事である。この絵画の出来事を可能にする最も根本的な空間の意味が一九一八年の絵画「暖炉」によってまさに開かれたといえる。一九一八年の「暖炉」と一九一九年の「白いわん」は、「立方体」の根本的な意味を共有している。「白いわん」に描かれる「三角定規」は、これを証言していよう。それは見方によれば「暖炉」の立方体の意義を明らかにする幾何学の象徴的表現であるといえる。

こうしたことからいえば、絵画「暖炉」は、ル・コルビュジエの幾何学的思惟を宣言している。それは、ル・コルビュジエの形態を可能にする根本的な幾何学を語る。ル・コルビュジエの絵画は、この後、多様な展開をなすのであるが、それらは、根底にこの幾何学的ラショナリズムをもつと考えられる。「暖炉」はそのラショナリズムの宣言的意味をもつ。

「詩的反応をおこすオブジェ」

ところで、一九二〇年代末になると、ル・コルビュジエは初期の幾何学的理性においては捉えがたいもう一つの形態を語り始める。いわゆる「詩的反応を起こすオブジェ」である。「詩的反応を起こすオブジェ」は、言い難い形になった小石、骨、化石、石のようになった木、貝がらなどのことである(25)。ル・コルビュジエによれば、こうした題材が一九二八年ころ新たなテーマになる(26)。

そのような題材にかれは何を見たのか。『ユルバニスム』におけるつぎの言葉はこれを示唆する。「人間の制作は創造である。そしてその創造は、精神に近づき、身体から離れ、遠ざかるほど、自然的環境とは対照的なものになる。人間の作るものは、直接的な把握から遠ざかるほど、純粋な幾何学に向かうといえる。身体に触れるヴァイオリンや椅子には幾何学が少ない(27)」。

ル・コルビュジエのこの言葉は、純粋な幾何学と身体や自然は、対照的なものであり、一方の身体や自然が直接的に捉えるヴァイオリンや椅子は、純粋な幾何学に対する別のかたちであることを云っている。すなわち、ヴァイオリ

図版60「幾何学的静物と根」（1930年頃）

上段中央	左右中段	下段中央
静物 （幾何学）	木の根 （詩的反応を起こすオブジェ）	かたつむりの形 （螺旋の幾何学）

※絵画の構成：上段中央（幾何学）＋左右中断（木の根）⇒下段中央（かたつむりの螺旋）

ンや椅子は純粋な幾何学においては解析しがたい形であり、それは、煎じつめれば、人間の身体に行き着く。ヴァイオリンや椅子のかたちから「詩的反応を起こすオブジェ」へと普遍化されるかたちは、純粋な幾何学に起源をもたないもう一つの意味、つまり、身体の存在を示唆するといえる。

なめらかなまたギザギザの、くぼんだあるいはでっぱったその表面、そうした貝がらをル・コルビュジエの手は知る[28]。それは、われわれの身体こそが捉え得る生命のかたちである。「詩的反応を起こすオブジェ」はいわば身体に寄り添う生のかたちを現わす。身体は、また「詩的反応を起こすオブジェ」によって己を知る。われわれは、包み包まれる関係をそこに見る。「詩的反応を起こすオブジェ」と身体はこうした意味で一体なのである。「詩的反応を起こすオブジェ」は身体と自然を媒介的に統一する。自然は身体化される。

ル・コルビュジエの眼は、「詩的反応を起こすオブジェ」から「身体」へ、さらに豊饒な自然へと開かれてゆく。純粋な幾何学と身体あるいは自然は、二つの起源をもっている。かれは幾何学の奥に自然を見ているのではない。したがって、自然をも解釈するような初期の幾何学的一元論の自然観はここに放擲されているといえる。

ル・コルビュジエにおける幾何学と自然の関係を絵画「幾何学的静物と根」（一九三〇年頃）（図版60）が明瞭にして

いる。

この絵は、一九三〇年頃に描かれており、「詩的反応を起こすオブジェ」が絵画の構成に深く関わってゆく一例である。絵は、三つの要素をもって成り立つ。上段の中央に幾何学的形態に暗示される静物、絵の両端に描かれる複雑な木の根（「詩的反応を起こすオブジェ」）、下段中央に螺旋の線を現わしてかたつむりのようなものが描かれている。絵の意味は明らかである。幾何学的静物と木の根から、かたつむりの螺旋が説明されているのである。図式的に言えば、静物（純粋な幾何学）＋木の根（詩的反応を起こすオブジェ、生命）＝かたつむり（螺旋）である。すなわち、かたつむりの螺旋は、幾何学と自然の生命というその二元論を統一する構成なのである。

図版61　スイス館（パリ国際都市）（1930/32）

この絵画の表現は、明らかに初期のピューリスム思想が語る静物のかたちを超えている。「詩的反応を起こすオブジェ」は、ル・コルビュジエの絵画の意味を大きく変えてゆく。純粋な幾何学的立体に加わるもう一つの形態が誕生するのである。絵画に現れたこの変化を一言でいえば、自然の形態、生命のかたちへの変貌である。

一九二〇年代末から始まるル・コルビュジエの新たな絵画の展開が一九三〇年代の建築に深く影響を与える。ちょうど一九三〇年代を境にして、サヴォア邸とスイス館が造られている。二つの作品の造形的違いがこのことを明瞭にしている。[29] すなわち、サヴォア邸（一九二九～一九三一）（図版30）は、平滑なコンクリートの仕上げ、幾何学的立体、円筒形をなす一階ガラス壁面という純粋な幾何学の構成美を示すのにたいして、一方のスイス館は、打ち放しコンクリートのピロティ、微妙なカーブをもつ自然石の壁面といういわゆる幾何学の純粋性においては捉えがたい新たな造形的要素をもって造られて

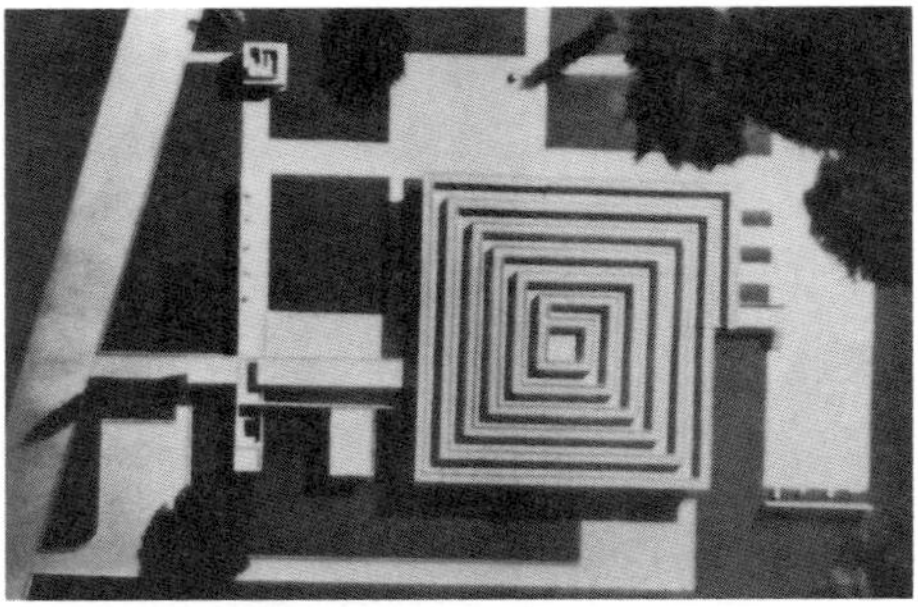

図版62　「無限成長の美術館」計画案（1939）
※螺旋的幾何学から成る美術館。国立西洋美術館（東京）はこの案のいわば構想的実現。

いる（図版61）。

一九二〇年代から一九三〇年代へのこうした建築作品の変化は、一方の絵画の変化に応じた造形的展開であるといえる。「詩的反応を起こすオブジェ」はこのル・コルビュジエの建築構成の変化を根拠づける。なかでも、一九三九年の計画案「無限成長の美術館」（図版62）は、まさに絵画「幾何学的静物と根」（一九三〇年頃）が示す造形思想の建築的展開であると考えられる。

ところで、こうしたル・コルビュジエの造形思想を表現する「幾何学的静物と根」は、ル・コルビュジエの根底に存在するもう一つの思想を証言している。その絵は、静物（純粋な幾何学）＋木の根（詩的反応を起こすオブジェ）＝かたつむり（螺旋）を帰結するのであるが、この図式は、端的にいえば、つぎのことを意味している。幾何学と幾何学を超えるものの統一がなお幾何学の論理をもつことである。すなわち、この絵は、幾何学を超える存在を依然として幾何学の論理（螺旋）によって表わしているのである。

つまり、幾何学を超える存在がなお幾何学の論理によって捉えられる。そのことは、端的にいえば、ル・コルビュジエの空間構成を担うより根源的な幾何学的理性を明らかにしている。この一九三〇年代の絵画が示すル・コルビュジエの幾何学的理性を宣言したものこそ、ル・コルビュジエのピューリスムを開始した絵画「暖炉」であると考えられる。

その絵は、幾何学的立体の一表現ではなかった。それは、まさに、ラ・ショー＝ド＝フォン時代の幾何学的装飾論を脱却する最も根源的な幾何学的理性そのものの宣言であったとここにいうことができる。絵画「幾何学的静物と根」

は「暖炉」に遡るこうしたル・コルビュジエの幾何学的ラショナリズムを明らかにしているといえる。

巻き貝を描くル・コルビュジエのル・モデュロール（図版63）は深く自然に還ってゆく一つの身体とこれを螺旋の幾何級数に展開したル・コルビュジエの構成のしかたを明白にする。

ル・コルビュジエのル・モデュロールの方法とこれを完成させる幾何学の論理があらためて明らかにされる。

図版63　巻貝とル・モデュロールを表わす版画

「音響の造形」的世界

こうした一九三〇年代の造形思想は、一九四〇年代になると、新たに「音響の造形[30]」へと発展する。「音響の造形」は最も難解なル・コルビュジエの言葉の一つである。「音響の造形」は何を語るのか。ル・コルビュジエの形態表現の展開からもう一度これを考えてみたい。

「音響の造形」は「詩的反応を起こすオブジェ」から発展している。「音響の造形」の最も初期のかたちを示す「彫刻のためのスケッチ」（一九四〇）（図版56）は、いわゆる「詩的反応を起こすオブジェ」の断片を現わしている。「詩的反応を起こすオブジェ」というのは、簡単にいえば、自然が産んだおもしろい奇妙なかたちである。断片は、いわば自然と一体になるかたちである。それらは、波打ち際のあるいは風雨の削るそうした自然を自ら彫刻している。

そのかたちは、見方を換えれば、一つの世界（自然）そのものの断片である。「詩的反応を起こすオブジェ」のその由来が「音響の造形」の空間につながってゆく。「音響の造形」は、ル・コルビュジエによれば、「音を発し、音を聴く表現」、つまり、かたちの表現的な力が遠方へと及び、逆にその周りを取り巻く場所の圧力をこれが受け取るような彫刻のことである。視覚が聴覚化され、同時に聴覚が視覚化される相互作用がそこに起こるのである。視覚と聴覚のこの相互作用は何を意味するのか。われわれは、ヴィオレ＝ル＝デュクが『建築講話』に述べたつぎのような出来事をここに挙げることができる。それは、「赤い色」に対して「トランペットの音」と答えた盲人の例である(31)。われわれもまたそうしたことを経験する。それは、視覚と聴覚のこの相互作用を示唆している。すなわち、盲人が語るような視覚の聴覚化をル・コルビュジエは自ら彫刻に表現しようとするのである。

視覚が聴覚にさえ、また聴覚が視覚にさえなる。すなわち、視覚が音的現象となって伝播するその視覚をまた音的現象として捉える造形の凹凸、そうした凹凸のなす空間性の表現こそ、彫刻「音響の造形」(図版55)の最も中心的な意味であるといえる。その彫刻は、こうしたことからいえば、まさに一「心象世界」の造形なのである。その造形は、すなわち身体の感覚が一つになるような心象の表現にほかならない。

われわれは「音響の造形」を可能にするこの身体の意味に注目しなければならない。身体によるそうした感覚の統一、全感覚を一つにするようなその身体、それは、とりも直さず、自然世界を生きる身体にほかならない。すなわち「音響の造形」は崩れた貝がらにあそぶ身体の世界、海辺に見るような一つの世界に還る(32)。

「言語に絶する空間」と幾何学的理性

ル・コルビュジエが一九四五年に発表する「言語に絶する空間」は「音響の造形」を根拠にした心象の造形的音響の完成である。周囲に音響する造形的立体、その造形的立体に迫る風景のさまざまな音。この二つの作用が数学のように厳密に照応しあうとき、造形的な音響はそこに際限のない奥行を開く。かれはこれを「言語に絶する空間」と呼ぶ(33)。つまり「言語に絶する空間」は「音響の造形」の厳密な数学化によるル・コルビュジエの一つの到達点である。その空間世界は数学的に、別にいえば幾何学的精神を媒介にして二元論的な主客を統一する。「詩的反応を起こすオブジェ」から「音響の造形」へ、そしてさらに「言語に絶する空間」へと高められるル・コルビュジエの空間論の発展、この発展を主導する根本的な一つの理性をわれわれはここに指摘することができる。最も根源的な幾何学的（数学的）理性、造形現象そのものを定義してゆくル・コルビュジエの一つの理性がこのような空間概念を完成させている。「音響の造形」はこの幾何学的理性によって「言語に絶する空間」となる。われわれは、ル・コルビュジエの造形世界を貫く一つの根源的な幾何学的理性を明瞭にすることができる。一九一八年の絵画「暖炉」が表現する「白い立方体」は、まさにル・コルビュジエのこの精神の決意であったといえる。

幾何学的ラショナリズム

ル・コルビュジエのピューリスムを開始する絵画「暖炉」は、かれの建築思想を考えるうえで、重要なものである。素朴な構成にもかかわらず、その絵はル・コルビュジエの形態をかたちづくる最も重要な思想を樹立している。絵画「暖炉」は根源的な幾何学的理性の宣言として捉えられる。

ル・コルビュジエの形態は、初期の立体、詩的反応を起こすオブジェ、形態の音響現象へと発展する。形態のこの一連の展開から、「言語に絶する空間」に至る思想が次第に明瞭になる。「言語に絶する空間」はル・コルビュジエの身体的空間概念の完成を意味する。初期の静物から次第に生命のかたち、身体の表現へと発展してゆく一つの精神が明らかにされる。

こうした形態の発展に相まって、なお、その展開を統御してゆくル・コルビュジエの幾何学的理性、すなわち、そうした展開を幾何学的（数学的）秩序へと向かわしめる根源的な理性が深部に生き抜かれるのである。

注

1 Le Corbusier, *Vers Une Architecture*, Vincent, Fréal & Cie, Paris, 1966, p.16（邦訳：樋口清訳『建築へ〔新装普及版〕』中央公論美術出版、二〇一一年、一五～一八頁）
2 Le Corbusier（Ch.-E.Jeanneret）, *Voyage d'Orient Carnets*, Electa/ Rizzoli, New York, 1988.
3 S・V・モース、住野天平訳『ル・コルビュジエの生涯』彰国社、一九八一年。Paul Venable Turner, *The Education of Le Corbusier*, Garland Publishing, Inc., New York&London, 1977
4 前掲注3『ル・コルビュジエの生涯』三八頁
5 前掲注3『ル・コルビュジエの生涯』二八～三〇頁
6 前掲注3『ル・コルビュジエの生涯』三〇頁
7 Paul Venable Turner, *op. cit.*, pp. 4-29
8 *Ibid.*, p.18
9 *Ibid.*, p.19
10 *Ibid.*, p.20：ル・コルビュジエは、時計の裏ぶたを飾る幾何学文様を一九〇二年に作っている。
11 *Ibid.*
12 Le Corbusier / Peintre avant le Purisme, Musée des Beaux-arts de la Chaux-de-Fonds et les auteurs, 1987
13 Ozenfant et Jeanneret, *Après Le Cubisme*, Édition des commentaires, Paris, 1918, pp.32-34
14 *Ibid.*
15 *Ibid.*, pp.40-41
16 *Ibid.*, pp.54-55
17 *Ibid.*
18 *Ibid.*
19 *Ibid*, pp.55-56
20 *Ibid.*
21 *Ibid.*
22 *Ibid.*

23 藤沢令夫訳「国家―正義について―」『プラトン全集11　クレイトポン　国家』岩波書店、一九七六年所収。例えば（第六巻）、五一〇C～五一〇D：「……つまり、君も知っていると思うのだが、幾何や算数やそれに類する学問を研究している人たちは、奇数とか偶数とか、さまざまな図形とか、角の三種類とか、その他これと同類の事柄をそれぞれの研究に応じて前提して、これらは既知のものとみなし、そうした事柄を仮設として立てたうえで、これらのものについては自分自身に対しても他の人々に対しても、もはや何ひとつその根拠を説明するには及ばないと考えて、あたかも万人に明らかであるかのように取り扱う。」

24 本書第一章、一六～一九頁

25 Le Corbusier, *Entretien*, Les Éditions de Minuit, 1957, 16（邦訳：「建築科の学生たちへの談話」吉阪隆正編訳『ル・コルビュジエ：アテネ憲章』鹿島出版会、一九七六年、一七〇～一七四頁。

26 Le Corbusier, *Mise au Point*, Forces-Vives, 1966, p.21

27 ル・コルビュジエ、樋口清訳『ユルバニスム』鹿島出版会、二〇〇九年、三三頁

28 Le Corbusier, *Le Poème de L'angle Droit*, Tériade Éditeur, Paris 1955; Le Corbusier, *Le Poème de l'Angle Droit*（1947-1953）Catalogue by GA Gallery（一九八四年、版画展カタログ）

Tendresse!
Coquillage la Mer n'a cessé de nous en jeter
les épaves de riante harmonie sur les grèves.
Main pétrit main caresse main glisse.
La main et la coquille s'aiment.

優しき！
貝がら　海はなかから砂のうえに
美しき調和の遺失物をわれわれに投げ出すことをやめない。
手は練り、手は撫で、手は滑る。
手と貝がらは愛しあう。

……

（本書第三章、六三～六四頁参照）

29 これについては、「横長の窓」から「全面ガラス壁面」への展開として、本書第三章、六七～七〇頁で触れている。ここにおいて、さらに、サヴォア邸とスイス館の具体的な造形思想の違いが絵画の変化（「詩的反応を起こすオブジェ」）を検討することにおいて捉えられるのである。

30 本書第五章、一二一～一二三頁

31 Viollet-le-Duc, *Entretiens sur l'Architecture*, Pierre Mardaga éditeur, 1977, p.20

32　本書第三章、六二～六四頁

33　Le Corbusier, *MODULOR 2*, Fondation Le Corbusier, l'Architecture d'Aujourd'hui, Paris, 1983, p.23-25（邦訳：吉阪隆正訳『モデュロールⅡ』鹿島出版会、二〇〇六年、一八～一九頁）

第七章　ヴィオレ＝ル＝デュクの思想とル・コルビュジエのピューリスム

ル・コルビュジエの力学的表現

ジャンヌレ（＝ル・コルビュジエ）は、オザンファンに出会った一九一八年を自ら著作に記している。[1] かれのピューリスムはそこに始まるが、オザンファンとのピューリスム共同制作は一九二五年に終わる。ル・コルビュジエとオザンファンのピューリスム共同制作の水面下には、じつは、異なる二筋の思想が流れていた。ル・コルビュジエとオザンファンを隔てる思想の違いはどこにあったのか。ル・コルビュジエの一九一八年以前、つまりピューリスム以前の遍歴において学んだある思想がここに取りあげられている。

ル・コルビュジエの絵画に見られる「力学」の表現は、オザンファンの絵画には見当たらない。その由来がピューリスムを遡る一九一八年以前の遍歴に探られる。ル・コルビュジエの「力学」は西欧一九世紀の建築思潮に遡る。

ル・コルビュジエの一九一八年以前の思想的遍歴

かれは、『今日の装飾芸術』[2]（一九二五）の終章に「告白」と題する一章を書いている。「告白」は自身の内面を綴る。一九二五年は、既に三八才になるル・コルビュジエが自身の道を建築に見出す決意に満ちた年である。[3] この一章は、そうした時に書かれる。「告白」はかれの建築思想を考えるうえで重要なものである。「告白」は、そこに到った自身の思想をふり返っている。以下にこれを辿ってみる。

ル・コルビュジエは、一八八七年一〇月六日、ラ・ショー＝ド＝フォンに生まれる。「告白」のなかで、かれは、このとき（一九二五年）から二五年前、一生を芸術に捧げようとした自らの決心を書いている[4]。それは、かれがまだ一三才のときである。その年、かれは、彫刻と彫金を習得するため、ラ・ショー＝ド＝フォンの美術学校に入っている[5]。

かれに深い影響を与える一人の教師がいた。シャルル・レプラトニエである。一九〇四年、ル・コルビュジエはレプラトニエが指導する装飾高等科に進む[6]。ル・コルビュジエはこのときを述懐している。「私は、多感な青年時代を故郷の山河に過ごし、〈私の先生〉（レプラトニエ）から自然の霊感と装飾の崇高な観念を学ぶ」[7]のである。レプラトニエは優れた師であった。かれは感概のなかにラスキンの『建築の七燈』やグラッセの『装飾の文法』などを書き留めている[8]。「告白」の第一節である。

ところが、つぎの第二節で、ル・コルビュジエは、自身を捉えた「装飾」の崇高な観念に疑いを表わすのである[9]。かれは、暗中摸索し、さかんに美術館や博物館を巡ったと書いている。アドルフ・ロースは一九〇八年有名な『装飾と犯罪』を著す。近代建築の巨大なうねりは明らかであった。ル・コルビュジエは、まさにこのときオーギュスト・ペレーを尋ねている。かれは、一九〇八年のオーギュスト・ペレーとの出会いを「告白」に書く[10]。ル・コルビュジエは、オーギュスト・ペレーが近代建築史上に名高いポンテュ街のガレージやフランクリン街のアパートを完成させるちょうどそのときに、オーギュスト・ペレーのもとで働く幸運を得る。ペレーのそれらの作品はかれを新鮮な輝きで魅了したにちがいなかった。

一九〇八年から一九〇九年にかけて、ル・コルビュジエはオーギュスト・ペレーのもとで働く。このことはかれに決定的ともいえるものをもたらす。かれは、二一才のとき大きな転機をむかえる。「告白」はこれについて語っている。オーギュスト・ペレーが、かれにまず教えたものは「数学」である[11]。ル・コルビュジエは、オーギュスト・ペレーのつぎの言葉を書き留めている。

「建築は、完全さのなかに建てられるべきものである。しかし、通常、装飾は欠陥を蔽い隠すカモフラージュである[12]」。オーギュスト・ペレーは、かれが信奉する「装飾芸術」を否定した。装飾芸術家としてのル・コルビュジエ（ジャンヌレ）が終わるのである。ル・コルビュジエは、『今日の装飾芸術』に「装飾は汚点欠点を蔽い隠す」と書き、オーギュスト・ペレーのこの言葉を自ら繰り返している。ル・コルビュジエは、「装飾」の否定に到る。オーギュスト・ペレーがかれに示したものは、「構造」である[13]。ル・コルビュジエは、そのとき夥しい鍵束をもってパリ大聖堂を調べている[14]。ゴシックのもつ「構造」にかれは目を見開かれるのである。「建築」にたいする新たな視野をオーギュスト・ペレーはル・コルビュジエにひらく。

一九〇八年一一月二二日から同月二五日にかけて書いた長文の一通の手紙をル・コルビュジエは、残している［本書資料］。パリ、サン=ミッシェル街三番地からラ・ショー=ド=フォンのレプラトニエに宛てたかれの手紙である。「パリは、夢想家の死です。鞭の音が一刻ごとに勉学しようとする（仕事を完成しようとする）者を叩きます[15]」。手紙は、パリに住み、人々に触れ、希望に満ちるかれの新鮮な感覚、そしてまた戸惑いの入り混じるかれの心境を伝えている。

この手紙は、ル・コルビュジエの建築思想の形成を考えるうえで重要なものである。それは、ちょうどこの時のかれの偽らざる内面を記している。パリからラ・ショー=ド=フォンへ、手紙は、装飾芸術の工房から場面を一新するような近代建築の巨大なうねりの中に身を置いたル・コルビュジエの新たな心境を述べている。かれは、強い調子を込め、レプラトニエを責めている[16]。装飾芸術を否定したかれの新たな内面がそこに綴られている。ジャンヌレ（=ル・コルビュジエ）のラ・ショー=ド=フォン時代が終わったことを手紙は告げる[17]。手紙は、オーギュスト・ペレーの新たな導きを記している。「ペレー兄弟は私に対して鞭になった。」「君は何も知らない[18]」。

オーギュスト・ペレーは、『フランス中世建築合理事典（Dictionnaire Raisonné de l'Architecture Française du XIe au XVIe

Siècle』で名高いヴィオレ＝ル＝デュクを師と仰ぐ。オーギュスト・ペレーが語る「構造」は、ヴィオレ＝ル＝デュクの『フランス中世建築合理事典』に述べられている[19]。かれはこれをル・コルビュジエに伝授した。

ヴィオレ＝ル＝デュクを巡るオーギュスト・ペレーとル・コルビュジエについて、つぎのことが明らかにされている。オーギュスト・ペレーは、かれが自らヴィオレ＝ル＝デュクの著作を読むことを指示する[20]。かれは、オーギュスト・ペレーのこの教えに従い、ヴィオレ＝ル＝デュクの『フランス中世建築合理事典』を求める。

かれは、手にしたその建築事典の一巻に、つぎの注記を残している。「私は、一九〇八年八月一日、ペレー事務所が最初にくれた給金でこの本を買った[21]」。ル・コルビュジエは、この日から三ヶ月半ばを数える一一月二一日にラ・ショー＝ド＝フォンのレプラトニエに前述の手紙を出している。

ヴィオレ＝ル＝デュクは、『フランス中世建築合理事典』第一巻に「飛び梁《フライング・バットレス》 ARC-BOUTANT」を挙げ、それが現わす構造的しくみに巧みな力学的説明を与えている。これを説明した一ページにル・コルビュジエはつぎのことを書き込んでいる：「この数行は、その芸術の全体が自身の骨組みによって生命を得ることを明らかにしている[22]」。「骨組みによって生命を得る」というその箇所にはアンダーラインが引かれている。かれは、そのなかで特に「生命を得る」という語にさらに三本のアンダーラインを付けながら[23]、オーギュスト・ペレーがかれに云った言葉、「骨組みをつかまえなさい。そうすればあなたは芸術を捉えるのです」を書き留めている[24]。オーギュスト・ペレーは、装飾から形の原理へとかれを導いたのである。

かれは、翌年の一九〇九年秋、ラ・ショー＝ド＝フォンに帰るのであるが[25]、一九一〇年さらにドイツを見学する[26]。「ドイツにおける装飾芸術組織の研究」を委託されたかれは、ドイツにおけるあらゆる工場、商館、アトリエ、学校をつぶさに見て回る[27]。西欧近代建築運動が次第に工業へと目を見開いてゆく二〇世紀初頭の一九〇七年、ベルリンに「ドイツ工作連盟」が結成される[28]。この年、ベーレンスは、二〇世紀初頭を飾るA.E.G.タービン工場をベルリンに完成させる。新興ドイツが近代の地歩を築かんとするその時に、ジャンヌレはドイツを訪れる。テオドール・フィッシャーの紹介によってかれは「ドイツ工作連盟」の主だったメンバー、ベーレンス、ムテジウスらの知遇を受け、この間、一九一〇年から一九一一年にかけて約五ヶ月、ベーレンスの事務所で働く(29)。「告白」は、これについて特に触れてはいない。ル・コルビュジエにおいて、オーギュスト・ペレーはベーレンスを凌いだことが推察される。

　ドイツ旅行において、かれが衝撃を受けたのは、ドイツが実現した巨大な工業の生産力である(30)。かれは、報告書の最後に「ドイツは現実的興味いっぱいの本である。パリが芸術の中心であるとするならば、ドイツは生産のための巨大な工事現場である」と書く(31)。がこのとき、手工業と工業は未だ渾然一体をなしており、かれは瞬時にして手工業の浮彫りをなす厭うべき鋳造機械をそこに見る(32)。

「告白」はいう。「工業は手工業と手を切ってそれ自身の道を歩んで進まねばならぬ(33)」。一九一四年、かれは「装飾芸術学校」の閉鎖を自ら主張して己の「装飾芸術」を断罪する(34)。この年「ドム＝イノ」式住宅が発表される(35)。

「告白」の第三節は、かれの遍歴旅行に始まる(36)。リュックサックを背負うこの旅行において、かれは、とりわけ、東方地中海の国々を巡る自らの感動を述べている。かれの言葉によれば、「それは実に一〇年の久しきにわたった装飾芸術とそしてドイツ建築に対する憧憬につづいた恍惚境であった(37)」。ベルリンのベーレンスの事務所をあとにした一九一一年五月から同年一〇月にわたるその旅の「旅行記」がル・コルビュジエが晩年にこのときの原稿を整理し直して出版する『東方への旅』である(38)。「告白」はこの旅がかれに果たした意義の大きさを示唆する。かれは、これを「地中海の恍惚境 invincible attirance méditerranéenne」と云う(39)。感動の大きさは明瞭である。かれは、このとき民俗の芸術に触れる(40)。「建築は光線の中の巨大なフォルムの芸術である L'architectire est le jeu magnifique des formes sous la lumière」(41)太陽光線と巨大な立体が光と影の交錯として映える。

　この遍歴旅行の終わる一九一二年、かれはラ・ショー＝ド＝フォンに帰っている(42)。その五年後ル・コルビュジエは、故郷を離れパリに出る。三〇才のかれは、そこでオザンファンに出会っている。一九一八年、かれは自ら近代絵画の絵筆をもつのである。「告白」はそこに辿り着く。一九二〇年『レスプリ・ヌーボー』が創刊される。(43)署名にかれは Le Corbusier と記す。(44)われわれは、『今日の装飾芸術』に書かれる「告白」に沿いながら、一九一八年以前にル・コルビュジエが触れる思想をここに辿った。自らの遍歴の「告白」はかれの建築思想の形成を物語っている。

オザンファンにたいするル・コルビュジエの芸術論

ル・コルビュジエとオザンファンのピューリスム共同制作は一九二五年に終わる。ル・コルビュジエは独自の道を歩む。二人の思想の違いはどこにあったのか。これを示唆する、二人が別々に名を連ねた「キュービストとポスト＝キュービストによる機械時代の建築」と題する一九二六年の論文がある。(45)このなかで、オザンファンは、叙情を旨とする芸術は元来有用を目的にする色々な工芸から区別されると云う。(46)オザンファンによると、たとえある有用な「対象物」が美的感動を与えることがあっても、なお、われわれは、そこにおいて叙情性と肉体的な有用性とを厳密に区別しなければならない。(47)かれの云うところを詳しく見てみる。

オザンファンは、道具的意味をもつ芸術も確かに発展はするが、それはいわゆる芸術のそれとは異なった理由に基づくと語る。(48)色々な道具は、かれが「機械的淘汰 sélection mécanique」と呼ぶ法則に従っており、それらの物は、自然が能率性の観点に強いる、一つの屈曲的な力により決定されるようなある型に向かう。(49)この能率性は、そうした自然法則がより多く満たされる分、大きくなる。(50)つまり、そこにおいては「機械的淘汰」の効率が自然淘汰の仕方で道具的物象に働くのであり、これがさまざまな物を一つの典型に導く。(51)機械的な物は、自然の法則的な力に基づきながら発展する。(52)

これにたいして、いわゆる芸術は、己が満たすべきより高い人間の欲求の変化に応じて進展する。(53)キュービスム、構成主義、新造形主義、ピューリスムなどは、自らに他の目的を与えてはいない(54)。五〇年来の機械の使用によって作られたこれほど新しい環境のもとでは、われわれの欲求は芸術に関してさえ新しいものになる(55)。われわれの時代における新しい芸術は、新しい欲求であり、そのなかでとりわけ、近代人は、巨大な機械である都市において、くつろぎ、偶発的なものの回避、この環境の浄化を欲している(56)。叙情的な一つの感情がそこに生まれる(57)。

オザンファンはこのように述べて、その「叙情性」に独特な一つの意味を与える。それは、近代生活のくたびれる現実を忘れるための、力強い、強烈な叙情性である(58)。近代人は、習慣的に秩序や明瞭性あるいは明晰性をもっており、そうした習慣を同じように一方の「叙情性」のなかにも求める(59)。オザンファンは、ここにキューービスムを登場させる。キュービスムは、まさに時代の申し子であり、現実的な世界と直接的に結びつくことのない色彩と形態によるところの一つの詩情が味わわれる(60)。

ここに語られるオザンファンの芸術論は正当なものである。芸術は起源において道具とたもとを分かつ。コリングウッドは、芸術と道具を同一視することの誤りを「芸術―技術説」として、これを本来の芸術から退けている(61)。コリングウッドによれば、本来の芸術は、かたちそのもののなかに展開するある自覚的な運動体験である(62)。また、フィードラーは、芸術制作における「描くこと」と「見ること」の根源的な結びつきを見逃さなかった(63)。深田康算は、そうした芸術を「見ゆる」という(64)。

もろもろの工芸から芸術を厳しく区別するオザンファンの芸術論は、こうした見方に立っている。オザンファンのこの見地に立てば、「機械」は芸術の外に留まっている。機械は新しい環境を告げはするが、それはオザンファンから見れば否定的な現実である。かれは「人は、近代生活のくたびれる現実を忘れるために、力強い、強烈な叙情性を欲する」と云い、奇妙にも近代人の詩情を「機械」に和解させるが、依然として、それは、なお一枚のスクリーンを隔てて、芸術の「向こう」に置かれたままなのである。

ル・コルビュジエが語る住宅論は、そうしたオザンファンの思想を汲んでいる。ル・コルビュジエは、住宅は二つの目的をもつと云う(65)。それは、まず「住むための機械 une machine à habiter」、すなわち作業の迅速さや正確さのために効果的な手助けをする一つの機械、身体的な要求を満たす配慮のゆき届いた親切な機械、一言でいえば生活の「安楽さ」である(66)。が、さらに、住宅は、沈思黙考に益する場でなければならず、人間に欠かすことのできない静けさをもたらす美が存在する場所なのである(67)。住宅の実用的な目的に関するすべてのことは技師がこれをおこない、沈思黙考、美的精神あるいはこれを統制する秩序に関するものが「建築 l'architecture」になろう、とル・コルビュジエは述べている(68)。すなわち、一方に技師の仕事があり、他方に「建築」がある訳である(69)。

ところが、「機械」にたいして、ル・コルビュジエはオザンファンとは異なった眼をもつ。かれは、自ら「機械」に美を見い出してゆく。オザンファンとのピューリスム共同制作のなかで、ル・コルビュジエが発表する『建築へ』（一九二三）を読むと、かれは、工学技師の美学と建築を区別しながらも、なお、二つは互いに連帯し相助けると書いている(70)。この二つのことがらにたいするかれの見方は、このとき既にオザンファンのそれとは違ったものになっている。

ル・コルビュジエの眼から見れば、「機械」は芸術に近づきさえする。かれはいう。「現代工業の創造物から美学を今日誰も否定するものはいない。建設も機械もますます比例と容積と材質との演出から出来上がり、その多くは本当の芸術品となっている。なぜならその中には数、言い換えれば秩序があるからだ(71)」。

このような言葉のゆえに、われわれは、ル・コルビュジエはオザンファンが厳密に区別した芸術と道具とを一つにして、道具すなわち機械を芸術として裁断したのだと言ってはならない。ル・コルビュジエは周到にまた自らつぎのことを云う。「もし、一瞬でも運輸の道具だという考えを伏せて、新しい目で船舶を眺めるならば、これが大胆不敵な、秩序正しい、調和した、静かで、神経質で、力強く美しいものであることを感じるだろう(72)」。

かれは、オザンファンがもたぬ眼で、まさしく「機械」を見たことになる。「機械」に対するその眼は、大きく二人を隔てる。が、オザンファンがかたくなに「芸術」の外にとどめた「機械」にたいする愛をル・コルビュジエに可能にしたものは一体何であったのか。われわれは、オザンファンとル・コルビュジエを隔てるものをそこに見る。

オザンファンのピューリスムとル・コルビュジエのピューリスム

ピューリスムの絵画に戻ってみる。第一章で述べたように、ピューリスムにおけるオザンファンの「瓶」（一九一七）とル・コルビュジエの「白いわん」（一九一九）の絵画の大きな違いは、両者の絵画を構成する「力」の意味の違いである。[73]オザンファンの「力」の表現は、つまるところ、潜勢的な力としての重力でしかないのであるが、これに引き換えていえば、ル・コルビュジエの「力」は、作用的な構成的働きを現わす。[74]オザンファンの絵の「力」は、いわば背景に隠されるような意味をもつだけであるが、これにたいして、ル・コルビュジエの「力」は、統一的な全体をかたちづくる。ル・コルビュジエの絵は、紛れもなく一つの静力学を布陣したのである。

オザンファンの「力」は要するに自然界において常識的に見られるものであるが、ル・コルビュジエの「力」は「かたち」を統一的に構成する人為的な働きをもつ。つまり、その「力」はある作為性において了解されるそれなのである。両者の「力」の意味は随分違ったものになる。

周知のごとくディルタイは精神科学を「了解 verstehen」において捉えた。つまり、かれが「了解」と呼ぶ、内から体験されるもう一つの現実によって精神科学は認識される。ディルタイに従えば、「了解」は外から感覚的に与えられる徴表からその徴表がまさにそれの表示である心理的なものを認識する過程である。[75]

こうした見方からいえば、オザンファンの「力」は自然認識的なものであり、これにたいするル・コルビュジエの「力」は統一構成的すなわち了解的なのである。つまりル・コルビュジエの「力」の観念は、その内面に体験されるまさしく心理的なものを示す。ル・コルビュジエの「力」の起源は、オザンファンとの出会い（一九一八）以前に遡って、これを考えてみなければならないことが改めてわかる。

オーギュスト・ペレーとル・コルビュジエ

一九一八年以前のル・コルビュジエの思想を「告白」は語る。われわれはそのなかにかれの建築思想を培う三つの大きな出来事を見出す。一つは、青年期の師レプラトニエの教えである。かれは、限りない芸術への憧憬をもったのである。もう一つは、オーギュスト・ペレーとの出会いである。かれは、近代建築へと導かれる。最後の一つは、東方地中海を巡る国々へのリュックサックを背負う旅である。旅は、かれの建築の原風景となる。

ところで、ル・コルビュジエの「白いわん」に描かれる「力の構成的統一と静力学に比喩されるような釣合の美(76)」、このことをかれに語ったのは、オーギュスト・ペレーにほかならない。オーギュスト・ペレーがかれに要約してみせた思想は「骨組み carcasse」の把握である。かれは、そこにこそ「芸術」の来歴があるのだといった。

ル・コルビュジエは、オーギュスト・ペレーが伝授したヴィオレ＝ル＝デュクの『フランス中世建築合理事典』に何を学んだのか。かれの当時の書き込みがこれを裏付ける。その書き込みが残されている「飛び梁《フライング・バットレス》 ARC-BOUTANT」の項目(77)を詳しく読んでみると、その項目は、ヴィオレ＝ル＝デュクのゴシック解釈の要を占めることがわかる。

それによれば、飛び梁《フライング・バットレス》が構築されるに及んではじめてゴシックの構造は真の意味において展開し、大胆に新しい道を歩んだのである。(78)ヴィオレ＝ル＝デュクは、飛び梁なきゴシックは龍骨なき船舶のごとくであると云う。(79)かれは、ゴシックの存否をそこに見たのである。(80)飛び梁のなす反りが形態の力学に説明される。かれは、つぎのような興味深い解釈をおこなう。

ヴォールトの横圧力を支える飛び梁は、アーチのくさび石とこの接合によってできる一続きの傾きにおいてはじめてその力に反作用的に働く[81]。従って、飛び梁をかたちづくる最後のくさび石は、身廊ヴォールトの外に取り付けられた柱の上に固定されることなく、いわばそこにおいて自由に滑るように置かれなければならない[82]。ヴィオレ＝ル＝デュクは、まさしくこのことは、その偉大な建造物に適用される弾性的原理の一結論なのであり、これなくしてその堅牢さは危ういと述べる[83]。

飛び梁のこの滑る性質は、自らの変形を禁止する。飛び梁は、自らが変形しない限り、「支え」の力をもつ[84]（図版64）。つまり、くさび石の可滑性からできるアーチの自然な反り（曲がり）を保つために、アーチはそこに自由に軽く触れるように置かれることが大事なのである[85]。ヴィオレ＝ル＝デュクはいう「ゴシック建造者の全科学は、それゆえ、ヴォールトの一方の横圧力と飛び梁の他方の推力との間に完全な均衡を築くことに存在した[86]」。

ル・コルビュジエは、ヴィオレ＝ル＝デュクのこの「飛び梁」の説明を読み、「この芸術の全体は、その骨組みによって生命を得る」と書き込んだのである。かれは、ヴィオレ＝ル＝デュクの『フランス中世建築合理事典』から、造形と一体になる力の原理、その骨組みのもつ造形的原理を学び取ったといえる。「かたち」と「力」とが一つに結ばれる造形の原理、オーギュスト・ペレーは、ヴィオレ＝ル＝デュクの『フランス中世建築合理事典』に拠りながらそのことをかれに教えた。結論的にいえば、ル・コルビュジエの「力学の構成」は、まさにヴィオレ＝ル＝デュクの思想に基づいたといえる。

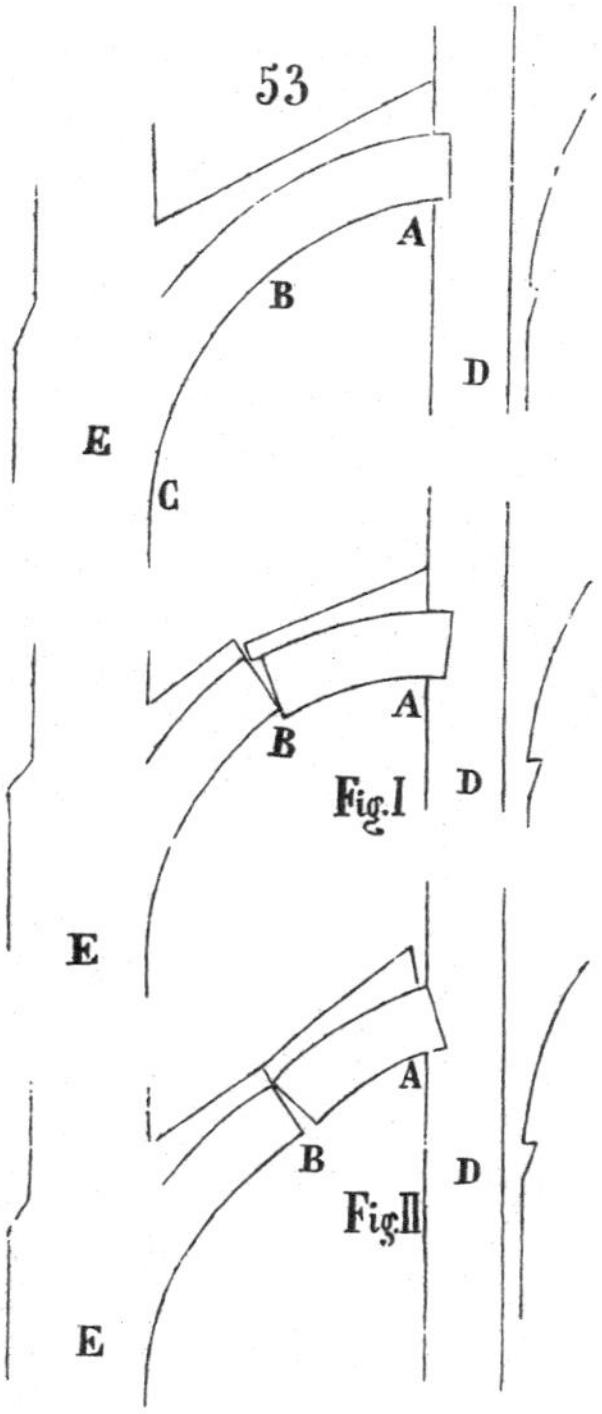

図版64　飛び梁の形態と力学

ヴィオレ＝ル＝デュクのゴシックの骨

組み解釈は、一つには、ル・コルビュジエの「ドム＝イノ」式住宅に大きな影響を与えていると考えられるが、ヴィオレ＝ル＝デュクの思想はそうした建築工法のみにかかわったのではなかった。それは、ル・コルビュジエの絵画の構成、すなわちかれの芸術のデミウルゴスへと発展してゆく。ル・コルビュジエの「白いわん」はじつにこれを語るのである。

ル・コルビュジエとヴィオレ＝ル＝デュク

ル・コルビュジエの絵画「白いわん」は重さをもつ複数の静物を力学的に配置している。(87)その絵画はまさに静力学におけるような釣合の意味を現わして構成される。第一章で述べた絵画に今一度戻ってみる。ここにおいて改めて、この絵の中央に描かれる「巻かれた紙」が注目されるからである。それ（巻かれた紙）は、巻かれていることから、内に、展開力をもつ。が、他方、全体の形は、三角定規によって作られる直線の方向に直角に置かれるから、そのような直線の示す方向に対してはこれに抵抗するような力をも現わしている。

つまり二つのことから、微妙な緊張感が生まれる。というのは、巻かれた紙は、外的な全体の形においては二枚の三角定規が作る白い直線に対して直角に置かれて、この直線が示唆する白いわんの落下に抵抗しながら、同時に内的には自らが紙の展開力をもつことによって、白いわんの落下につながる運動をも示すというまさにこの二つの張りあう力を二重に表現しながら、二つの力がまさに拮抗する一つの場面を自ら作って、この絵の力の意味をみごとにに表現しているのである。

ところで、ゴシック構築の全科学は、ヴィオレ＝ル＝デュクから見れば、ヴォールトの横圧力と飛び梁の推力の間に完全な均衡を築くことに存在する。これをいま図式的に解釈してみると、飛び梁は、その支えをバットレスにもっており、このバットレスを起点にして、飛び梁が身廊ヴォールトの外壁面に触れるように張り渡される訳であるから、バットレスをいわば軸にしながら飛び梁は、自らの造形において、横圧力と推力の完全な均衡を表現することになる。

　このことを考えてみるとき、「白いわん」に示される「静力学に見るような力の釣合」は、ヴィオレ＝ル＝デュクがゴシックの飛び梁に解釈したその力の意味をまさに表わしていることがわかる。というのは、同じように、「白いわん」はいわば回転軸を暗示的に示すパイプをもち、「パイプ」と「巻かれた紙」は、飛び梁とバットレスが表現するような関係をもって構成されているといえる。ヴィオレ＝ル＝デュクのいうゴシックの構築科学、すなわちヴォールトの横圧力と飛び梁の推力の間の完全な均衡とル・コルビュジエの「白いわん」に描かれている「巻かれた紙」の拮抗する力の釣合は、まさに一つにつながる。

　「巻かれた紙」は、そこにおいてヴィオレ＝ル＝デュクの語る「飛び梁」を自らかたちづくる。飛び梁と巻かれた紙は、同じ造形の意味すなわち「形態と力学」の合理をもつからである。それは、まさに形と力を一つに結ぶ造形のデミウルゴスを表現している。

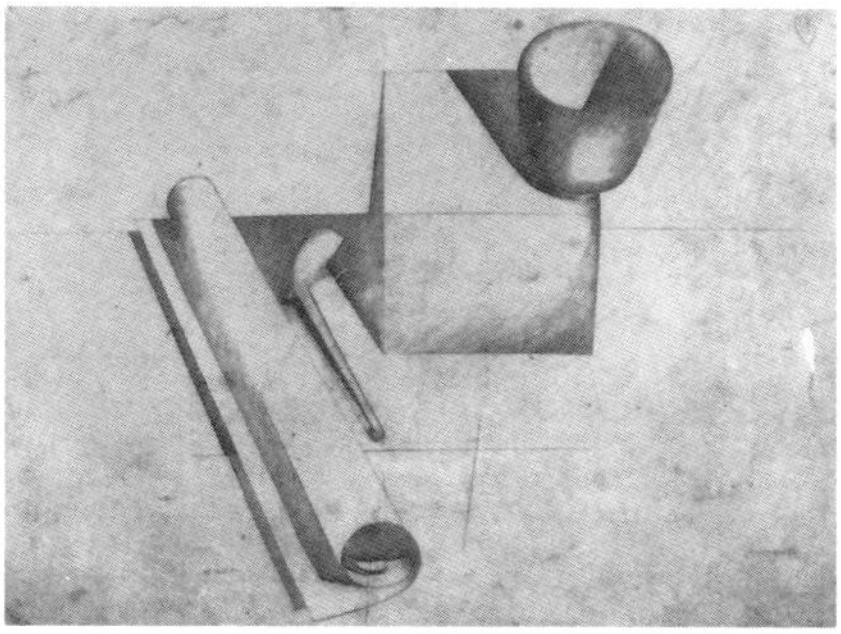

図版65　「白いわん」の習作（1919）

図版66　「赤いわん」（1919）

　この絵につながる一連の習作をル・コルビュジエは描いている（図版65・66）。

　「白いわん」は、考えぬかれたテーマであり、これらの習作を通して完成されていったことがわかる。ル・コルビュジエは、己の絵画に一つの確かな主題を見い出している。これらの一連の絵は、それらを貫く中心的なテーマが横転しそうな「わん」と「巻かれた紙」であることを明白に示している。横転しそうな「わん」と「巻かれた紙」、このふたつは同じように展開する運動をもつ。転がりそうな「わん」と巻かれた「紙」はそのような力学をもっており、「巻かれた紙」は、いわば、転がりそうな「わん」の力をそのかたちに表現しているといえる。すなわち、横転する「わん」の力学が「巻かれた紙」というその形態の力学に捉えられるのである。それは、「形態と力学」の合理を語る。

翻って、「白いわん」における「形態と力学」の合理を可能にするもう一つの根本的な条件をわれわれはここに指摘し得る。「白いわん」の置かれる「立方体」の存在である。それは、単なる台ではない。その「立方体」に根本的な意味を与える絵画「暖炉」（一九一八）が描かれるからである。先に述べたように、「暖炉」の立方体は、幾何学的ラショナリズムの宣言的表現であると考えられる。ヴィオレ＝ル＝デュクの合理論は、ル・コルビュジエの絵画において独自な展開をなし、さらに普遍化される。

「白いわん」の「形態と力学」の合理は、「立方体」のうえに成立している。そのことは「形態と力学」の合理と空間的な幾何学との合一を帰結し、一言でいえば、そこにおいて、まさにヴィオレ＝ル＝デュク合理論の空間化がはたされている。それは、ル・コルビュジエが自ら発展させるヴィオレ＝ル＝デュク合理論の最も重要な意味であるといえる。ヴィオレ＝ル＝デュク合理論（形態と力学の合理）は「立方体」の空間的な幾何学と相まって、さらに根源的なラショナリズムへと深められてゆくのである。

オーギュスト・ペレーが伝授した「形態と力学」の合理は、ル・コルビュジエの絵画をかたちづくる根本的なモチーフになっている。ル・コルビュジエの絵画に構成される「力」の来歴は、確かにヴィオレ＝ル＝デュクのゴシック解釈に導かれている。ヴィオレ＝ル＝デュクの思想は、かれの絵画の構成において重要な意味をもったのである。

注

1 Le Corbusier, *L'Art Décoratif d'Aujourd'hui*, Les Éditions Arthaud, Paris, 1980, p.217（邦訳：ル・コルビュジエ、前川国男訳『今日の装飾芸術』鹿島出版会、一九七六年、二四二頁

2 *Ibid.*

3 本書第一章、一四頁

4 Le Corbusier, *op. cit.*, p.197（前掲注1邦訳書、二一八頁）

5 S・V・モース、住野天平訳『ル・コルビュジエの生涯』彰国社、一九八一年、三三七頁「年譜」による。

6 同前

7 Le Corbusier, *op. cit.*, p.198（前掲注1邦訳書、二一八〜二一九頁）

8 *Ibid.*, pp.133-140（前掲注1邦訳書、一五二〜一六四頁）

9 *Ibid.*, pp.201-209（前掲注1邦訳書、二二六〜二三四頁）

10 *Ibid.*, pp.204-209（前掲注1邦訳書、二三〇〜二三二頁）：ル・コルビュジエは、後年、質問に応えるかたちでこのオーギュスト・ペレーとの出会いを次のように回想している。Gérard Monnier, *LE CORBUSIER - Qui suis-je?*, La Manufacture, Lyon, 1986, pp.170-171：一九〇八年、パリに降りたかれは、ほとんど一文無しで頼りにする人とて誰もおらず、すっかり路頭に迷う。ある日偶然に、かれは電話帳の「芸術家」に、一つの名前「ユージェンヌ・グラッセ」を見る。その名前は、ラ・ショー＝ド＝フォンの美術学校の教科でかれに強く印象を残していた。ページをめくってかれはその住所を捜し、イタリアで描いたデッサンをもってグラッセを尋ねる。グラッセは、かれを押しかえそうとするのであるが、かれは、ドアと額縁との間に足をはさみ、これをさえぎる。そのデッサンを見たグラッセは、非常に強い興味を示し、それをほめる。
　話をしながら、ル・コルビュジエに好感をもったグラッセは、オーギュスト・ペレーその人を教える。「鉄を組んだ木の箱のなかにコンクリートを流すペレー兄弟と呼ばれる人がいる。それは、固まり、すごいことのように思われる」。ル・コルビュジエは、かくしてカバンとイタリアのデッサンをもってペレーに会いに行く。ペレーは、ただちにル・コルビュジエを雇うことになる。

11 *Ibid.*

12 *Ibid.*, p.207（前掲注1邦訳書、二三二頁）

13 *Ibid.*, pp.207-208: "construction" "structure"（前掲注1邦訳書、二三二頁）

14　*Ibid.*
15　本書資料：ジャンヌレ（＝ル・コルビュジエ）のレプラトニエへの手紙の抜粋
16　この手紙のなかで、かれは次のようなことを書いている。「……あなた、グラッセ、ソヴァージュ、ジュルダン、パケ、その他の人たち、あなた方はうそつきです、グラッセ、真のモデル、うそつき、なぜなら、あなたたちは、建築について何たるか知らないからです。……」（本書資料）
17　ル・コルビュジエは、「もし事態が変わらないなら私はもはやあなたに同意しないでしょう。私は同意することができないでしょう」と書いている。
18　本書資料：ジャンヌレ（＝ル・コルビュジエ）のレプラトニエへの手紙に書くオーギュスト・ペレーの言葉。
19　Viollet-le-Duc, *Dictionnaire Raisonné de l'Architecture IV : Construction*, F.de Nobele, Paris, 1967
20　*The Open Hand, Essays on Le Corbusier*, edited by Russell Walden, The MIT Press, 1977, pp.23-26
21　*Ibid.*
22　*Ibid.*
23　*Ibid.*
24　*Ibid.*
25　前掲注5『ル・コルビュジエの生涯』「年譜」による。
26　同前
27　Le Corbusier, *op. cit.*, p.209（前掲注1邦訳書、二三二～二三三頁）
28　ニコラス・ペブスナー、白石博三訳『モダン・デザインの展開』みすず書房、一九六八年、二四～二五頁
29　前掲注5『ル・コルビュジエの生涯』三八頁
30　Le Corbusier, *op. cit.*, p.209（前掲注1邦訳書、二三二～二三四頁）
31　前掲注5『ル・コルビュジエの生涯』四〇頁による。
32　Le Corbusier, *op. cit.*, p.209（前掲注1邦訳書、二三二～二三四頁）
33　*Ibid.*（前掲注1邦訳書、二三四頁）
34　*Ibid.*
35　Le Corbusier et Pierre Jeanneret, *Œuvre Complète 1910-1929*, Les Édition d'Architecture, Zurich, 1965による。

36 Le Corbusier, *op. cit.*, p.210（前掲注1邦訳書、二三四～二三五頁）
37 *Ibid.*
38 ル・コルビュジエ、石井勉他訳『東方への旅』鹿島出版会、二〇〇九年、八～九頁
39 Le Corbusier, *op. cit.*, p.210（前掲注1邦訳書、二三五頁）
40 本書第三章、五三頁
41 Le Corbusier, *op. cit.*, p.210-211（前掲注1邦訳書、二三五～二三六頁）
42 前掲注5『ル・コルビュジエの生涯』「年譜」による。
43 Le Corbusier, *op. cit.*, p.217-218（前掲注1邦訳書、二四二～二四三頁）
44 前掲注5『ル・コルビュジエの生涯』「年譜」による。
45 Ch.E.Jeanneret Gris-A.Ozenfant, *Architecture d'Epoque Machiniste sur les Ecoles Cubistes et Post-Cubistes*,（Paris, 1926）, Bottegad'erasmo, Torino, 1975, L.C.III
46 *Ibid.* p.292
47 *Ibid.*
48 *Ibid.* p.293
49 *Ibid.*
50 *Ibid.*
51 *Ibid.*
52 *Ibid.*
53 *Ibid.*
54 *Ibid.*
55 *Ibid.*
56 *Ibid.*
57 *Ibid.*
58 *Ibid.*, pp.293-294
59 *Ibid.*

60 *Ibid.*, p.294
61 R. G. Collingwood, *The Principles of Art*, Oxford University Press, London, Oxford, New York, 1978（邦訳：コリングウッド、山崎正和・新田博衛訳「芸術の原理」山崎正和責任編集『世界の名著81　近代の芸術論』中央公論社、一九七四年所収）
62 *Ibid.*
63 フィードラー、山崎正和・物部晃二訳「芸術活動の根源」前掲注61『世界の名著81　近代の芸術論』所収
64 深田康算『美と芸術の理論』白凰社、一九七五年
65 Ch. E. Jeanneret Gris-A.Ozenfant, *op. cit.*, p.336
66 *Ibid.*
67 *Ibid.*
68 *Ibid.*, pp.336-337
69 *Ibid.*, p.337
70 Le Corbusier, *Vers Une Architecture*, Vincent, Fréal & Cie, Paris, 1966, pp.5-8（邦訳：樋口清訳『建築へ〔新装普及版〕』中央公論美術出版、二〇一一年、三〜八頁）
71 *Ibid.*, p.69（前掲注70邦訳書、七九頁）
72 *Ibid.*, p.80（前掲注1邦訳書、八八頁）
73 本書第一章、一五〜一九頁
74 同前
75 ディルタイ、久野昭訳『解釈学の成立』以文社、一九七六年、一一頁
76 本書第一章、一八〜一九頁
77 Viollet-le-Duc, *op. cit.*, pp.60-87
78 *Ibid.*, p.60
79 *Ibid.*
80 *Ibid.*
81 *Ibid.*, pp.62-63
82 *Ibid.*, pp.63-64

83　*Ibid.*

84　*Ibid.*, p.64

85　*Ibid.*

86　*Ibid.*, p.66

87　本書第一章、一六〜一九頁

第八章　象徴性

一九四六年のスケッチとマラルメの詩

ル・コルビュジエは、後半生に描く絵画に新たな表現を生んでいる。そうした絵画は、二元論の統一をなす合理論の新たな解釈であるといえる。われわれはル・コルビュジエの創造精神の内面をこうした絵画に見る。すなわち、その絵画は、二元論の統一の飽くなき追求たる近代の一つの創造的精神をまさに語っている。

つぎのスケッチは、ル・コルビュジエの二元論にたいする主題的な深まりを示している（図版67）。かれは、後期に神話をモチーフにする絵画を描く。このスケッチは、一九四六年の日付をもっており、そうした後期絵画の始まりを現わしている。(1)

一九四〇年から一九四五年にわたったヨーロッパの第二次世界大戦は、絵具にさえこと欠く生活をかれに余儀なくさせる。(2) そうした時期から解放される一九四六年にこのスケッチが描かれる。

第二次世界大戦の戦火を逃れ、物資の窮乏に耐えながら、ル・コルビュジエが精力的に執筆活動を行うこの時期は、深い内省期をかれにもたらしたといえる。一九四六年のスケッチはこの内省期を経て生まれている。かれのこの精神の深まりは、いかなる問いを明確にしたのか。スケッチはじつにこのことを示す。

一九四六年のスケッチに描かれる「額に角を付け、体に翼をもち、羊のような顔と女の体をもつ名付けがたい動物」

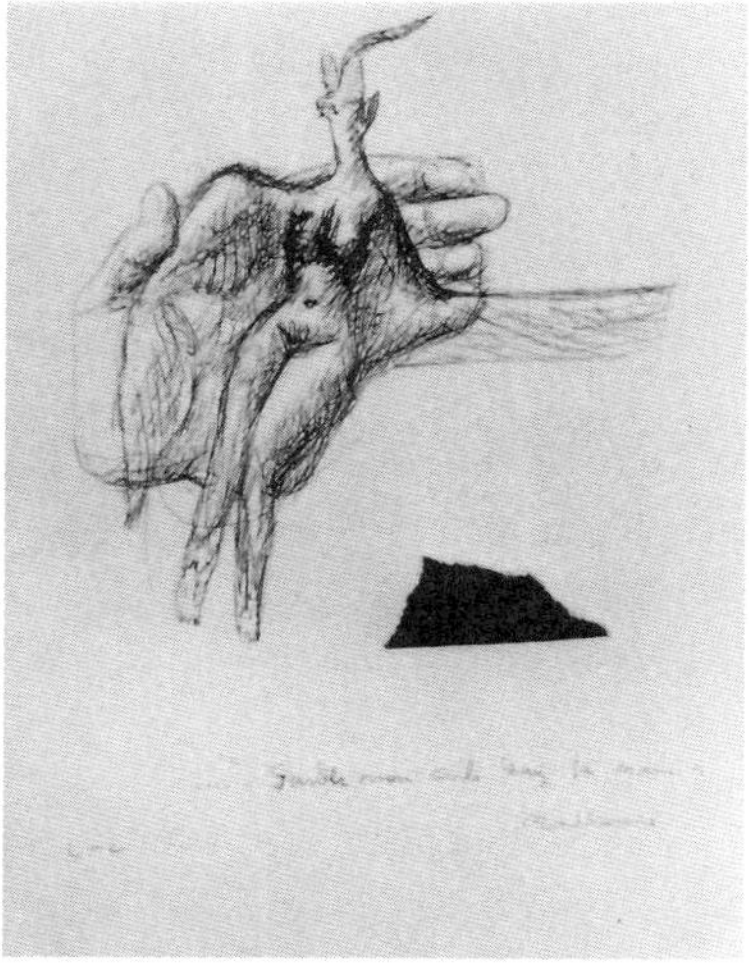

図版67　スケッチ　架空の動物と手「…私の翼をおまえの手のなかにおさめておくれ」（1946）

は、ル・コルビュジエの芸術においてどんな意味をもつのであろうか。このことにヒントを与える言葉をかれは自らスケッチに記している。

「……私の翼をおまえの手のなかにおさめておくれ　マラルメ ...Garder mon aile dans ta main. Mallarmé」[4]ル・コルビュジエは、マラルメの詩「扇　その二　マラルメ嬢の」からこの詩句を引く。ステファヌ・マラルメは詩の難解さをもって知られる。ル・コルビュジエはそうしたマラルメの詩を解説しているのではない。己の芸術に深く通ずる一文をマラルメの詩に見出したというのがおそらく真相のように思われる。かれは、マラルメの詩の一行に魅了され、霊感を得る。スケッチは、そこに生まれたかれ独自のイメージを現わしている。マラルメの詩の一行は、ル・コルビュジエの芸術に通じる意味をもつのである。

ル・コルビュジエの絵画におけるマラルメの詩の二元論

これとは別に、ル・コルビュジエはマラルメのもう一つの詩を引いている。「なにしろ、私は、知恵《サイアンス》のおかげで神秘を含んだ心の賛歌を忍苦の労作のなかに植えつけるからだ[5] Car, j'installe, par la science, L'hymne des cœurs spirituels En l'œuvre de ma patience」[6]これは、マラルメの詩「散文　デ・ゼサントのための」のなかの言葉である。

ル・コルビュジエが引く詩は、二つの観念を対にして成り立つ。それは、「私の翼 mon aile」にたいする「おまえの手 ta main」であり、また「心の賛歌 l'hymne des cœurs」にたいする「知恵la science」である。二つの観念は、根本的な二元論を語る。ル・コルビュジエは、マラルメが歌う二つの観念に注目し、自らが近代建築の根本に見る芸術と技術すなわち感情と理性における二元論の統一を重ねている。

マラルメはフランス象徴派の創始者といわれる。マラルメの詩に表現される二元論がル・コルビュジエのスケッチにおいて絵画的に構成される。マラルメの象徴主義から借用する「翼」と「手」は、ル・コルビュジエ固有の主題をじつは語っている。マラルメの詩、「扇　その二　マラルメ嬢の」からモチーフを得る一九四六年のスケッチがル・コルビュジエの芸術を考えるうえで注目されるのは、そのスケッチが二元論の統一という主題的な意味を明確にしており、同時に根本的な二元論にたいするル・コルビュジエの統一の仕方を、まさに絵画として、現わしている点にある。一九四六年のスケッチは、スイス館の壁画（一九四八）として描かれている。壁画の絵は、先に述べたような「翼をもつ架空の動物」とこれを受ける「手」を表現している(7)。

ル・コルビュジエの絵画における「手」は、ものをひとつにするような統一作用として構成されている。そうした手が架空の動物を受け止める。その架空の動物は一体どこから来たのか。これを決定づける具体的な資料は見当たらないのであるが(8)、これについて、つぎのように考えてみることもできる。

ル・コルビュジエは一九四六年にル・モデュロールの方法を完成させている。その一年前、かれは「言語に絶する空間」の初稿を発表する。一九四六年のスケッチは、こうしたル・コルビュジエの後期の空間思想が追求されるちょうどその時期に描かれている。ル・コルビュジエによれば、「言語に絶する空間」は形の音響学的現象である。かたちが音響学的な現象となって無限に共鳴するとき、「言語に絶する空間」が現われる。それは、比例によって生まれる。ル・コルビュジエは、もののあいだ（空間）に生じる一つの現象を見て取る。空間は、存在的な意義をもつ。空間は、見、聞くことができる。このことを指して、かれは「言語に絶する空間」と云った。

ところで、一九四六年のスケッチに描かれる架空の動物について示唆を与えたと思われるマラルメの詩がある。「半獣神の午後」と題される牧歌である。かれがこの詩を読んだことは十分に考えられる。スケッチの架空の動物に符合する断片的な詩句のイメージをここに拾い出すことができる。

あのニンフたちを、不朽にしたい。
かくも鮮やかに、
あの軽やかな肉の色、錯綜した睡りの
まどろみのうちに、空を飛び交うがよい。

……

海緑色の金色に輝くほとりに
憩う真白の生物が、波のようにうねるのだ。
芦笛の音がはじめた緩い序曲にさそわれて
白鳥がとびたつ姿か、いや、泉の精が逃げだして、
それとも水に躍び入る姿かと……

……

なさけない！　他の処女なら、私の額の
角に結んだ編み毛で、幸福へと、連れさってくれようが。
……(9)

ここに断片的に挙げたマラルメの詩句は、ル・コルビュジエの「角を額にはやす羊のような顔をした乙女」のイメー

図版68　スケッチ（1951頃か）

ジに重なっている（図版68）。詩が歌う半獣神やニンフは、ギリシア・ローマ神話の神々である。半獣神は、ローマの古い森の神であり、ニンフは、ギリシア神話以来の山川草木の精で擬人化された神であるとされる(10)。神話的な存在へと転化される自然がそこにある。

一方、ル・コルビュジエの「言語に絶する空間」は、優れて空間的な現象であり、それは、もののあいだにある、自然の「空間」を感覚可能な一心象として捉えたものである。こうしたことを考えてみるとき、マラルメの詩における半獣神やニンフとル・コルビュジエのいう「言語に絶する空間」は、同じように自然を視覚化する意味をもっている。

ここに述べてみたことは、可能な一解釈にすぎないのであるが、ル・コルビュジエは同様にマラルメの詩句「なにしろ、私は知恵《サィアンス》のおかげで、神秘を含んだ心の賛歌を忍苦の労作のなかに植えつけるからだ」を引いている。この詩句に語られる「知恵science」と「心の賛歌L'hymne des cœurs」に、ル・コルビュジエが語る技術と芸術、いわゆる理性と感情を見てとることは容易である。

つまり、マラルメの言葉とル・コルビュジエのそれを図式的に比較してみれば、

マラルメ		ル・コルビュジエ
心の賛歌 L'hymne des cœurs	⇔	芸術 art
私の翼 mon aile		
おまえの手 ta main		
知恵 science	⇔	技術 technique

と置き換えてみることができる。

こうしたことから推せば、スケッチの架空の動物が、ル・コルビュジエにおける芸術、つまり感情をシンボライズしたものであることは確かであろう(11)。いわゆる「言語に絶する空間」はル・コルビュジエの芸術の一つの到達点であった。架

空の動物は、またル・コルビュジエの芸術におけるそうした空間現象につながったものとしてこれを見ることができるのである。その動物を「手」が育むように受けている。

一九四〇年の事務所閉鎖から一九四六年にかけてル・コルビュジエはル・モデュロールの研究に専心している。ル・モデュロールは、身体における比例の研究でもあった。その比例論は一つの黄金比数列に導かれている。ル・モデュロールは、優れて幾何学的な意味をもつ。

ル・コルビュジエは「ル・モデュロール」の巻末に「ここに、神は遊ぶ」[12]と書いている。数が神を捉える。ル・コルビュジエの二元論に戻っていえば、それは、理性が感情を捉えることに他ならない。かれは、我が手に神にさえ届く芸術の表現を捉えんとする。[13]われわれは、ル・モデュロールのなかに秘められるル・コルビュジエの精神の格闘を見なければならない。マラルメの詩句「私の翼をおまえの手のなかにおさめておくれ」を視覚化する一連の絵画は、まさに、そうしたル・コルビュジエの精神の創造的意味を浮かび上がらせてくる。

絵画・彫刻「イコン」

ところで、スイス館（大学都市パリ）の壁画を見ると、一九四六年のスケッチをもとにする絵の隣に「両手を手前に組み合わせた翼のある女」が描かれている。つぎの絵は一九五二年の日付をもつその「翼をもつ女」である[14]（図版69）。この絵は、一九四六年のスケッチ「私の翼をおまえの手のなかにおさめておくれ」の後に描かれており、マラルメの詩における「私の翼」（感情）と「おまえの手」（理性）をまさにひとつにしている。感情と理性をそのように象徴化しながら、ル・コルビュジエはそれらを一つの像にまとめあげている。その表現は「私の翼」（感情）が「おまえの手のなかに」（理性）「おさめられる」（統一）ル・コルビュジエにおける二元論の統一をまさに象徴化したものといえる。その絵のなかで、マラルメの詩の「私の翼 **mon aile**」は「我が両の翼 **mes ailes**」に、また「おまえの手 **ta main**」は「我

図版69　「翼をもつ女」（1952）

図版70　幾何学的立体をもつ「イコン」（1963）

が両の手mes mains」へと変貌する。マラルメを脱却する[15]二元論の統一が絵に示されている。ル・コルビュジエの芸術独自の意味がそこに現わされる。

ル・コルビュジエは、このような像を「イコン」（図版70）と呼んでいる。

いわゆるイコンというのは、ビザンチン世界において、「原像」としての神が地上界にあらわれた「映像」のことであり、神の顕現を意味するとされる[16]。ル・コルビュジエは、「翼をもつ女の像」のモチーフをマラルメの詩の「私の翼」と「おまえの手」から得て、これを独自に構成し、そこに「イコン」を重ね合わせたと見ることができる。

こうしたことからいえば、「翼をもつ女の像」としてのル・コルビュジエの「イコン」の連作は、我が手に神の顕現（あるいは「言語に絶する空間」）を見んとする、創造的精神の一端を垣間見せる。ル・コルビュジエの「イコン」の手と翼のあいだには、云うなれば、ある深淵が横たわるのであり、その深淵がル・コルビュジエのイコンが表わす祈りとして表現されているともいえる。すなわちこの見方において「イコン」は、二元論の統一を生み出すル・コルビュジエの創造的精神を象徴的に表わすものになる。

ル・コルビュジエが「ル・モデュロール」の末尾に書く「ここに、神は遊ぶ」という言葉をよく考えてみると、それは、すなわち「私の翼」（半獣神の翼）を「おまえの手のなかに」（ル・モデュロール）「おさめておくれ」と取れる意味を示唆するともいえる。そのことからいえば、ル・モデュロールは、神の顕現が地上界にあらわれた映像という、まさに「イコン」におけるような一つの意味をもっている。

ル・コルビュジエのスケッチの描線

ル・コルビュジエが後期に描く神話的観念は、二元論の統一というル・コルビュジエの重要なテーマを明らかにしている。こうした後期絵画を見るとき、われわれは、いわゆるものの意味を超える、かたちのもう一つの意味を見出す。一九四六年のスケッチに描かれる架空の動物の「翼」は精神的な心の賛歌を、その「手」は知恵《サイアンス》を表わしていると考えられる。そのことは、裏返していえば、「精神的な心の賛歌」の象徴的表現として「翼」すなわち芸術（感情）が、同様に「知恵」すなわち技術（理性）の象徴的表現として「手」があることを意味する。

神話的なモチーフをもつ後期のスケッチは、このような象徴主義を物語る。一九四六年のスケッチに見るこの象徴主義は、ル・コルビュジエの絵画を考えるうえで特筆される。ル・コルビュジエの絵画は、ものの表現を超える、一つのかたちの論理をもっている。すなわち、絵が表わす意味とともに、これを超える一つのかたちがそこに存在している。そのことはル・コルビュジエの絵画の重要な一つの性質である。

ル・コルビュジエの絵画のこうした性格はわれわれに二つのことを教える。一つは、ル・コルビュジエが優れて観念的な問題をテーマとして問うていることであり、もう一つは、その観念的な問題が絵画の論理に捉えられることである。かれが近代建築の根本に見る、技師と建築家、効用と美、すなわち技術と芸術、一言でいえば、理性的なものと感情的なものというこの二つの主題性がいわば観念的に統一されるのである。その二元論の統一がル・コルビュジエの絵画によってまさに追求されたのである。絵画は、二元論の統一に一つの道を拓く根源的といえるある働きをもったのである。

ル・コルビュジエの絵画への問いは、ル・コルビュジエの創造を可能にするその絵画の意味を明らかにすることでなければならない。ル・コルビュジエの絵画は、いかにして、二元論の統一に迫る一つの道を拓くことができたのか。

図版71　スケッチ　貝がらと女の乳房（1932?）

図版72　スケッチ　樹木と女の肢体（1931?）

かれの初期の絵画は、静物の構成的統一をなす一つの力学を表わす。もののあいだに媒介的にはたらくような一つの力学的観念においてそれらは統一される。一方、ル・コルビュジエの絵画は、題材を大きく変えてゆく。大まかに見れば、一九二〇年代の静物画から一九三〇年代の身体表象へ、さらに、一九四〇年代の彫刻そして神話的モチーフをもつ絵画へと、主題は発展する。題材の変容は、かたちが表わす意味そのものの変貌であり、この絵画の変貌を、単に、媒介的な上述の統一作用から説明することはできない。

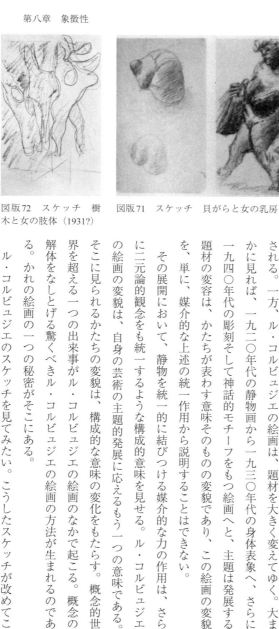

その展開において、静物を統一的に結びつける媒介的な力の作用は、さらに二元論的観念をも統一するような構成的意味を見せる。ル・コルビュジエの絵画の変貌は、自身の芸術の主題的発展に応えるもう一つの意味である。そこに見られるかたちの変貌は、構成的な意味の変化をもたらす。概念的世界を超える一つの出来事がル・コルビュジエの絵画のなかで起こる。概念の解体をなしとげる驚くべきル・コルビュジエの絵画の方法が生まれるのである。かれの絵画の一つの秘密がそこにある。

ル・コルビュジエのスケッチを見てみたい。こうしたスケッチが改めてこ

図版74 「アマゾネス」(1958)

図版73 「サーカスの馬のための習作」(1935)

こに注目される。貝がらと乳房は、一つのヴォリュームを(図版71)、また、樹木と人体は、一つの曲線を分かちあう(図版72)。

貝がらや乳房あるいは樹木や人体を現わす描線が、あたかもその意味を脱却するように抽象化して描かれている。ル・コルビュジエは、二つの異なる存在を通約するような根源的な描線を見出している。このような描線の意味において、一九三〇年代の絵画(図版29)に描かれる身体の姿は、ピューリスムの静物を思わせるような立体を表現している。身体のヴォリュームと立体的な静物を同時に表現するような描線は、ものの意味を表わす線でありながら、他方、ものの意味から離れるもう一つの線の意味をもっている。そこにおける描線は二重の意味をもって現われている。ル・コルビュジエの絵画に一つの秘密がある。「サーカスの馬」(一九三五)の習作(図版73)から「アマゾネス」(一九五八)(図版74)に至る絵画の展開を可能にするものは、じつはル・コルビュジエの絵画におけるこのような根源的な描線の働きである。

馬と人体の描線は二つの表現として存在する線の意味をいわば融かされ、かたちそのものを生んでゆくような描線のより根源的な働きがそこに現われる(図版75)。そうした描線は、ものの意味を離れるのであるが、かといって、それは、単に図形の輪郭を型どるような抽象的な線のそれではない。それは、云ってみれば、描線が線以前の線を生きる、あるいはヴォリュームがヴォリューム以前のヴォリュームを生きるような、まさにル・コルビュジエにおけるかたち

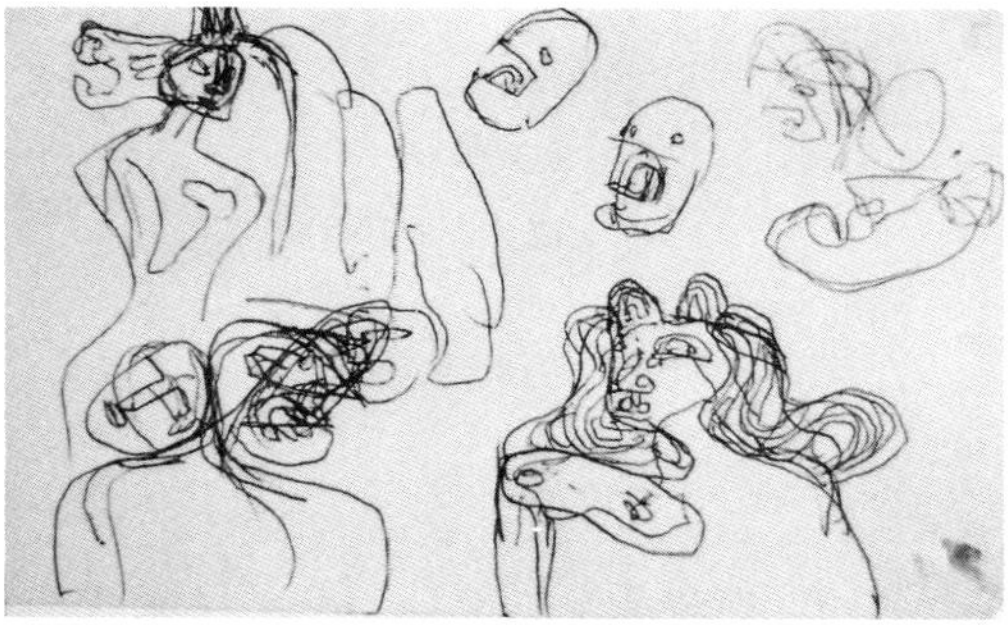
図版75　馬と人体の輪郭線（1952?）

の根源的なはたらきであるといえる。

もののあいだに融解されるこの驚くべき描線の働きがかたちの変貌、意味の変容をなしとげている。ル・コルビュジエは、絵画の描線のこの根源的な働きを捉えている。描線は、ものの意味から離れ、もののあいだに融解され、新たな生命、新たなかたちの意味をかたちづくる。ル・コルビュジエの絵画におけるこの根源的「描線」は、二重の意味をもつ。一つは、いわゆる「もの」の線であり、もう一つは、「もの」の意味を離れ、絵画のなかで固有の生命を生む、いわば、もののあいだに融解するような線以前の「線」を生きる線である。それは、ある指向性を内にもつ群体的線の束である。描線のこの二重の機能こそ、ル・コルビュジエの絵画の発展を成立させる重要な一原動力であったとここにいえる(18)。

二元論と象徴主義

このようなル・コルビュジエの絵画の方法は、いわゆる「象徴主義」に見るような言葉の二重の意味に通じるものがあろう(19)。言語の状態に、自然のままの言葉と本質的な言葉を区別したマラルメの言語論を、ヴァレリーは、散文と詩の対立として受け留め、散文を歩行に、詩を舞踏にたとえたといわれる(20)。詩を可能にする言葉のリズム感、舞踏における身体の働きは、日常的な意味を離れる一つの自律性をもつ。そこに見る言葉や身体は、詩や舞踏が表現するその宇宙のなかで固有な生命をもつ。そのような言葉や身体の動きは、日常的な意味に還元し得ない、一つの生命を生きている。

ル・コルビュジエの絵画に見る「描線のくねり」は、それ自体の動き、そのリズム感、いわゆる「もの」に結びつくことのない、強弱、あるいはヴォリューム感をもっている。そうした描線のくねりは、ピューリスムにはない。それは、ものの輪郭を超えているのであり、ちょうど、詩における言葉が散文的な意味を離れ、ことばがことばを生きるように、ル・コルビュジエの絵画における描線は最も本質的な線の生命をもっている。

こうしたことから考えてみれば、ル・コルビュジエの絵画は、象徴主義に通じるものをもつ。後期に見る絵画は、象徴主義への傾斜を明瞭にしている。いわゆる「ピューリスム」にはなかったル・コルビュジエのこの象徴主義は、その芸術がもつある観念性を示唆する。ル・コルビュジエの芸術におけるその観念性こそ、かれが近代建築の根本に見る、感情と理性、芸術と技術、すなわち建築家と技師に表わされる二元論とその統一に他ならない。

こうした思想は、無論オザンファンにはない。そうした観念は、かれの旅のスケッチが捉える自然をも超えている。ル・コルビュジエの芸術を貫く二元論の統一という一つのテーマこそ、かれの象徴主義がもつ重要な意味なのである。思弁的な論理においては解くことの困難な二元論の統一という近代の一つのテーマがまさにル・コルビュジエの絵画において切り拓かれるのである。

ル・コルビュジエの絵画における描線のくねりがこれを可能にする。もののあいだに浮遊し、線が線以前の線を生きる、線のゆらぐ根源的な働きが、二元論の統一を可能にする。かれの絵画の一つの秘密がそこにある。それは、概念的な世界を超える絵画固有の論理である。かれが、終生、絵画にこだわった一つの理由は、まさにこの点にあったと考えられる。

思弁的な論理においては近づくことの困難な近代のこの問題に、かれの絵画は一つの道を拓く。ル・コルビュジエが後期に描く絵画は、近代からの離反ではない。それは、まさに近代建築が辿り着いた一つの果てであり、まさにル・コルビュジエの創造的精神そのものとして存在しているといわなければならない。

が、そこにおいてなお表現される、「握りしめられる手」と幾何学、すなわちル・コルビュジエの二元論を貫く一つのラショナリズムをわれわれは見る。

注

1 神話的モチーフをもつル・コルビュジエの後期の絵としては、最も初期の日付をもつと思われる。典拠にした画集を挙げておく。
 1. *Le Corbusier peintre*, Beyeler Bâle, Switzerland, 1971
 2. *Le Corbusier Pittore e Scultore*, olivetti Arnold Mondadori Editore, 1986
 3. *Le Corbusier - The Artist*, Works from the Heidi Weber collection, Zurich and Montreal, 1988
 4. *Le Corbusier Secret*, Musée Cantonal des Beaux-Arts, Lausanne Theodor et Ulla Ahrenberg, Vevey, 1987
 5. *Le Corbusier*, Ministerio de Cultura, Madrid, 1987
 6. *Le Corbusier Œuvre Tissé*, Philippe Sers Editeur, Paris, 1987

2 *Le Corbusier*, H. Allen Brooks（ed.）, Princeton University Press, Princeton, New Jersey, 1987: Jerzy Soltan, "Working with Le Corbusier", pp.1-16. この時期のル・コルビュジエの困窮した様子がこれによってわかる。

3 Le Corbusier, *Sketchbooks Volume 2 1950-1954*, The Architectural History Foundation, New York, The MIT Press, 1981, E20, 422 : je ne suis jamais si tranquille que dans l'avion = Cosmos et solitude amicale et bénéfique.

4 Mallarmé, *Œuvre*, Garnier, Paris, 1985, p.61, Autre Éventail de Mademoiselle Mallarmé の詩の抜粋。

O rêveuse, pour que je plonge
Au pur délice sans chemin,
Sache, par un subtil mensonge,
Garder mon aile dans ta main.
……

加藤美雄訳『世界の詩31　マラルメ詩集』彌生書房、一九八八年、八七〜八八頁によれば、
おお、夢みる女よ。掟めもなく

純粋な歓喜に沈む私のために、
巧妙な虚偽によって、お前の掌に、
私の翼を収めておくれ
……

5 Le Corbusier, *Sketchbooks Volume 2 1950-1954*, cit., E23 660
前掲注4加藤美雄訳『マラルメ詩集』によれば、この詩は次のように歌われている。

散文
　デ・ゼサントのための
誇張法よ！　お前は、私の精神から
勝鬨とともに立ち上がる覆われた
一巻のなかの、呪文よ、
なにしろ、私は、知恵のおかげで、
神秘を含んだ心の讃歌を
忍苦の労作のなかに植えつけるからだ、
地図、植物図集、典礼図鑑。
……

6 Mallarmé, *op. cit.* による詩の原文は以下である。

PROSE
（pour des Esseintes）
HYPERBOLE! de ma mémoire
Triomphalement ne sais-tu
Te lever, aujourd'hui grimoire
Dans un livre de fer vêtu :
Car j'installe, par la science,
L'hymne des cœurs spirituels

En l'œuvre de ma patience,

Atlas, herbiers et rituels.

……

7 Le Corbusier, *Œuvre complète 1946-1952*, publiée par W.Boesiger A.D.A EDITA, Tokyo, 1978, pp.224-225：スイス館の壁画が示される。

8 Le Corbusier, *Sketchbooks Volume 2 1950-1954*, cit., F24 700,702,707：ル・コルビュジエは、このような動物のかたちについて次のように書いている。

七〇〇：直観的にではあるが、二〇才から、私は自分が描く顔つきを性格のある動物の形にし向けてきた。そのような形は、そこから形の関係に入る代数的な力、つまりサインの力であり、このような一つの詩的現象を引き起こす。

七〇二：こうした形や概念を文脈から離して、集め、それらを一つのグループにすること。「手」でそしてまた足で同じようにしてみる。一つの動物図像。

七〇七：人間的な動物図像というこの考え（観念）は、おそらく私のなかに無意識にやって来た。すべての世界を通して、またすべての社会階層を通じて、かくもひんぱんに、仕事や委員会また私生活のなかで、男や女に接触したことからその考えが生じたのであろう。人々を形容しながら、またその類型をもちながら、あるいは示しながら、それらの性格が現れる。

9 前掲注４加藤美雄訳『マラルメ詩集』六六〜七四頁, Mallarmé, *op. cit.*, pp.50-53

10 前掲注４加藤美雄訳『マラルメ詩集』七四頁：マイケル・グラントジョン・ヘイゼル、西田実主幹、入江和生他訳『ギリシア・ローマ事典』大修館書店、一九八九年、三八九頁によれば、ギリシア人たちは特定の自然現象の中にニンフが宿ると信じていたとされている。

11 ル・コルビュジエの芸術に対する見方は、いわゆる技師に対する建築家の思想として存在する。ル・コルビュジエは、感動的要因を純粋な視覚性に求め、これを築く幾何学的比例論をいう。規制図形の方法は、こうした視覚的論理を明らかにする。かれは、建築家と技師の図式に示されるような人間の理解、創造的想像力、美といった建築家の感情を比例に捉える。いわゆる理性と感情は、容易になじまない異なったふたつの概念なのであるが、ル・コルビュジエにおいて、一方の感情的事実すなわち人間の理解、創造的想像力、美といったことが比例論に捉えられる訳である。一言でいえば、理性の問題に高められる美の解釈が存在するのである。

12　Le Corbusier, *Le Modulor*, Fondation Le Corbusier, l'Architecture d'Aujoud'hui, Paris, 1983, pp.238: ICI, les DIEUX jouent !（邦訳：吉阪隆正訳『モデュロールI』鹿島出版会、二〇〇六年、一五九頁）

13　「手」が捉えようとする創造的想像力、美は、「翼」に暗示される。「手」は志向的に「翼」へと向かうと言える。ル・モデュロールは、実は、深くこうしたことを語っていよう。それは、身体の意義を象徴するような手とその身体を黄金比に分割する比例を示している。すなわち、そこに見る比例は、身体の意味を表す比例であると同時に、一方、美的感情を表現するもう一つの比例でもある。このふたつの意味がまさにル・モデュロールに統一されている。

14　*Le Corbusier Secret*, cit.

15　マラルメの二項対立的二元論に対するル・コルビュジエの二元論の統一。野内良三『ステファヌ・マラルメ』審美社、一九八九年、五一〜八〇頁において、マラルメのそうした二元論が論じられる。

16　『国民百科事典1』平凡社、一九六二年、一九〇頁

17　ここにいう「後期」はオゾンの草案が見られる一九四〇年以降であるが、神話的モチーフをもつ絵画の始まりとして、一九四六年の日付のあるスケッチをここに挙げることができるのである。

18　ル・コルビュジエは、絵画に「線」をいわば主題的に方法化する。こうした「線」の根源的な機能は、一方、二元論の統一的構造において明らかにされる「形」の二重の意味に通じていることは明らかであろう。ものの表現的意味を離脱し、新たな意味を生むこうした線の変貌的動性がル・コルビュジエの絵画に展開している分けである。

19　『日本語大事典（カラー版）』講談社、一九八九年、九五六頁：象徴主義の一般的な説明によれば、「普遍的な理念に特殊な形を与える働きと、特殊な個物に普遍的な意味を与える動きとを交錯させ、双方の動きの合一する場に世界の全体像を暗示的に浮かび上がらせようとする文学・芸術の傾向」である。

20　前掲注15『ステファヌ・マラルメ』一二三〜一二五頁：マラルメの詩を解釈するものに、Mallarmé, *Œuvres*, op.cit. がある。他に、モーリス・ブランジョ、粟津則雄・清水徹訳『マラルメ論』筑摩叢書、一九八五年、また加藤邦男『ヴァレリーの建築論』鹿島出版会、一九七九年は、このマラルメの思想について触れている。

第九章　絵画の意義

画家ル・コルビュジエ

近代建築の完成者として広く知られる、建築家ル・コルビュジエに対するもう一つのル・コルビュジエの存在は、かれのいわば隠された顔であり、その活動は表舞台に出ることはほとんどなかった。自信に満ちた一建築家のその姿とは裏腹なもう一つの顔、画家としてのル・コルビュジエが現れる。建築について多くの著作を残すかれは、そのなかで、自らのこうした絵画活動についてはほとんど触れていない。文字通り、世界の建築学徒に開かれたセーヴル街三五番地のアトリエにたいして、扉を固く閉ざしたオトゥーユのもう一つのアトリエがあった。そこでかれは絵を描いた。この絵画活動は、その建築活動とは余りにも対照的である。

オトゥーユの（忍耐強い研究のための）個人的な私のアトリエは誰にも開きませんでした。私はそこに一人でいました。私は決して絵を〈説明〉しませんでした。絵は、ひとり立ちし、好かれるものになるか、うとまれるか、あるいはわかってもらえるか、そうでないかです。それがどうだ（どうできる）と私におっしゃるのですか。(1)

この言葉は、絵画に打ち込んだル・コルビュジエの姿をわれわれに伝える。

絵画には、ル・コルビュジエの深い思考が隠されている。ル・コルビュジエのこの隠された思考をさぐってみる。その思考こそは、最も深くかれの建築思想の成立を証言すると思われるからである。こうした観点から、ル・コルビュジエの絵画の方法と主題について考えてみるとき、絵画のヴェールに包まれるル・コルビュジエの驚嘆すべき制作の秘密と、その建築制作における絵画の真の意義が明らかにされる。

一九一〇年代のピューリスム静物画から一九二〇年代の静物画への展開

一九一〇年代後期に始まるピューリスム静物画から晩年の彫刻や象徴的な絵画に至るル・コルビュジエの作品には、一九二〇年代、一九三〇年代、一九四〇年代を通して変化するモチーフの展開があったとはいえ、この間、ほぼ一貫する一つの力の表現があったことは確かである。とりわけ、ル・コルビュジエの絵画におけるモチーフの変化と一九一〇年代のピューリスム静物画において示される特徴的な力の表現(2)は、絵画に示される力の意味を考えるうえで重要なものである。一九一〇年代のピューリスム静物画において明白にされたそうした力の起源(3)と、絵画のモチーフの変化は、いかにかかわりあったのか。

ル・コルビュジエの一九一〇年代後期に始まるピューリスム静物画から一九二〇年代の静物画への変化をもう一度ここに辿ってみたい。一九一〇年代の絵画を解釈するうえで、重要であったのが「暖炉」(一九一八)と「白いわん」(一九一九)である。「暖炉」は、立方体による幾何学的理性の宣言として(4)、また「白いわん」は、形態と力学が相通じながら至る力の均衡、つまり形態と力学が不可分に結ばれる形態の力学的合理性を現わしている(5)と考えられた。一九一〇年代のこうした絵画は、ル・コルビュジエの絵画に表現される力の一起源とその幾何学的展開を明白にした(6)。こうしたことを考えてみるとき、一九一八年のピューリスム宣言に始まる絵画は、その後の発展に対し根本的な意義をもったことがうかがわれる。

図版76　「卵のある静物」（1919）

つぎの絵がある。「卵のある静物」（図版76）と題され、一九一九年の日付をつけるこの絵には、本、定規、ぶどう酒、瓶、ポット、積み重ねられた皿、コップ、パイプ、卵、さらに幾何学的立体などが描かれる。それらは、最も初期の限られた題材に比較される、多様な題材である。つまり、この絵は、一九一〇年代の限られた題材から、日常の物象が広汎な対象になる一九二〇年代の静物画へのちょうど過渡的な段階に位置する絵画であるといえる。この絵は、ル・コルビュジエの絵画のその後の発展を考えるうえで大きな示唆を与える。

一九二〇年の日付をもつ「積み重ねられた皿と本のある静物」（図版77）は、一九一〇年代の絵画にはなかったギターという新しいモチーフをもっているのであるが、「積み重ねられた皿」は「卵のある静物」と同じモチーフであり、それらがさらに変形されて、描かれている。

こうした点に着目すれば、一九一〇年代のピューリスム静物画は、一九二〇年代の静物画へと漸次発展しており、一九一〇年代から一九二〇年代への絵画の発展において過渡的な位置を占めると思われる上記の「卵のある静物」は、ル・コルビュジエの絵画を考えるうえで重要なものになる。

「卵のある静物」を見ると、色調は暗いが、このなかで中央右側に置かれる「卵」がひときわ目立つ。また、中央部の幾分か上のところに「積み重ねられた皿」が描かれている。安定した底面をもつ他の静物にたいして、この卵の不安定な存在は対照的であり、これに加えていえば「積み重ねられた皿」は「積み重ねられた」（不安定な）「皿」（安定）を表わしていると考えてよい。こうした見方に立てば、多様なオブジェにわたる一つの構

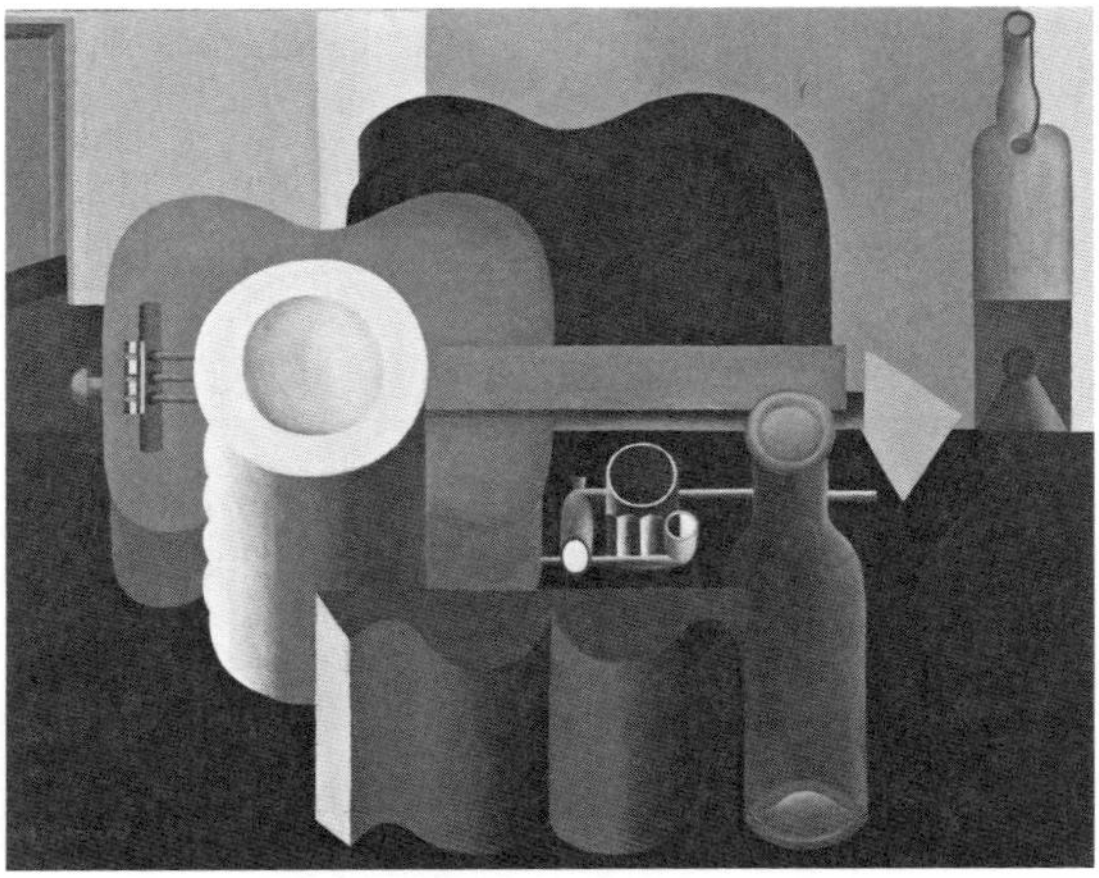

図版77　「積み重ねられた皿と本のある静物」（1920）

成的な軸が浮かびあがる。それは、［不安定］（卵）―［不安定な安定］（皿）―［安定］（静物）という一力学の流れである。画面の中央右上には、「白いわん」のモチーフ、パイプ、定規が繰り返されている。多様なモチーフをもっているとはいえ、この絵は「白いわん」の基本的構成をうかがわせる。

結論的にいえば、「白いわん」における「立方体」、「白いわん」、「巻かれた紙」と、「卵のある静物」における、安定した「静物」、「積み重ねられた皿」、「卵」は、まさに力学の表現的な意味において通じあっているといえる。「白いわん」における形態と力学の均衡[7]は、「卵のある静物」において、物理学的な力学図式[8]から、より豊かな形態群の力学的統一（「卵」「積み重ねられた七枚の皿」）[9]へと展開されている。

「積み重ねられた七枚の皿」は、さらに「積み重ねられた皿と本のある静物」（図版77）において、「くぼみをもつ白い立体」にデフォルメされながら、ギターとともに描かれる。その絵はオブジェの緊密な重なりを表現する。これは一九一〇年代の絵画にはなかった新たな表現のしかたである。

このかたちの重なりを見ると、絵の左側ではギターの共鳴箱の丸みと皿の円、本のページの曲線が互いに調和し、また右側ではギターの柄の強い表現とパイプの鋭い水平線にたいして、コップの硬い垂直線が対比されて描かれていることがわかる。つまりオブジェの具象的な形態はここで輪郭線へと抽象化され、そうした輪郭線が水平線、垂直線あるいは丸みのある線として相互に類比され、対比されながら構成される。こうしたことからいえば、そこに見られるオブジェの緊密な重なり、つまりオブジェの凝集という新たな構成のモメントは、つまるところ、オブジェにおける多様な輪郭線の調和的統一である。ル・コルビュジエの絵画は、一九二〇年代において形態の調和的統一をなす多様な輪郭線の構成へとさらに進んでいることがわかる。

絵画における力学の意味

一九二〇年代に描かれるこうした静物画は、一見すれば、「白いわん」の構成が示す顕著な力学の意味を脱却しているようにみえる。

はたしてそうであるのか。この点について少し考えてみたい。「積み重ねられた皿と本のある静物」においてオブジェの立体性は二次元の平面的な線へと還元されているのではなく、オブジェの特徴的な輪郭線を拠り所にして多様なオブジェが自由に構成されていると見るべきであろう。つまり、こうした「輪郭線のもつれ」を結論づければ、それは「立体的ヴォリュームの輪郭線のもつれ」であり、「輪郭線のもつれの調和的統一」は、結局「立体的ヴォリュームの調和的統一」そのものとしてもあることになる。こうした見方にたてば、「ヴァイオリン、コップとびん」（一九二五）（図版6）において、特徴的に示される「多様なオブジェの凝集」にはそうしたオブジェを密集させる一つの力学的観念がいわば随伴していると考えてよい。

このような力学的観念は、もはや「白いわん」において見られたような静力学的な力の釣合を表現してはいない。それは、いってみれば、空間の全方位、全方向にわたってあたかも空間が縮みこむような統一に見える。空間そのものの凝集ともいうべきこの構成は、力学化された空間の出現を意味しているといえる。一九一〇年代の静力学的な統一にたいしていえば、それは全空間的統一というべきものである。多様な立体とその凝集、このあいだには空間的な力学の統一論がまさに観念として働いていると思われるのである。その空間的統一論こそが、個々のありふれた立体を見事な形態群の集まりへと変貌させる。個々の立体が統一される驚くべき形態の論理とこれをなしとげる一つの統一作用が明らかになる。

　こうした見方に立てば、ル・コルビュジエの絵画の力学的観念は、形態や空間の統一論として作用しており、そのなかに形態のデミウルゴスDemiurgos[10]を見るのは、筆者のひとりよがりの見方では決してあるまい。一九一〇年代の静物画に示された力学と形態の論理は、一九二〇年代の絵画において、具象的な形態群の豊かな表現へと導かれる。一九一〇年代のピューリスム静物画に打ちたてられたル・コルビュジエの力学の意味は、この後さらに深められ、かれ独自のデミウルゴスを担っていったといえよう。

　こうした見方は、とりわけ後期の一絵画に確かめられる。「ヴァイオリン、コップとびん」に見るモチーフの著しく単純化された例を後の「静物（一九二八―一九六二）」（口絵4）と題される絵画が明瞭にしている[11]。「ヴァイオリン」＝赤、「静物」＝緑、「コラージュ」＝黄に象徴されるその構成を図式化してみれば、つぎのようになる。

	上段	下段	中段（上、下段の統一）
形態	ヴァイオリン	静物	新聞紙コラージュ
色彩	赤	緑	黄
意味	動	静	緊張
象徴	感情	理性	精神

絵は「ヴァイオリン、コップとびん」のモチーフを単純化し集約した見事な表現となっている。一九一〇年代の絵画において示された形態のデミウルゴスたる力学の意味は、ここにおいて感情と理性を統一する論理そのものを築いている。絵画におけるル・コルビュジエの思想が明らかになる。

人体にかかわるモチーフの出現

ところで、一九二〇年代後期のル・コルビュジエの絵画に新たに「手袋」が現われる（図版78）。「手」の表現は、いわゆる一九二〇年代の静物画にはなかった新たなテーマであり、「手袋」から「手」へ、さらには「手の力」へと次第にその主題的意味を深める。[12]「手」は「手の力」へと発展する。手袋とさまざまな物象。さまざまな物象にかかわり、これを媒介的に統一する象徴的な力の表現、ル・コルビュジエの絵画の重要なモチーフ、形態を統一する力学の論理をそこに読み取ることは容易である。物象の媒介的統一の一表現としてあるこのような手は、次第に身体におけるその意味を明瞭にしていく。手と身体が一つになる。[13] こうした身体像から一九四〇年代の最も重要な空間論ル・モデュロールが帰結される。[14] 一九二〇年代後期から一九三〇年代にかけて主題化される手の表現は、しかしながら単に肉体的な表現に留まったのではない。

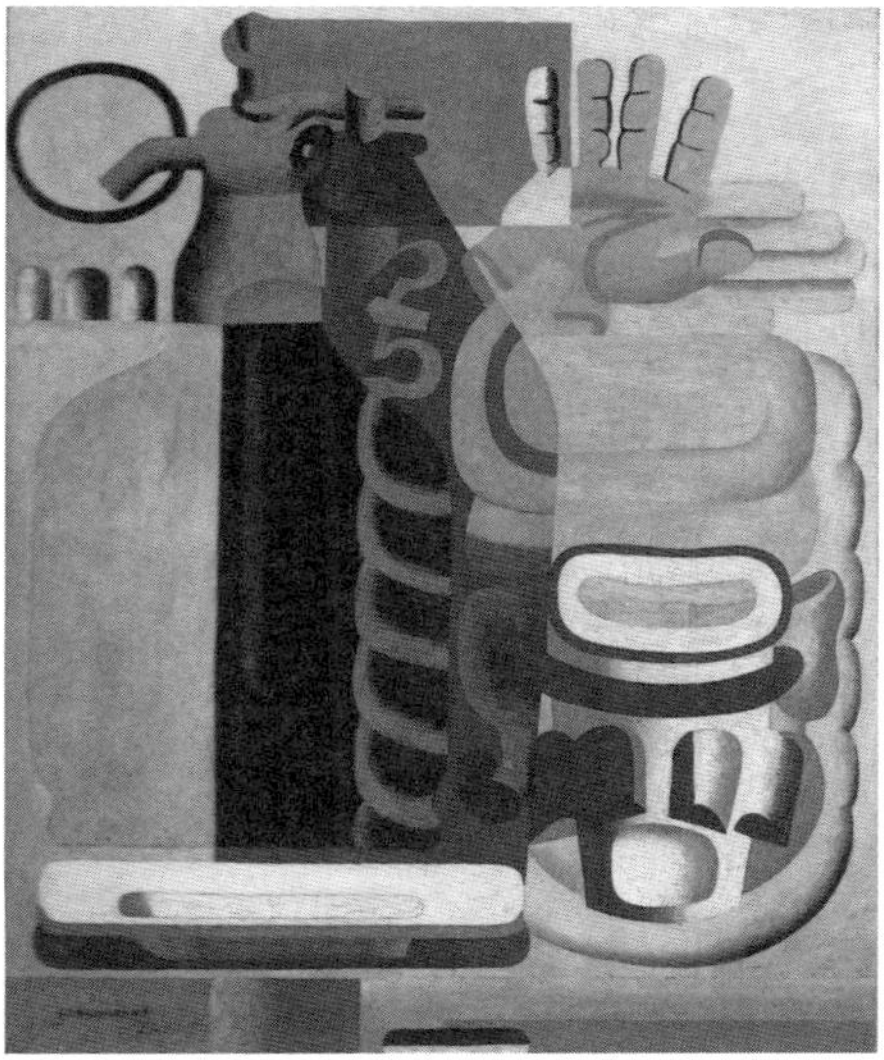

図版78　「サイフォンと手袋」（1927）

肉体的な意味を離れるもう一つの手が、一九四〇年代後期に描かれる。[15] それは、詩的な感情そのものを捉えようとする、精神的な手の表現である。こうした絵画が「イコン」へと結ばれる。[16]「イコン」は、ル・コルビュジエの創造的三位というべき、翼、手、幾何学を一つにしており、[17] 自らの創造的精神の結晶といえる。「イコン」に至る手の表現といわゆる一九二〇年代に始まる静物画の構成を図式化し、対比してみると、つぎのように表わせる。

	静物画				イコン
	形態	色彩	意味	象徴	
上段	ヴァイオリン	赤	動	感情	翼
下段	静物	緑	静	理性	（幾何学）
中段（上、下段の統一）	新聞紙コラージュ	黄	緊張	精神	手

「静物（一九二八―一九六二）」と「イコン」の構成は、同様な意味をもつことがわかる。一九一〇年代後期から一九二〇年代へ、さらに一九三〇年代から一九四〇年代へと、モチーフの変化と相まって表現を異にしながらも、それらを貫く力学の意味は、形態の統一という普遍的意義をまさにもつことがわかる。ル・コルビュジエにおけるこの力の一つの起源を明らかにするものこそ、ピューリスム初期の静物画なのである。その絵画を結論づければ、ヴィオレ＝ル＝デュクのゴシック合理論のピューリスム的展開ともいうべきものであった(18)。

ル・コルビュジエの重要な構成論である力学の意義は、このゴシック合理論の新たな展開としてもう一歩深く考えてみなければならない。

ル・コルビュジエにおける「力」の表現的展開

ル・コルビュジエの建築制作におけるヴィオレ＝ル＝デュクの思想の意義、これを解明するものがかれの絵画である。ル・コルビュジエは、オザンファンとピューリスムを提唱し、これを共にしたのであるが、オザンファンの絵画と比べてみると、明瞭な一つの違いがあった。オザンファンの絵画との相違を一言でいえば、ル・コルビュジエの絵画の力学を含む表現である(19)。その力学を優れて表現したものが「白いわん」に他ならない。それぞれの静物の巧みな構成において、均衡する力の釣合が見事に表現される。力学と形態が一体化する「力学＝形態」の論理。われわれは、まさにヴィオレ＝ル＝デュクのゴシック合理論をそこに見る。絵は、ル・コルビュジエの絵画における力の起源を示した。[20]

このようなル・コルビュジエの絵画に見る力学の由来を裏付けるレプラトニエ宛の一通の手紙が残されている。[21] レプラトニエに宛たこの手紙のなかで、かれは、オーギュスト・ペレーとの出会いが力学の教えであったことを書いている。「ペレー兄弟は私を叱咤した。力学の達人たちは、私を罰した。……「君は、何も知らない。」……それで私は力学を勉強し、つぎに静力学を学んだ。……ペレーの建設現場で、私はコンクリートが何であるか、それが要求する革命的形態を見ました[22]」。ペレーは、ジャンヌレを導く。ジャンヌレは、ヴィオレ＝ル＝デュクの『フランス中世建築合理事典』に触れた。

ル・コルビュジエは、この後、ヴィオレ＝ル＝デュクのゴシック合理論に基づく一つの力学を絵画に構成したのである。ル・コルビュジエの絵画は、最も初期の一九一〇年代のピューリスム静物画、一九二〇年代の静物画、一九三〇年代の身体表現、一九四〇年代の神話的モチーフの絵画、オゾンの彫刻へと発展していく。このような表現の深まりのなかで、初期のピューリスム静物画に見る力の構成は独自の展開を見せる。絵画におけるこうした力の表現的展開は、ポール・アブラアムが云う力学の意味を超える。[23] 絵画に示される力は、じつはそのようなポール・アブラアムの見方においては定義されない力の表現なのである。

ル・コルビュジエの絵画に表現される力の意味についてあらためて考えてみたい。そもそも、ル・コルビュジエの絵画における力は現実的な意味を超えたものである。というのは、「白いわん」の示すままにいま静物を事実配置してみても、白いわん、三角定規、立方体、巻かれた紙、パイプがあるだけで、その力の釣合は事実として成立しない。が、それは観念としては成立している。絵画はじつのところそうした観念こそを表現している。こうした絵の観念性に着眼すれば、絵の力は、帰納的な論理によるものではなく、演繹的な論理に導かれた力の表現であるといえる。演繹とは、経験によらない論理から一つの結論を導くことであるから、ある一般的命題が優れて主知的に組み立てられなければならない。その主知的な命題こそが構成の原点である。

「白いわん」の演繹的条件はいったい何であるのか。それは、想像的な架空の力である。つまり、デフォルメされた白いわん、巻かれた紙、定規の示す幾何学、パイプの回転体、これらのオブジェによる想像的な「力の均衡」こそがそれである。そこに成就される「力の均衡」は、ヴィオレ＝ル＝デュクのゴシック合理論に遡る形態と力学の統一、この絵画的表現にほかならない。

この解釈をとりわけ可能にするものは、立方体の上に置かれて、デフォルメされる白いわんである(24)。そのデフォルメこそ、演繹される論理の出発点を現わしている。立方体の上から転げそうな「白いわん」、その落下が想像的な思念であって、事実でないことこそ、ル・コルビュジエのこの絵画の構成において見過ごされてはならない重要な一点である。ル・コルビュジエの絵画におけるヴィオレ＝ル＝デュクの力学の意義、それはポール・アブアラムの帰納的見方においては示し得ない。ル・コルビュジエの絵画に表現される力は、形を主知的に構成するいわゆる意志的な力であるといわなければならない。こうしたことを考えてみるとき、ル・コルビュジエにおける合理論は、単純な合理性を超える根源的な一思考を生んでいる。

ここで整理する意味で、ル・コルビュジエの絵画の発展を概略してみる。

一九一〇年代後期	一九二〇年代	一九二〇年代後期	一九三〇年代	一九四〇年代	一九五〇〜六〇年代
描写的静物	構成的静物	詩的反応を起こすオブジェ	身体、手の表現	オゾン	オゾン、イコンの彫刻
		手袋のモチーフ		神話的モチーフ	最後期静物画

ル・コルビュジエにおける統一論：「複素変換の統一」（「二重変換の統一」）

　こうした絵画の発展を貫く力学的観念とその起源を担うヴィオレ＝ル＝デュクのゴシック合理論の主題的な意義がここに指摘される。結論づければ、形態と力学の統一という、ヴィオレ＝ル＝デュク的概念は、ル・コルビュジエにおける重要な二つの概念の統一論へと発展する[25]。この考えかたを押し進めてみると、ヴィオレ＝ル＝デュクの思想の意義は、近代における統一論そのものの問題として改めて考えてみなければならないことがわかる。こうした観点から、ル・コルビュジエの統一の方法を今一度取りあげてみたい。

　ル・コルビュジエの絵画には、同じ線、同じ形態が表わす異なる二つの意味、現実的なオブジェの輪郭と純粋な形態としての輪郭、同様に同じヴォリュームが表わす異なる二つの意味、肢体と静物的立体あるいは乳房の円錐と貝がらのかたちがあった[26]。結論的にいえば、こうした二つの概念が相互に変換され、いわば交叉するように統一されるのである。それは、表現の相互変換的統一ともいうべき方法である。具体的な作品において、こうした変換の構造を以下に明らかにしてみよう。

「ヴァイオリン、コップとびん」[27]（図版6）では、まず、物象の意味は、形態の純粋な輪郭線へと変換され、そうした輪郭線が絵画的に統一される。輪郭線の意味は、物象の表現へと再度もどされ、機械の心臓部にみるような見事な形態の表現が帰結されている。図式化してみれば、

物象　（変換）↓　輪郭（純粋な形態）

←（統一）

物象の統一　←（再変換）　輪郭群の凝集（線の調和的統一）

一九三〇年代の「身体の表現」(図版29)でいえば、

身体体象の統一像	身体
↑(再変換)	(変換)↓
キュービスム的立体の統一 ←(統一)	キュービスム的立体

このようになる。

「イコン」[28]の例を挙げれば、

イコンの像	私の翼とおまえの手
↑(再変換)	(変換)↓
祈る人(∵私の翼と手の統一) ←(統一)	私の翼と手

である。

「静物(一九二八―一九六二)」[29](口絵4)でいえば、

コラージュ(空間の凝集)	ヴァイオリン、静物
↑(再変換)	(変換)↓
黄(∵色彩の光学的統一) ←(統一)	赤、緑(色彩)

こうした例から、ル・コルビュジエの作品を成立させる普遍的構造ともいうべき一図式がここに明らかにされる。ル・コルビュジエのこの図式の起源を担うものこそ、ヴィオレ＝ル＝デュクのゴシック合理論であると考えられる[30]。その合理論は以下のように表せるからである。

形態　（変換）→　力学
　　　←（統一）
形態の統一　←（再変換）　均衡（∴力学の統一）

これをル・コルビュジエにおける「複素変換の統一」（「二重の変換の統一」）と呼んでおきたい[31]。

ル・コルビュジエの身体思想

ル・コルビュジエの絵画の展開において指摘しなければならない重要なもう一つの発展がある。それは、「詩的反応を起こすオブジェ」から「音響の造形」を通して「言語に絶する空間」に到る一連の作品である。「詩的反応を起こすオブジェ」の出現は、一九二〇年代の静物画に対して、どんな関係をもつのか。この点について考えてみなければならない。

年代的にいえば、その出現は一九二〇年代の静物画の完成の後、一九二〇年代末である。一九二〇年代の静物画は、約すれば、「機械の心臓部にみるような形態のおもしろさ」を表現する。結論的にいえば、「詩的反応を起こすオブジェ」のかたちは、この「機械の心臓部にみるような形態のおもしろさ」に似たものといえる。こうしたことから見れば、「詩的反応を起こすオブジェ」の出現は唐突なものではない。一九二〇年代の静物画にいわば「詩的反応を起こすオブジェ」の前史をみることができるからである。このいわくいいがたい形、「詩的反応を起こすオブジェ」に魅了され、かれは、一九二〇年代末から、これをモチーフにする絵画を描く。代表的なものを挙げてみれば、「月の構成」（一九二九）、「横たわった女、舟、貝がら」（一九三二）、「幾何学的静物と根」（一九三〇頃）、「テーマ「レア」の習作」（一九三二）、「黄色い松かさをもつ二つの顔」（一九三七）、「女と貝がら」（一九三九／四三）などである。

一九一〇年代から一九二〇年代に続く静物画の発展は、新たな局面を迎える。端的にいえば、「詩的反応を起こすオブジェ」は一九二〇年代の静物画における「機械の心臓部に見るような形態のおもしろさ」を「生命の形」へと変えたといえる。

こうした活動のあと、第二次大戦によって活動の停止を余儀なくされ、一九四〇年代に、ル・コルビュジエは内省期に入る。この内省期に、生まれるのがいわゆる「オゾン」である。このとき描かれる「彫刻のためのスケッチ」（一九四〇）が後の彫刻「オゾン」の制作へとつながってゆく[32]。「音響の造形」と説明されるこうした表現は、「数学的共鳴」となり「言語に絶する空間」を完成させる[33]。

この発展を整理してみると、次のような図式が現われる。

詩的反応を起こすオブジェ　（変換）→　音響現象（∵視覚の音響）

↓（統一）

「言語に絶する空間」　←（再変換）　共鳴（∵音響的統一）

説明してみよう。まず視覚的現象が聴覚的現象（音響現象）へと変換され、これが聴覚的に（共鳴によって）統一される。この聴覚的統一（音響的統一）が再度当の視覚性へと引き戻され、そこに「言語に絶する空間」が帰結されるのである。これが図式の表す意味である。「詩的反応を起こすオブジェ」から「言語に絶する空間」へと到るル・コルビュジエの一連の作品は、このように優れて身体感覚的な表現をもつ。とすれば、「詩的反応を起こすオブジェ」と名付けられた不可思議な物体は、ル・コルビュジエがこうした身体の意味を発見することになる一種の謎解きサインとして存在したことになろう。結論的にいえば、それはル・コルビュジエの「身体」の発見にほかならなかった。そのような身体の論理が「音響の造形」として具象化される。(34) その建築的完成こそがまさに「言語に絶する空間」であったわけである。(35) ル・コルビュジエの建築制作を完成させる身体の重要な統一論がここに明らかにされる。

ピエール・フランカステルの近代絵画論

ピエール・フランカステルは、『絵画と社会』(36) のなかで近代絵画に深い考察を加える。それによれば、印象主義以来の近代絵画の独創性は、まさに知覚と内容が結合する構造の探究のうえに立脚したものである。(37) かれは、印象主義の到来によって、われわれは新しい造形言語の作成期に入ったとし、最も神秘的なものが最も身近なものであり、最も大きな空間が人間の精神、さらに、精神と肉体との関係であるということに人々は気付いたのであると述べる。(38) 自然の大きな秘密は、もはや全体や遠方にあるのではなく、部分にひそむものであり、したがって、また最も身近なもののなかにあったのである。(39)

こうした近代絵画において、感覚の対象ではなく、感覚そのもの、いわば知覚器官のなかで生の状態のままに捉えられた感覚そのものが問題となる。(40) ピエール・フランカステルは、このように述べて、マティスの「ダンス」のなかに、かれが「多感官的直接経験 une experience polysensorielle immédiate」と呼ぶ、近代絵画の新たな世界経験を指摘する。(41) かれは、そのような多感官的探検時代の世界の開幕を見る。(42)

ピエール・フランカステルはルネサンスの空間とまったく異なる新たな近代の空間を身近な経験の多感官的な次元

に見ようとして、マティスの「ダンス」に見られる空間の表現がまさにダイナミックな喚起力をもち、身体の多感官的直接経験に立脚していることをいう。かれが指摘する近代絵画の新たな世界はそのはじまりを印象派にもつ。光そのものを描写する新たな絵画が現われる。モネの「印象・日の出」（一八七二）はこの光の世界を描く。

近代絵画に見るこうした光の世界を明瞭にしてみるとき、改めてル・コルビュジエが初期のスケッチに遺す「海辺の家」は重要な意味をもっていたことがわかる。かれの建築の真の出発はスイスの山中にではなく、地中海の海辺の光の世界にあった。「海辺の家」はまさに大気の光を空間の経験として捉えている。近代絵画の光の世界が自らの身体においてまさに経験されていたのである。

ピエール・フランカステルのいう多感官的直接経験はル・コルビュジエにおいてすぐれて空間的に統一される。その身近な世界はル・モデュロールにおいて、その多感官的直接経験は「音響の造形」としてまさしく視覚と聴覚を一つにする世界を築いている。

ル・コルビュジエの芸術制作における身体は、空間の近傍化をなしとげる。(43) 視覚と聴覚さらに触覚をも一つにするその身体の世界はまさに近代絵画における世界経験の建築的構築ともいえよう。こうしたことからいえば、ル・コルビュジエにおける身体の意味は、近代の根源的な成立にかかわっている。近代の世界の創出にかかわるその身体が黄金比とともに完成されるのである。

近代絵画の世界はまさしくル・コルビュジエの建築に実現されている。その建築作品は文字通り近代芸術の一モニュメントとして存在していよう。

ル・コルビュジエの建築制作における絵画の意義

絵画は、ル・コルビュジエの建築制作が根本にもつ意味を明らかにする。ジョン・ラスキンは、いわゆる「建築

Architecture」と「建物 Building」を区別しながら、「建築」にプラトンが『法律論』にいう「精神的な源 mental ἀρχή」としての魂がすべての運動変化の始まりである[46]。を見ようとする[44]。プラトンによれば、「魂は物体よりも古く[45]」、「自分で自分を動かすことのできる動」としての魂がす

プラトンの考えからすれば、精神的な源とは、「自分で自分を動かすことのできる動」にほかならず、それはとりもなおさず世界の始まりを意味する。このような根源的といえるはたらきからある「世界性」さらにはある「宇宙性」が開かれる。プラトンは、いわば世界に「世界」が現われ出るようなある本質的な根源を見ようとするのである。かれは「世界」の始まりにおいて「世界」の意味を生みだすような一つの理念を捉えようとする。それは、畢竟、デミウルゴス Demiourgos による世界構築に他ならない。つまり「精神的源」とは優れて制作的な世界性であり、それは「世界」の始まりへと還る一つの精神であることがわかる。

ラスキンは「建築」をそこに洞察したのである。つまり、かれは「建築」のもつ優れて原理的な意味を「世界はある本質をもつ」とするプラトンの「精神的源」に見据えたのである。この見方からすれば、「建築」は、まさに世界の意味そのものを生んでいる。「建築」制作は、生の根底的な定義なのである。

一九世紀を席巻したゴシックの復権は、深き内部から生まれ出るかたちの生命をうたった[47]。ヴィオレ＝ル＝デュクのゴシック合理論は、そうした内部的原理を携える形の力学であった。

復素変換の統一へと発展する、ル・コルビュジエの形態と力学の合一は、まさに理念的意義をもつ。この理念性こそ、ル・コルビュジエの建築制作における最も重要な意義である。それは、ル・コルビュジエの建築制作を成立させる思想的基盤であることがまさに明瞭にされるからである。

すなわち、この合一的理念は、建築制作に原理的な意味を与えるまさに「建築」の根底的な始まりであり、またその建築制作のテロス telos 的（目的）理念としてありつづけたからである。絵画は、このことを明らかにした。

静物から身体の統一へ、さらに自然世界と人間身体の統一へと深められ、複素変換の統一（二重変換の統一）において合一するイデア的意味こそ、ル・コルビュジエの飽くなき追求であったといえよう。ル・コルビュジエはこの「飽くなき追求」の果てに自然世界と合一する身体の生の輝きを見た。その輝きは、また近代の生の記念碑的な誕生とその根底的な一定義をうたうのである。

注

1 Le Corbusier, *Textes et dessins pour Ronchamp*, Association œuvre de Notre-dame du haut les press de la Coopi à Genève, 1975
2 本書第一章、一六～一九頁
3 本書第七章、一六〇～一六一頁
4 本書第六章、一三六～一三九頁
5 本書第一章、一六～一九頁。本書第七章、一六〇～一六一頁
6 本書第七章、一六〇～一六二頁
7 同前
8 本書第一章、一六～一九頁
9 『卵のある静物』における力学の表現は、「白いわん」におけるような静力学的表現（物理学的な力学図式）ではない。その表現は「卵」と「積み重ねられた七枚の皿」に見られるようにより繊細でより具象化されたものになっている。つまり、力学の表現は「卵のある静物」においてより絵画的な論理に高められているといえる。
10 ギリシア語のデミウルゴス δημι-ουργός は、工匠の意味。後に造物神の意味をもつ。ここでは造物神の意。プラトンの「ティマイオス」において、工匠にしかすぎない demiourgos が宇宙の造物神へと高められたといわれる。このプラトンの「ティマイオス」を巡る建築論的考察として、加藤邦男「プラトン、「ティマイオス」における宇宙論的建築家像」『建築史学』第一二号、一九八九年がある。
11 本書第一章、二一～二四頁。筆者はこのことを述べた。
12 本書第三章、六五～六七頁

13 本書第四章、八二～八三頁
14 同前
15 本書第八章、一六九～一七四頁
16 本書第八章、一七四～一七六頁
17 本書第八章、本書第一〇章。この二つの論文から、こうしたことが結論づけられる。
18 本書第三章、六五～六七頁。本書第七章、一六〇～一六二頁
19 本書第一章、一六～一九頁。筆者はこのことを述べた。
20 本書第七章、一六〇～一六二頁
21 本書資料：ジャンヌレ（＝ル・コルビュジエ）のレプラトニエへの手紙
22 本書資料、二九〇頁
23 ポール・アブラアムとヴィオレ＝ル＝デュクについて触れておきたい。

ヴィオレ＝ル＝デュクのゴシック合理論については、ポール・アブラアムの有名な反証がある。『ヴィオレ＝ル＝デュクと中世の合理主義』(Pol Abraham, *Viollet-le-Duc et le Rationalisme médiéval*, Vincent, Fréal & Cie, Successeurs, Paris, 1934）において、ポール・アブラアムは、ゴシックの構造はヴィオレ＝ル＝デュクの語るような合理性をもたないと述べる。このなかで、かれは、リブを取り付けた交差ヴォールトは単に装飾的なリブをもつだけであると結論づけ、ゴシックの合理性に疑問符をつけた技師ヴィクトール・サヴォー（一九二八）に賛辞を送る（ibid., p.3)。

ヴィオレ＝ル＝デュクは、交差リブを横断アーチの方向の転回として、この上にヴォールトが架かると解釈したのであるから（Viollet-le-Duc, *Dictionnaire Raisonné de l'Architecture VI*, F.de Nobele, Paris, 1967, pp.428-429)、ヴィクトール・サヴォーのこの結論は確かにヴィオレ＝ル＝デュクのゴシック理論を根底から覆す意味をもつ。ポール・アブラアムのヴィオレ＝ル＝デュクに対するこうした反論をとりわけ強く印象づけるものは、爆撃で破壊され、交差リブを喪失したにもかかわらず、ヴォールトの一部がそのまま残ったランス大聖堂の例である（Pol Abraham, *op. cit.*, p.44)。ヴィオレ＝ル＝デュクに従えば、交差リブをもたないヴォールトは崩れ落ちる。

ポール・アブラアムは、モルタルで強固につながったローマ式アーチは均質な一つの固体とみなされるというJ・A・ブリュテールの説を引きながら、モルタルでつながったアーチは（ヴィオレ＝ル＝デュクの言うような）推力をもたないと述べる（ibid., p.5)。可滑性の石積みがもつアーチの推力は、ヴィオレ＝ル＝デュクのゴシック理論の基礎ともいえるも

のであるが、ランス大聖堂の例は、これに反し、ポール・アブラアムの見方を裏付ける。

ゴシックの合理性は、ヴィオレ＝ル＝デュクによればフライング・バットレスが明瞭に示す。フライング・バットレスの形態は、力学と相関する。かれは、可滑性の石積みのアーチが産みだす推力とヴォールトの横圧力とのあいだには力学の均衡が生じるのであり、フライング・バットレスのなすカーブは、ほかならぬこの力学の表現なのであると言う（Viollet-le-Duc, *Dictionnaire Raisonné de l'Architecture I*, F.de Nobele, Paris, 1967, pp.60-66)。

これに対するポール・アブラアムの反証を要約してみると、フライング・バットレスは身廊ヴォールトの脚部に対して、半アーチの形をもって釣り合うモーメントとして働くのみであり（Pol Abraham, *op. cit.*, p.82-83）、ヴィオレ＝ル＝デュクの語る、可滑性の石積みのアーチ、フライング・バットレスへのヴォールトの横圧力の伝達は存在しない（ibid. p.84）。つまり、フライング・バットレスの力の大きさは、そのアーチのもつスパン、断面、重さに依存しながら、壁の外装部とひとつになるアーチの頂点で、唯、水平方向に作用するだけなのである（ibid. p.83）。ポール・アブラアムのこうした見方にたてば、ヴィオレ＝ル＝デュクのゴシック合理論は虚偽になる。

ル・コルビュジエは、オーギュスト・ペレーに導かれながら、ヴィオレ＝ル＝デュクの『フランス中世建築合理事典』を手にした。ヴィオレ＝ル＝デュクのゴシック合理論に対する深い感銘をレプラトニエに宛てたかれの手紙が示す（本書資料、二九〇〜二九一頁）。ジャンヌレの絵画の構成は、ヴィオレ＝ル＝デュクの語る形態と力学の合理を表現する。すなわち、ゴシックに対した、ポール・アブラアムとヴィオレ＝ル＝デュクの相違は、ル・コルビュジエの建築制作を論じるときの重要な出発点となる。

24　本書第一章、一六〜一九頁。

25　ル・コルビュジエがヴィオレ＝ル＝デュクの『フランス中世建築合理事典』から得た最も重要な思想はゴシックのフライング・バットレスを巡るその解釈であろう。ヴィオレ＝ル＝デュクによれば、ゴシックにおいて構造と力学は一体になっている。フライング・バツトレスがこれを象徴的に示すのである。

ヴィオレ＝ル＝デュクのゴシック合理論は、一方においてゴシックそのものに対する優れて実証的な力学的研究を導く。このような見地に立って、ゴシックを論じたのがポール・アブラアムである（前掲注23参照）。

しかしながら、上記のような実証的力学の展開ではないヴィオレ＝ル＝デュクのゴシック合理論のもう一つの展開をル・コルビュジエは近代建築史上になした。それは、形態と力学の理念的統一と呼べるものであり、まさに実証的力学を超えた建築制作のテロス的理念としてそれは存在したといえる。

ヴィオレ＝ル＝デュクのゴシック合理論のこの展開こそ、ル・コルビュジエが近代建築に継承した一九世紀ロマン主義の遺産である（本書付論1）。約言すれば、ヴィオレ＝ル＝デュクの合理論は、建築の制作における理念的真実を樹立したというべきであり、その正当な評価はまさにこの点に存在すると考えられる。

ヴィオレ＝ル＝デュクの合理論のこの理念性こそがル・コルビュジエのデミウルゴスを生んだといえる。ヴィオレ＝ル＝デュクのこの理念的合理性は、ル・コルビュジエにおいて近代建築の二元論を統一するイデアへとさらに発展したのである。

ル・コルビュジエが独自に発展させるヴィオレ＝ル＝デュクの合理論の新たな意義とヴィオレ＝ル＝デュクの思想について、筆者は本書第一〇章に述べている。特に、ヴィオレ＝ル＝デュクの比例とル・コルビュジエの比例についてである。

26　本書第八章、一七六～一七九頁

27　本書第一章、一九～二一頁

28　本書第八章、一七四～一七六頁

29　本書第一章、二一～二四頁

30　本書第七章、一六〇～一六二頁

31　「複素変換の統一」（「二重変換の統一」）という言葉の意味について説明しておく。複素変換の統一（二重変換の統一）は、

形態　①（変換）→　力学

←②（統一）　均衡（∴力学の統一）

形態の統一　←③（再変換）

がモデルになっている。簡単にいえば、一つの表現が二重に概念化され、この二重化された概念が一方から他方へ変換され、表現の意味をまったく変えながら、変換された新たな意味のもとに統一される。新たに統一された第二のそのモチーフは、しかしながら再び、元の意味に戻され、概念のこのような変換のプロセスをもって元の表現が再統一される。複素変換は、このような表現における概念の二重化とその変換を意味する。二重化されたこの概念の変換的統一を「複素変換の統一」（「二重変換の統一」）とここにいってみた。この言葉は、ル・コルビュジエが後期に見せる象徴主義に注目して、象徴主義の解釈に用いられた「複素関数的構造」に倣って筆者が用いたものである。

つぎに図式の矢印について説明してみたい。第一義的に示された概念がもう一つの概念に変換されるその仕方は、同一次元の同様な展開ではない。相（次元）をまったく異にするこの展開（①）は、いわば可視的なものから不可視的なもの（観

念的なもの）へあるいは外部的に捉えられるものから内部的に捉えられるものへと向かっている（例：形態→力学）。

　この矢印からさらに水平に付けられた第二の矢印（②）は、変換された概念の統一を意味する。それは、可視的なものから不可視的なもの（観念的なもの）へと向かった変換がふたたび可視的なものへと高められるような統一である。形態→力学→均衡（力学的認識のの視覚性）。第二の矢印は水平に移動している。

　第三の矢印（③）は、第二の矢印において示された統一を再度、変換する。第一の矢印の出発点にあった概念が元の意味に引き戻され、こうした変換のプロセスを経て第一の概念が再統一されることを示す。順序を追ってみると、形態→力学→均衡（力学的認識の視覚性）→形態の統一、このようになる。

　以上のことからいえば、この究極的な統一は、存在の内部へと迫る統一の仕方を築いているといえる。第三の矢印が示す変換は、出発点にあった第一の概念から見れば、内部的な意味へあるいは内部的な構造へと向かうような意味をもって帰されている。第三の矢印は、第一の概念に戻される意味では第二の矢印から見れば上向きになる。つまりその矢印は元の方向に向かう。

　このような図式に普遍化されるル・コルビュジエの統一論をここに「複素変換の統一」（「二重変換の統一」）と名付けてみた。

32　本書第五章、一二四～一二六頁
33　同前
34　本書第五章、一二四～一二六頁において、筆者は、「音響の造形」は身体の論理の具象化であったとし、ル・コルビュジエのこうした作品における「身体」の主題性を述べ、これを裏付ける重要な思想としてM・メルロ＝ポンティの身体論を挙げている。本論の根本的な構成に関わっているので、メルロ＝ポンティのその言葉を再度引用しておきたい。
　メルロ＝ポンティは、感覚を共存coexistenceとして定義し、音を見たり色を聴いたりすることは現象として存在しているという。メルロ＝ポンティによれば、この共感覚的知覚こそ、身体のもつ働きなのである。つまり、われわれはガラスの硬さともろさを見るのであり、それが透明な音とともに割れる時にはこの音も目に見えガラスによって担われるのである。われわれには、はがねの弾性や灼熱したはがねの可延性、鉋の刃の堅さ、鉋くずの柔かさが見えるのである。（M・メルロー・ポンティ、竹内芳郎・木田元・宮本忠雄訳『知覚の現象学2』みすず書房、一九八二年、一八・三九～四〇頁）
35　本書第五章、一二四～一二六頁。本書第六章、一四三～一四五頁
36　Pierre Francastel, *Peinture et Société*, Denöel/Gontier, Paris, 1977（邦訳：ピエール・フランカステル、大島清次訳『絵画と社会』

（美術名著選書5）岩崎美術社、一九六八年）
37 *Ibid.*, p.168（前掲注36邦訳書、一三一頁）
38 *Ibid.*, p.168-169（前掲注36邦訳書、一三一～一三三頁）
39 *Ibid.*,p.169（前掲注36邦訳書、一三三頁）
40 *Ibid.*
41 *Ibid.*, p.281（前掲注36邦訳書、一九三頁）
42 *Ibid.*, p.297（前掲注36邦訳書、二一二頁）
43 本書第三章、七一～七三頁。こうした近代的意義をもつ身体に対し、筆者は、古代ギリシアや中世ゴシックの彫刻から、そこに見る身体の意味を考察した。本書付論2参照。ル・コルビュジエの身体論として、本書第四章参照。
44 J.Ruskin, *The seven lamps of architecture*, George Allen, London, 1894（5th ed.）, p.13（邦訳：ジョン・ラスキン、高橋松川訳『建築の七燈』岩波書店、一九三三年、二八頁）
45 プラトン「法律」森進一・池田美恵・加来彰俊訳『プラトン全集13　ミノス　法律』岩波書店、一九七六年、五九九～六〇四頁
46 前掲注45『プラトン全集13』六〇九～六一四頁
47 本書付論1、三〇三頁

第一〇章　二元論の統一

ル・コルビュジエの思想と二元論

著作におけるル・コルビュジエの思想は、明確な二元論をもつ。かいつまんで言えば、技師と建築家、効用と美、構造と造形、理性と感情、技術と芸術といった二つの概念が対に捉えられ、これらが一つの統一を築く。ル・コルビュジエの建築思想の重要なテーマである。

ところで、こうした二元論は、いわゆる建築の根本問題として様々に考察されてきたことは、周知のとおりである。(1) ル・コルビュジエの二元論の統一は、いかなる方法において成立しているのか。また、そうした統一を可能にするものは何であるのか。かれの建築思想を考えるうえで深く検討されるべき一点がある。これを問うてみたい。

ル・コルビュジエとパルテノン

ル・コルビュジエが描く赤く燃えるかのようなパルテノンがある。神殿は東方への旅に描かれている。かれは「大地は焼けて乾き、風景は赤く統一され、そこに見る赤さは神殿にまでつたわっている」と書いている。(2) パルテノンをまのあたりにしたかれの新鮮な感動が読みとれる。

レプラトニエに宛た手紙（一九〇八年一一月）のなかで、かれは装飾芸術への疑いを書く。東方への旅は約三年後の

図版79　「東方への旅」のスケッチ　パルテノン遠景

一九一一年に行われる。パルテノンにたいしてル・コルビュジエは幾分かアンビヴァレンツな感情を抱く。既にゴシックの構造へと見開かれたかれの新たな精神になお抵抗するような古典精神のもつ美がそこにあった。

私の全存在が既に絶対的な熱狂をもって、他の時代の他の民族の、他の地方の作品に対していかにのめりこんでいたことか！　しかし、何故、他の多くの人々と同様パルテノンを動かしがたい巨匠として認めざるを得ないのか。石の均衡が立ちあらわれる時、その最高の権威の前に怒りさえ覚えながら、何故に屈服せざるを得ないのか。(3)

そのなかの一枚のスケッチは、広大な風景に君臨するパルテノンを描き留める（図版79）。かれは古典的規律への断ちがたい感情を残す。

規制図形の方法

ル・コルビュジエの規制図形tracé régulateurの方法は、視覚的に造形を律する。その方法は、古典的規律がもつような造形の視覚的峻厳さを作る。ル・コルビュジエによれば、この規制図形の方法は絵はがきに見たミケランジェロの作品から導かれる（図版80）。

それは図形の幾何学的な位置を決める規制線として働く。規制線は直角上に図形を決定する（図版81）。ル・コルビュジエは建築造形の幾何学的視覚性にこだわる。かれの一つの古典主義をここに見ることができる。

ル・コルビュジエは、この規制図形の方法を同じように絵画の構成に用いている。われわれはつぎのような規制図形を初期のピューリスム絵画「白いわん」（一九一九）に描いてみることができる（図版82）。このような規制図形が「白いわん」の絵画に見出される。この規制図形の方法は、既に明らかにされた、立方体の幾何学的理性[4]と「形態と力学」の合理性[5]という二つの構成的論理にさらに加わる「白いわん」のもう一つの構成論であることがここに明瞭にされる。「白いわん」は、じつに、立方体の幾何学、形態と力学の合理そして規制図形による純視覚的構成という三つの思想を一つにする絵画なのである。

しかしながら、われわれはつぎの一つの事実を指摘し得る。それは、立方体の幾何学と形態と力学の合理がまさに一つの空間を共有し、その空間における合理的統一すなわちヴィオレ＝ル＝デュクの合理論のその空間化を結論づけ

図版80　ル・コルビュジエがカンピドリオ広場正面に見出した規制図形

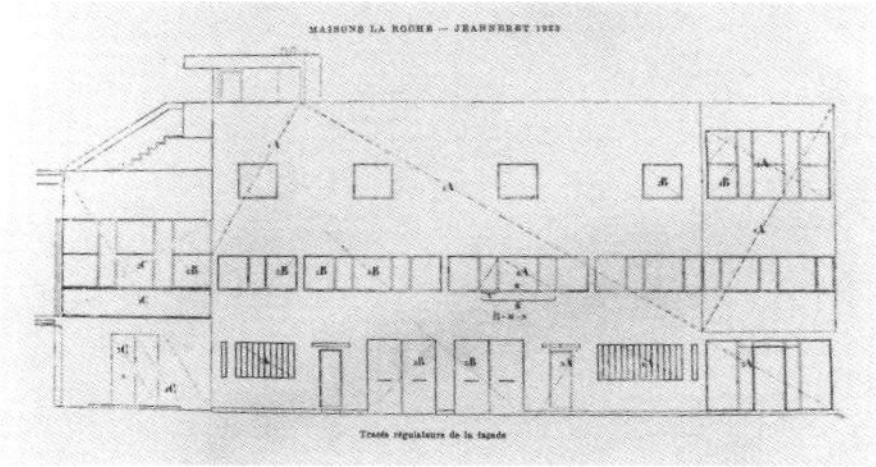

図版81　ル・コルビュジエによるラ・ロッシュ＝ジャンヌレ邸（1923）立面の規制図形

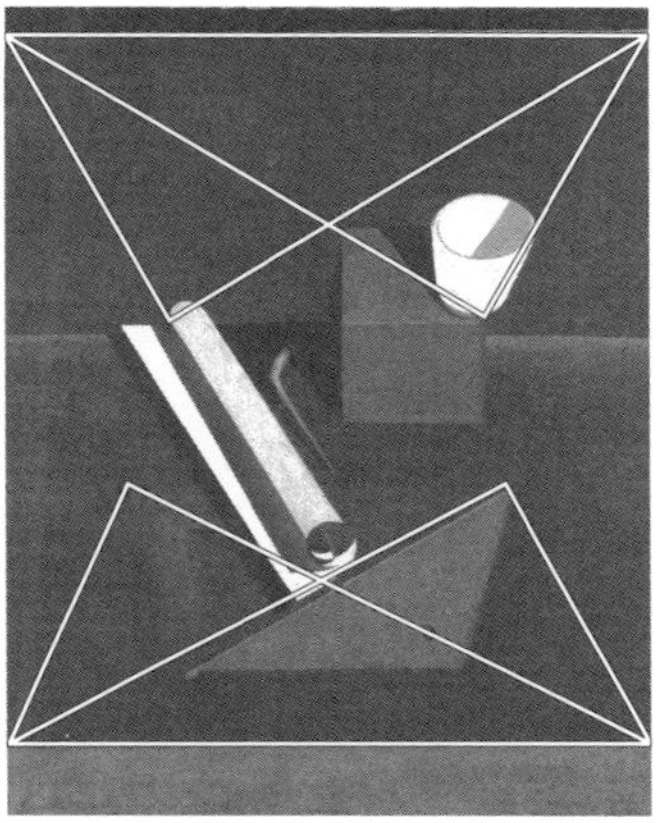

図版82　「白いわん」に見出される規制線

ることにたいして、この二つの構成思想にたいする規制図形の方法は、全く、その位相を異にする点である。

規制図形の方法は、つまるところ、絵画的形象の純視覚的配列にほかならず、絵画の内容に直接には関わることのない外的な視覚的統制である。したがって、こうした点を考えれば、「白いわん」において、二つの統一論が重層することがわかる。模式的にいえば、内容的表現である「形態と力学」の合理的統一といわばその外縁に成立する純視覚的統一である。二つの統一論の立脚点は異なる。表現としてのそれが形態の概念に関わるのにたいして、外縁のそれは直角的位置関係に規制される形象の純視覚性に関わるだけなのである。すなわち、内容的表現における形象の具体的な意味と力学的統一、そして外縁における形象の純視覚的構成である。二つの統一論の重層性は明らかである。

この重層性はル・コルュジエにおいていかに構造化されるのか。「白いわん」の絵画に即していえば、力学の統一を表現する形態がさらに純視覚的な形象として幾何学的に統制される分けであり、二つは、いわば、段違いに重なりあいながら、層間的に統一されている。

したがって、この意味から、形態は二重の制約を受ける。一つは、力学の合理を表現する形態のそれとして、もう一つは、純視覚的に捉えられる規制的形象のそれとしてである。二つの統一論は、比喩的にいえば、8の字型に結ぶ二つのリンクをかたちづくる。

模式的に描いてみると、つぎのようになる。

○(Ⅱ)：純視覚的統一

○(Ⅰ)：形態と力学の合理的統一

二つのリンクは、一つの接点において結ばれる。二つのリンクの接点をかたちづくる形は、力学に関わる形態と同時に純粋な視覚現象という二重の働きをもたなければならない。まさにこの二重の働きこそが二つのリンクを結ぶ。ル・コルビュジエの統一論は、じつはこのような構造をもつと考えられる。

ところで、ル・コルビュジエが規制図形の方法で捉えようとするものは、一言でいえば、美である。つぎの言葉はこれを明瞭にしている。

まず、技術的な事柄が存在する。が、建築の感動的要因は眼で見るものであり、これは比例による。そうした比例によって感覚を釣り合わせ、感覚を刺激する形象を創出することがまさに「建築」なのである。具体的にいえば、最初に建物全体の立方体が根本的な存在として強く作用する。技術的な条件としての室、戸口が付けられる。そうした空間的要素の間に比例関係が導入される。そこに規制線が介入するのである。これは創作であって、公式ではない。そこにおいて、構図のなかに潜在しそれを規制し決定する幾何学的法則を見いだすことが必要なのである。最後に、この構成全体のなかに完璧な調和が支配する。(6)

視覚における感動的要因、規制図形の方法はこれを捉える道具なのである。かれは、実用的な目的に関する技師にたいして、そうした観点からは捉えることができない、沈思黙考、美的精神あるいはこれを統制する秩序、こうしたことに関わるものとして「建築」を定義する。(7) ル・コルビュジエのこのような思想は「住宅は住むための機械である」という余りにも有名になりすぎた言葉のために見過ごされがちなのであるが、かれにとって、美は、依然として建築の本質的意味であり、これにたいするかれの強い意欲は明白なのである。

規制図形の方法は、単なる美の論理ではない。それは、技術的な条件と美的精神における二元論を一つにつなぐ作用をもつ。「白いわん」において明らかにされる統一の構造は、同時にまた、ル・コルビュジエの建築思想に深く関わっている。ル・コルビュジエはこうした二元論を語っている。

著作における二元論

①『建築へ』（一九二三）

――技術者は、経済の法則に活力を受け、計算に導かれて、われわれを宇宙の法則に一致させる。建築家は、形の秩序立てによって精神の純粋な創造である秩序を実現する。建築家は、形によってわれわれの感覚に強く働きかけて造形的感動を引き起こし、自らが創り出す関係によってわれわれのうちに深い反響を呼び起こして、われわれに世界の韻律との一致を感じさせる秩序の韻律を与える。それをわれわれは美と感ずる。(8)

②『今日の装飾芸術』（一九二五）

――今日の「装飾芸術」は装飾をもたない。「無償の情熱」と「効用的な必要」とをかく然と区別さえできれば事態はすべて明確となる。(9)

――「工学」は人類活動の巨大なる扇である。その一端が「純粋計算」と「機械的発明」との上に展開するとすれば、他端は自ら「建築」に向かう。(10)

③『エスプリ・ヌーヴォー』（一九二六）

――……建築は時代を経て、「純粋なシステム」を遺した。……装飾はこのシステム外にある。建築はこの装飾以前の全体である。このシステムには静力学上の問題に対する厳密な解が包有され、各々の建築には一つの「構造」方式が結びついている。このシステムはまた、全一的な造形現象をつくりだす諸現象の調和のとれた組み合わせの創造を含んでいる。静力学的問題の解決と造形現象の誕生は、精神が制作対象や思考方式に印していることの全体に通じる統一 unité（この統一がスタイルであるが）によって表現される一種の精神状態の存在による。(11)

④『住宅と宮殿』(一九二八)

――建物としての耐久性を保証し、その居住性を満たすことに専念する精神活動が、単なる実用本位を超えて、われわれに生気と歓喜をもたらす詩的な潜在的表現をめざすという、一連の創造過程に現出する否定すべくもない事象こそ、建築と呼ばれているものだからである(12)。

⑤『プレシジョン』(一九三〇)

――芸術は「理性―情熱」の方程式の産物であり、私にとっては人間の幸福の拠り所であるのです(13)。

――建築とは分析から総合へ至る一連の諸現象の連鎖であります。その事象とは、非常に明確で驚くべき相関関係を創造することにより、エスプリが崇高の極致に達しようとすると、深い生理的感動が生じること、解決された問題を読みとることにより精神的な真の歓喜が生じること、作品の諸要素と他の要素を結合させ、作品の全体を他の全体つまり環境、敷地に結合させる数学的な鋭い特質により、われわれに調和を知覚させること等なのであります。このようにして、役立つもの、有用であるもの以上のものになるのです。そこで一つの事象が浮かび上がるのです。それは創造ということです(14)。

――私はあらゆる場合に光に訴えました。具体的、そして精神的に。……それから私は叡知に訴えました。最小のもので最大のものを得る、これが経済の鍵であり、芸術作品の深奥なる根源であるのです(15)。

⑥『伽藍が白かったとき』(一九三七)

――この国フランスのこの現代において最も美しいもの、それは、そこでは理性と詩情が共存し、知恵と企画とが協同する建築に特有の発明と勇気と創造の力であるが、そのような美しいものを、憎しみやおそれや精神の貧しさや無気力のもつあらんかぎりの残忍さをもって、忌まわしくも執拗に破壊し打負かそうとする人々を、私は反省と後悔に導いてやりたい(16)。

⑦『四つの交通路』（一九三九）

――私はもちろんヴェニスのさまざまな建造物に払われている配慮に讃美を惜しむものではない。鉄道の終着駅に降り立って以来、私はヴェニスを見つめてきた。水面に降りる階段、そして私を迎えるゴンドラ。私がまず最初に瞠目したのはゴンドラの醸すロマンティシズムによってではなく、かくも純粋で合理的な創造物である道具としての完璧さによってである。

……生き物として見たゴンドラの形状は、これまで変更されたこともなく、永遠に同じであり、このことは、もし或る物が常に人間の要求に適い、その人間的尺度を常に尊重している場合には必ず見られる基本的な事柄として、原因と結果のつながりの実在を証拠だてるのである。

……ゴンドラの縦断軸が直線でないことを確認すれば、あなた方もゴンドラのとりこになろう。それは曲線である。つまり、ゴンドラは捩れている。それが捩れているのは、櫂が一本しかないので航送の目的地に真直ぐに到達するためには、斜めに進まなければならないからである！　あなた方は心昂ぶる美に直面しているのである、というのは、これらの疑いようのない諸動機は物理学と力学の現実そのものであり、その造型的意図が高度な芸術にのみ固有な特質によってあなた方を夢中にさせるからである。(17)

――機械の精確さは断じて美に敵対するものではない。(18)

⑧「建築講話」（一九四二）

――技術と心とは、建築の二つのてこであり、建設術はこれらに支えられているのだ。(19)

⑨「都市計画の考え方」（一九四七）

――技術的観点は決して精神的観点と相対立するものではない。一つは原料であり、他方はそれを加工する主人である。どちらも相手がなくては生きていくことができない。(20)

――一方の極には純粋の建築家がおり、他の端には純粋の技師がいる。そして二つの両極点は最も程度の高い思索において相会する。(21)

二元論を統一するル・コルビュジエの思想が浮かびあがる。

二元論の統一性とその意義

ル・コルビュジエにおける二元論の統一の究極的な意義は何であるのか。ル・コルビュジエの作品は、見方によって、しばしば、神秘的ともいえる、捉えどころのない言い表しがたい特質をもつともいわれる。(22) 例えば、サヴォア邸についていえば、ある者は、それを冷徹冷静な機械美の典型として、ある者は、これを情感的で詩的な作品として見るという。(23)

ここに述べられる二元論は、云ってみれば、ふたつの見方のあいだを揺れ動いて一つのものが二重映しに見えるような二元論である。そのように両立しがたいものが奇妙にも両立しているその特質が捉えられて、いわば一つの神秘性がル・コルビュジエの作品のなかに見られる訳である。こうしたことからいうと、ル・コルビュジエのなかに見られる二元論の統一は、究極においてある神秘に行き着く。(24)

このような見方にたいして、ル・コルビュジエにおける二重の統一作用がここに明白にされたのである。したがって、ル・コルビュジエの二元論の統一における真の問題は具体的にはつぎのような点に存在すると考えられる。

それは、位相の異なる二つの統一論の統一、第一層と第二層の重層的統一がいかにして成立するかである。つまり、静力学的問題あるいは技術的な条件として捉えられる、一言でいえば、形態と力学の合理として成立する第一層の統一論にたいして、第二層のそれは、そうした技術的なことがらに関わりあいながらも、なお、そこにおける造形は純粋な視覚的問題として捉えられるのであり、そうした技術的な条件と視覚的問題は考えてみれば、まったく次元の異なる問題である。

したがって、この二つの統一は、理論的な観点からいえば、極めて困難な問題を含んでいるといえる。が、こうした統一論を問うことにおいて、建築制作の深部を流れるル・コルビュジエの精神の意味がまさに明るみに出される。

建築家と技師の図式

二元論の統一の方法は、ル・コルビュジエのなかで次第に明瞭にされていく(25)。二元論にたいする統一の仕方を表すつぎのような図式をル・コルビュジエは作っている

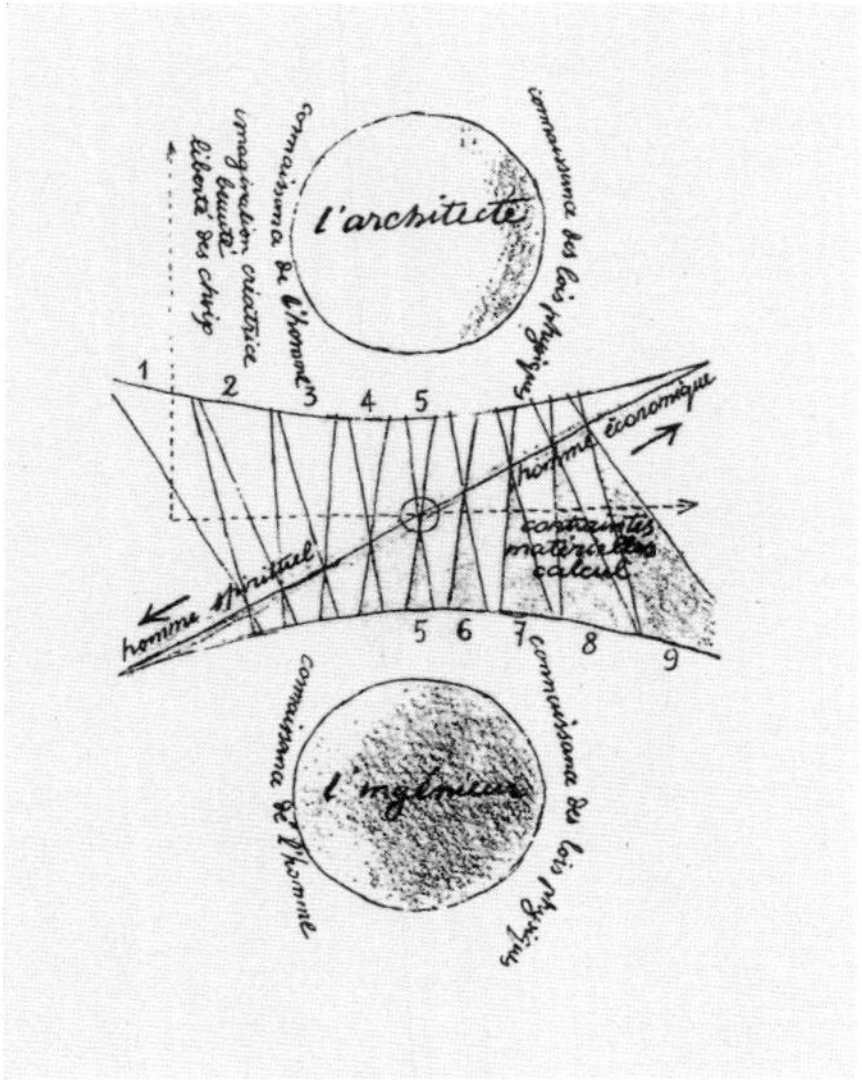

図版83　「建築家と技師の図式」

(図版83)。これは『三つの人間機構』(一九四二)のなかで示される図である。図式が表す意味を考えてみる。

まず、上下に二つの球が描かれている。上のそれは「建築家」、下のそれは「技師」を意味する。二つの球には陰影が付けられ、それらの関係はちょうど一つの球に当てられた光によってつくられる明暗を表現するようなものになっている。それぞれの球の左に「人間の理解」、右に「物理的法則の理解」と書かれる。この二つの球のあいだに、双曲線が描かれる。双曲線は点線で示された水平・垂直の座標的意味をもっており、それらは、右に向かって物質的な拘束、計算、上に向かって、創造的な想像力、美、選択の自由を表している。したがって、それは、右に行くほど物質的な拘束が大きくなり、上に行くほど精神的な自由が高くなる。

双曲線には、1, 2, 3, 4, 5, 5, 6, 7, 8, 9と上下にわたって数字が付けられている。双曲線の左下か

ら右上に向かって接線が引かれ、この直線上で交わる二つの直線によって双曲線を底辺にする三角状の図形が接線の両側に向きあって作られ、明暗でもって区別される。建築家と技師のどちらかの側に属するこれら一対の図形は、一方が小さくなるにつれて、他方が大きくなる関係になっている。

つまり、接線を介して建築家の側に三角形が大きくなる場合、創造的想像力や美がより多くなることを、これとは逆に、接線を介して技師の側に三角形が大きくなる場合、それは物質的拘束や計算といったことがより多くなることを示す。一対の三角形は、結局、一つの全体を構成する建築家と技師の役割の比率を表している。

一つの球に当たる光の意味は明瞭である。二つの球の明暗表現はまさに一つの球に当たった光がつくる表裏であり、光が多い分、他の側では光が少なくなる。光が当たったところは建築家の役割を、また影の部分は技師の役割を表現し、光と影、建築家と技師は一つの完全な球の全体をそこに作っている。建築家と技師の役割を分ける接線に付けられた左下方向と右上方向の矢印は、左下になるほど精神的な人間に、右上になるほど経済的な人間になることを示している。図式の意味を考えると、そのことがわかる。

建築家と技師の図式は、以上のようなことを基本的に表していると思われる。がさらに、この図式はちょうど建築家と技師の役割が同じになる〝5〟のところに〇印を付けている。それは図式のなかに示される特別な点である。この点は何を示すのか、考えてみたい。

図の中心のところに付けられる〇印は、図式の意味を考えてみると、創造的想像力と物質的拘束力がちょうど同じ割合になる点である。また、精神的な人間と経済的な人間とを表した指標線（接線）からいうと、それは、精神的な人間と経済的な人間とを分ける0点になっており、精神性と経済性がまさしく釣り合う一つの精神状態であるといえる。

ところで、この建築家と技師の図式を説明すると思われるル・コルビュジエの言葉を挙げることができる。

技術のすべての宝庫とすべての精神的価値、この両者が扇の骨のように互いに密着し、連続していて、その中心の要のところにはわれわれにとっての唯一の真の問題すなわち人間——肉体と精神をもった人間（理性的であると同時に感性的でもある）——がいるのである。ここにこそ、技術的と精神的の二つの観点の愚かな争いに終止符を打つ望ましい解決があるのである。(26)

ここにおいて、建築技師bâtisseurというものの使命が建築家の活動と技師の活動との中間に位置するものとして、完全な連帯と統一を保ちながらその十全の姿において現われる。つまり、一方の端には純粋の建築家がおり、他の端には純粋の技師がいる。そしてこの両極端は、最も程度の高い思索において相会する。(27)

ル・コルビュジエのこの言葉からすれば、その中心は、理性と感情をもった人間すなわち物理的法則の理解と人間の理解とがちょうどバランスする点であり、それは、最も程度の高い思索において相会する両極点の一致なのである。ル・コルビュジエは、理性と感情を統一してまさに一つにする人間をそこに示している。

これが、図式の表わす全貌であると考えられる。つまり、ル・コルビュジエの二元論の統一を可能にするものは、対立的価値を均衡する一つの精神なのである。ル・コルビュジエのこの図式から、いわゆる「建築家」と「技師」を和解するような第三の人物が導かれる。かれはいう。「建造するということは、人間の欲求に関する知識と材料の可能性に関する知識を和解させることである」(28)。かれは、こうした人間を「建築技師bâtisseur」と呼ぶ。

この二元論の均衡的解決において、つぎの点が重要であると思われる。それは、対立的価値すなわち建築家の使命（創造的想像力）と技師の役割（物質的拘束力）という二つの異なる価値が一つの座標空間に統一を見ることである。二元論が座標上に統一される。座標は、精神的な人間と経済的な人間という二つの概念を示す。そうした概念が座標化され、数的関数として捉えられるのである。二元論の意味を考えれば、建築家と技師が統一されるその仕方は、いわゆる力学的作用に見るような均衡ではない。それは、建築家すなわちル・コルビュジエの言葉でいう「建築技師」のなかで、いわば、反省的に捉えられる思考作用における統一論なのである。
建築技師が精神性と経済性という異なるふたつの価値を一つの座標に統一する。このことは、ル・コルビュジエの絵画が示す重層的構造に返っていえば、第一の統一論である形態と力学の合理と第二の純視覚的統制を一つにするものである。重層性が解消され、ここに全き統一が築かれる。「建築家と技師の図式」は、8の字型の統一の二重性を解くこの統一論を示している。
その二重の統一論を解いて一つにするものこそ、自ら建築家であり同時に技師である建築技師なのである。

ヴィオレ＝ル＝デュクとル・コルビュジエ

絵画が示す二重の統一論はどのように解かれているのであろうか。ル・コルビュジエは、つぎのようなことを語っている。

パルテノン神殿の様式がいかなるものであれ、問題は、根底に発する感情的な力であり、それは、有用性を超えてあたかも通り過ぎるものを襲う香料のようにたちこめる[29]（『建築十字軍』一九三二）。

この言葉は、ヴィオレ＝ル＝デュクが『フランス中世建築合理事典』に述べた「スティル」に重なる。ヴィオレ＝ル＝デュクは、スティルを様式の問題ではない建設の成就における手段と結果の全き調和として捉え[30]、この見方において、スティルは、探そうとしても探し得ない、いってみれば、かたちから発する一種の香気 **une sorte de émanation de** la formeでしかないと説明したのである。[31] そうしたスティル芳香説をル・コルビュジエはいわば述べている。われわれは、ル・コルビュジエのなかに生きるヴィオレ＝ル＝デュクの思想を見出す。

私は、建築の力（建築の潜勢力）は住宅の様々な構成要素の集合における秩序を決定する精神の内に積分されるものであり、建築は発現するものであって、着物を着るのではなく、布というよりはむしろ匂い、包みこむ面というよりむしろ集合の状態であろうと考えているのである[32]（『エスプリ・ヌーヴォー』一九二六）。

師に対する学恩をル・コルビュジエは必ずしも明瞭に語ってはいないのであるが、そのなかで、オーギュスト・ペレーに対してだけはこのことを述べている。そのことは、自身の建築思想に占めるオーギュスト・ペレーの大きさを明らかにしているように思われる。かれは書いている。

かれ（オーギュスト・ペレー）とは今まで多くの論争をしてきたけれども（始めたのはかれだ）、私はかれを深く尊敬しており、このことはかれにも、他の人たちにも語ってきたし、書きもしてきた。一九〇八年から一九〇九年にかけて、一四ヶ月の間、私はかれの所で〈丁稚奉公〉をして大きな収穫を得た。私は恩知らずではない[33]（「建築講話」一九四二）。

これは、かれが敬意をこめて自らの師を語ったほとんど唯一の例である。ところがかれに大きな影響を与えた人物として、さらに、青年期のラ・ショー＝ド＝フォンの師、レプラトニエ、ピューリスムにおけるオザンファンを挙げなければならない。が、かれはこの二人の師について、オーギュスト・ペレーに払ったほどの敬意を表明してはいない。

レプラトニエが教えた芸術は装飾である。レプラトニエの教育は、「今日の装飾芸術」という言葉からわかるように、かれの芸術にたいする素養を深くかたちづくるが、近代建築はレプラトニエが語るような装飾に立脚しないことに考え至って、ル・コルビュジエはレプラトニエの教育を装飾の断罪において否定せざるを得なかったのである。[34]

一方、オザンファンとのピューリスムは、自らの芸術を根底的に担う一つの絵画を拓く。が、ル・コルビュジエのピューリスム絵画は、オザンファンのそれとは異なる構成をもつ。これを端的に示すのが「機械」に対する見方である。オザンファンは芸術と道具（機械）とを厳しく区別するのであるが、ル・コルビュジエはその道具（機械）に一つの美を見る。ル・コルビュジエの絵画は、オザンファンの絵画がもたない力学の表現をもつ。[35]オザンファンのピューリスムを超えるル・コルビュジエの絵画のもう一つの意義があった。

こうしたことを考えてみれば、オーギュスト・ペレーがル・コルビュジエの建築思想に与えた影響の大きさが明白なものになってくる。ところが、オーギュスト・ペレーとル・コルビュジエの建築思想は、いま一つの違いをもつ。オーギュスト・ペレーの代表作の一つであるフランクリン街のアパートを見ると、その壁は葉形のレリーフを付けている。構造的フレームに重ねられる装飾をわれわれはオーギュスト・ペレーのこの作品に見出す。おそらく、こうした見方において、オーギュスト・ペレーは、ル・コルビュジエの「水平連続窓」や「レスプリ・ヌーヴォー館」を強く批判し[36]、特に後者について「これは馬鹿げている。それは一人前とは言えない。それには根拠がない。そこには建築がない[37]」と言ったと思われる。

こうしたオーギュスト・ペレーの批判にたいして、ル・コルビュジエはスティル芳香説を述べたのである。すなわち、かれは、ヴィオレ＝ル＝デュクのいう手段と結果の全き調和が放つ（スティルの）芳香を言う。こうした点に着目してみれば、オーギュスト・ペレーその人の建築思想が直接ル・コルビュジエのそれをかたちづくったとはいえない。とすれば、ヴィオレ＝ル＝デュクのゴシック理論を伝授した師。かれのオーギュスト・ペレーへの敬愛は、まさにその一点にあるのではあるまいか。

ヴィオレ＝ル＝デュクのいうところを要約してみる。ゴシックにおいて、ヴォールトの横圧力とフライング・バットレスの推力とのあいだに完全な均衡が築かれる。フライング・バットレスが見せるそのアーチのかたちこそ、この力学を表現するのであり、「建築」と「構造」はそこにおいて表裏一体する。「建築」は「構造」の手段が導くまさしく一つの結果であり、このような手段と結果のあいだの全き調和から自然の香りのようにスティルは生まれる。

ル・コルビュジエは、まさにこの観点に「装飾」を払拭したと思われる。ル・コルビュジエにおけるヴィオレ＝ル＝デュクの思想の重要な意味はこの点にあるといえる。つまり、オーギュスト・ペレーとル・コルビュジエを分かつ「装飾」の是非は、形態と力学の合理に加わる「装飾」の機能を認めたオーギュスト・ペレーのヴィオレ＝ル＝デュクの解釈にたいして、形態と力学との合理をもってその思想を解釈したル・コルビュジエの違いであると考えられる。

とすれば、ヴィオレ＝ル＝デュクの合理論が示す均衡による形態と力学の統一こそ、ル・コルビュジエが『フランス中世建築合理事典』に読みとった最大の成果になる。その思想はル・コルビュジエにおいてさらに発展させられる。「均衡」は、こうしたことから見れば、ル・コルビュジエの思想を成立させるキーストーンともいえる。対立的な価値を表わす二元論もまた「均衡」によっていわば和解され、統一される。ル・コルビュジエの建築家と技師の図式はこのことを語っている。二元論の統一の要を占める「均衡」はヴィオレ＝ル＝デュクの思想に行き着いている。

ル・コルビュジエにおいて、芸術が技術に、あるいは技術が芸術に解消されているのではない。そうではなく、かれは、芸術と技術あるいは感情と理性といった周知の二元論を固く守りながら、これに架構される一つの「均衡」を見ようとする。これを可能にする人をかれは「建築技師 bâtisseur」と呼んだのである。

われわれは、二元論、すなわち材料の強弱という技術的な物質的拘束力と視覚的な現象である創造的想像力というこの両極に媒介的に働いて両者の均衡的統一をはたすル・コルビュジエの創造的論理をここに見出す。

要点を整理してみる。

ル・コルビュジエの統一論は、重層的な構造をもつ。絵画に示される形態と力学の統一、そこに重ねられる純視覚的統制という二重の統一論は、それぞれ、物質、技術的解決と造形の視覚的構成として同様に建築作品を律する。ル・コルビュジエは、この二重の統一論を一つの統一に導く建築技師を明確にする。「建築家」と「技師」は、それぞれ異なる目的に資する二つの存在であったのであるから、建築家と技師を一つにする「建築技師」は、確かに、二重の統一論を解く新たな地位を築いている。

とすれば、建築技師は、いかにしてその二重の統一論を一つに統一し得るのか。すなわち、美的精神はル・コルビュジエにおいていかに技術的問題につながって一つにされるのか。これが残される根本的な問題である。建築家と技師の図式において示される統一の方法は、二元論が関数的に数量化される均衡的釣合を表しており、そこに見られる方法は、ヴィオレ＝ル＝デュクの形態と力学の均衡による合理的統一と軌を一にすると考えられるのであるが、ヴィオレ＝ル＝デュクの合理論とル・コルビュジエの二元論の統一論は、比例論において一つの違いを見せる。

ヴィオレ＝ル＝デュクの比例とル・コルビュジエの比例

ヴィオレ＝ル＝デュクによれば、「建築が真実であるためには、必要に基づく条件を正確、細心綿密に満足させることと材料をその材質と特性にしたがって用いることが重要であり、純粋に芸術の問題と考えられるシンメトリーや表面上の外観はこれらの支配的な原理に比べれば、第二義的なものでしかない[38]」。

ところが、ル・コルビュジエにとって、視覚的問題はヴィオレ＝ル＝デュクのそれに優る意義をもつ。とりわけ、かれの初期の建築にたいする考え方はこの点を明確にしている。それによれば、住宅は、道具的機能に加わる美的意味をもち、その美的精神に関して建築が存在したからである。ル・コルビュジエはいう。

何が建築の感動的要因でしょうか。それは眼が見るものです。眼は表面、形象、線をみます。したがって建築作品のなかに、情緒を決定する要因すなわちその情緒を構成し、生命を与え、各々の形象の間に知覚することのできる比例関係を導入し、感覚を釣り合わせ、感覚を刺激する形象を完全に創出することが問題となります。建築の創意はまさにそこにあります(39)（『エスプリ・ヌーヴォー』一九二六）。

建築に精神性を与えるル・コルビュジエの比例論は、独立した視覚的意味をもつのであるが、それは、また、建築の技術的問題と深く関わってこれを統制する。かれは述べる。「建物の経済性が最大値をその緊張感が最高値を見せるとき、それは宮殿となる(40)」（『住宅と宮殿』一九二八）。ル・コルビュジエは「規制図形」と呼ぶ直角図形に創造的意味を見出し、規制図形から導かれる純視覚性を問題とする。それは、同時に、建築の技術的問題を視覚的意味へと高め、これを統制する視覚の論理となる。

これにたいして、ヴィオレ＝ル＝デュクが語る比例proportionは、安定の法則に基づく(41)。つまり、ヴィオレ＝ル＝デュクの比例論は、建物の構造的安定感に関わるのであり、これは、独立した視覚的意味として存在するル・コルビュジエの比例論とは異なる。

ヴィオレ＝ル＝デュクは、比例の源泉となる三つの三角形を挙げている。正三角形、底面が正方形で、底面の一辺に平行で頂点を含む垂直断面が正三角形となる正四角錐において、底面の対角線を含む垂直面で作られる三

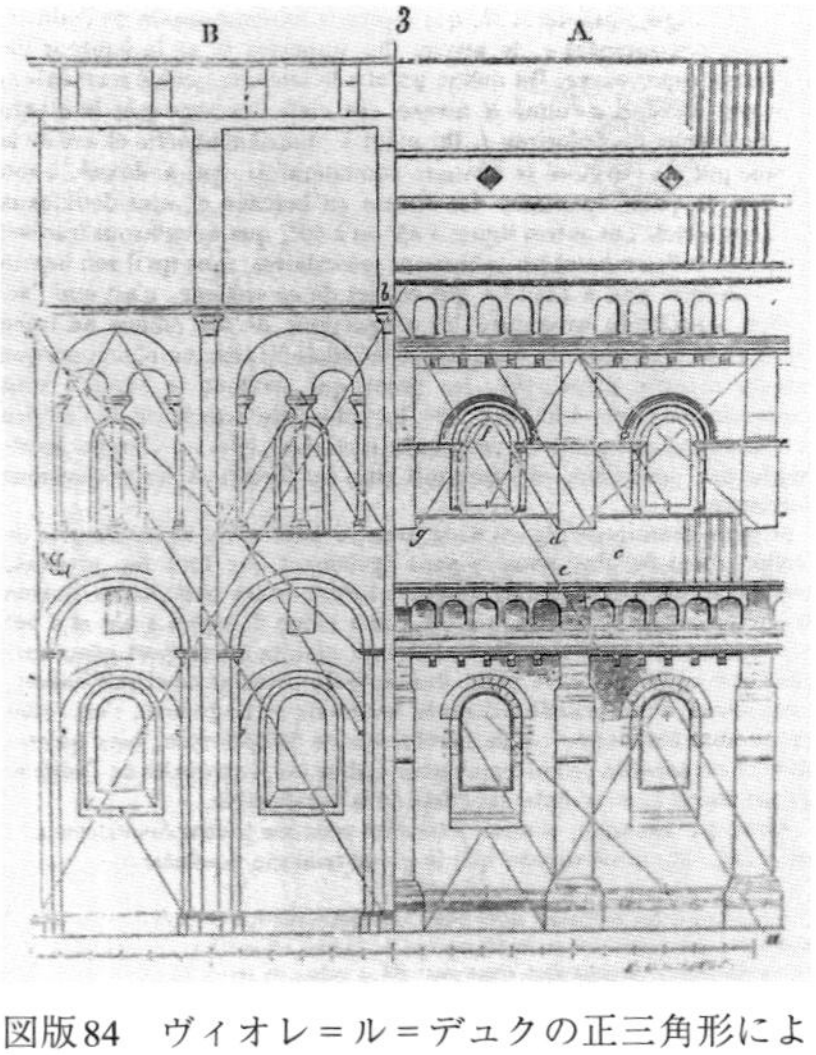

図版84　ヴィオレ＝ル＝デュクの正三角形によるゴシック解釈（ヴィオレ＝ル＝デュク『フランス中世建築合理事典』による。）

角形、そして高さと底辺の比が五：八になるエジプト三角形である。[42] ヴィオレ＝ル＝デュクは、ゴシックについて、その断面や立面が正三角形や上記の三角形に基づきながら構成されることを図解してみせる（図版84）。

両者の比例論の違いが明らかにされる。ヴィオレ＝ル＝デュクの比例論は、建物の安定感につながる視覚性を律し、ル・コルビュジエのそれは、純視覚的な感覚を律する。この両者の比例論の違いは、ル・コルビュジエの二元論に捉えられる精神の一つの意義を明確にする。ル・コルビュジエにおける美の問題はより自律したものになる。かれの比例論は美の自律性を明白にしている。すなわち、ヴィオレ＝ル＝デュクの合理論は、ル・コルビュジエにおいて、ゴシックに表裏する形態と力学の合理をさらに超えて、技術的要件と自律的な美の統一へと発展している。

ヴィオレ＝ル＝デュクの比例論は、建物の構造的な安定感につながる力学的意味を示す。ヴィオレ＝ル＝デュクは、いわば力学的概念によって視覚的形象をも律する。これにたいして、ル・コルビュジエの比例論には、ヴィオレ＝ル＝デュクが語るような力学の意味は無い。力学の根本的な意義を貫くヴィオレ＝ル＝デュクの比例論に対し、ル・コルビュジエのそれは力学の意味を離れる美的形象を産む。

二元論の統一的構造

ヴィオレ＝ル＝デュクが語る形態と力学の合一は、ル・コルビュジエにおいて新たに解釈されながら、普遍化され、二元論の統一を担う思想へと発展したと考えられる。そこにおいて、力学につながる形がいかにして美的意味を可能にするのか。これがヴィオレ＝ル＝デュクの合理論を超えるまさにル・コルビュジエ独自の意義である。

結論的にいえば、力学―形態―美というこのつながりを築く「形」の意義こそ、ル・コルビュジエの創造を可能にした精神の意味を語る。それがジャンヌレ（＝ル・コルビュジエ）の苦悶、内面に葛藤した装飾芸術の信奉と近代技術の賛嘆というジレンマをまさに解いたといえる。

力学―形態―美は、正確には、つぎのような構造をもっている。

形象―美
力学―形態

このような構造を可能にする形の根本の意味が探られなければならない。

ところで、ル・コルビュジエの美的意義は幾何学から生まれる。規制図形の方法がこれを明確に示している。規制図形の幾何学は美の原理である。そこに見る統制的幾何学が造形的視覚性を律する。

一方、ル・コルビュジエにおける形態と力学の統一は「立方体」のうえに成立している。[43]「立方体」は根源的な幾何学的理性そのものを現わしていると考えられる。ル・コルビュジエが継承するヴィオレ＝ル＝デュクの合理論は、まさにそこにおいて空間化されている。[44]ヴィオレ＝ル＝デュクの力学の合理論は「立方体」の論理によって新たに展開される。

力学を空間化するそのかたちは、いわゆるものの寸法ではない幾何学のかたちを産み出している。とすれば、そうしたかたちは、また視覚性を律する美的比例におけるもう一つの形にもつながってゆく。

つまり、ここに述べた

形象―美
≀
力学―形態

における二つの形（形態と形象）は、同様な幾何学的理性に捉えられる相同的な形にほかならないといえる。ル・コルビュジエにおける二重の統一論は、そこに見る根源的な幾何学的理性において達成されているとここに考えることができるのである。

力学と美は、根源的な幾何学の意味によって媒介的に統一されることがわかる。技術的な条件と視覚的な現象とが座標化される均衡的統一は、まさにこの幾何学の理性によって可能となる。ル・コルビュジエは、ヴィオレ＝ル＝デュクが「建築」は「構造」の手段が導くまさしく一つの結果であるというその「建築」と「構造」とのあいだにこのような根源的な幾何学を見て、これによってその二つを媒介し、新たな統一を築くのである。力学の形は、美的形式へと高められる。

ヴィオレ＝ル＝デュクの比例論とル・コルビュジエのそれとを隔てるものは、まさにこの幾何学的理性の存在であるといえる。二重の統一論を一つの統一論に完成するル・コルビュジエ固有の論理が明白にされる。

要約すれば、ヴィオレ＝ル＝デュク合理論の幾何学的展開こそが、ル・コルビュジエにおける二元論の統一を可能にするのである。空間的幾何学の理性は同時に美的理性へと高められる。力学における幾何学あるいは技術的形態と美的意味における比例は、同一の線上すなわちまさに根源的な幾何学の意味においてせめぎあう。そこにせめぎあう二つの論理、技師と建築家がまさしく均衡の頂極を示す一点、ル・コルビュジエにおける二元論の統一がそこに成立するのである。

二元論の統一の深部に流れるこの幾何学の意義こそ、ル・コルビュジエの建築を築いた一つの原理であるといえる。ル・コルビュジエにおける根源的な幾何学の意味が明るみに出される。

二元論の統一とル・モデュロール

ところで、このような8の字型の重層的統一を象徴的に示すものとして、ここにル・モデュロールを挙げることができる。ル・モデュロールは、身体の一つの形姿と黄金比数列に展開する寸法体系を表わしている。それは、一つの身体像と黄金比数列の宣言的表現である。

そこに見る影絵の身体像は、ピューリスム構成論と「海辺の身体」を統一するル・コルビュジエ独自の身体の表現であるといえる[45]。簡単にいえば、影絵の身体像は身体化された第一の統一論を示す。そのような統一論がまずある訳である。ところが、さらにル・モデュロールは比例をもって表わされる。すなわち、身体の寸法が黄金比に統一される。ここに、身体化された第一の統一論に対する第二の統一論が示されている。身体の寸法は、黄金比という幾何学の美的比例に結ばれる。黄金比という優れて視覚的な美的現象によって、ル・コルビュジエはル・モデュロールの身体を統一し、これを完成する。

寸法的空間と比例的空間を表わすル・モデュロールは、身体における力学と視覚における美という二重の統一論を幾何学の根源的な意味において見事に統一している。それは、まさにル・コルビュジエの建築思想の完成を意味する。

二元論の統一に見る中点

ル・コルビュジエは、ヴィオレ＝ル＝デュクの合理論を普遍化する。ル・コルビュジエにおいて普遍化されるヴィオレ＝ル＝デュクの合理論の思想的な意義について考えてみたい。

プラトンは、『ピレボス』のなかで、全き善は快楽そのものでもなく、思慮そのものでもないと述べている[46]。いわゆる「善」はそのような単一の形相では捉えられないのである[47]。プラトンは、美と尺度に合うことそして真実性という三つの見方でもって「善」を捉え、[48]そこにおける知性の優位を主張する。

　究極的な一者として善のイデアを語るプラトンにたいして、アリストテレスは、プラトンが云う善の条件、1.究極性　2.自足性　3.希求性を認めながら、善をそのようなイデアではない幸福に求める。[49]アリストテレスによれば、「人間というものの善」（すなわち幸福）は、人間の卓越性に即しての、またその卓越性が幾つかあるときは最も善き最も究極的な卓越性に即しての魂の活動である。[50]

　こうした卓越性に知性的卓越と倫理的卓越を挙げるアリストテレスはこのなかで知性的卓越に第一義的な卓越性を見て、人間の究極的な幸福はそうした知性《ヌース》の活動にあることを語り、もう一つの卓越性である倫理的卓越にたいしては、それは中庸であると述べる。

　すなわち、倫理的卓越性は情念と行為に関わり、これらにおいて過超と不足と「中」とが存在するとし、倫理的卓越性はそのなかの「中」にあると云う。[51]が、この「中」は単なる中ではない。アリストテレスの語る「中庸《メソーテス》」は、最善性や「よさ」の点からいう、凡庸を意味しないまさに「頂極《アクローテス》」にほかならない。[52]

　一例として、アリストテレスは、真に関しては「中」的なひとをある意味における真実なひと、その中庸を真実と呼び、見せかけは過大の方向におけるそれを虚飾、また過小の方向におけるそれを卑下であると語っている。[53]

　プラトンとアリストテレスの善にたいする究極的な思想の違いはさておき、このような複合的な意味における卓越性において倫理的な卓越性を捉えるアリストテレスの見方は、一方、プラトンが三つの条件、美、尺度、真実でもって善を捉える見方と同様な観点を分かちあっている。プラトンやアリストテレスのいうところに従って善を考えてみるとき、ル・コルビュジエの理性と感情にまたがる二元論の統一がまさにプラトン、アリストテレスの語る善の意味をもつことがわかる。

　「最小のもので最大のものを得る、これが経済の鍵であり、芸術作品の深奥なる根源である」というル・コルビュジエの言葉は、まさに美、尺度、真実をもつ善、すなわち「そこには取り除くべき何ものもなく、付加すべき何ものもない」過超と不足に優る中庸の卓越を語る。ル・コルビュジエの二元論の統一はアリストテレスのいう「頂極」の意味を築く[54]。

この端的な表現がル・コルビュジエの建築家と技師の図式（図版83）である。図式の中心に付けられた○印は、建築家と技師、人間の理解と物理的な法則、創造的想像力と物質的な拘束力というふたつの極がまさに釣合う一点を示す。それは、まさしくふたつの極が均衡する頂極である。均衡的意味をもつその頂極においてル・コルビュジエの二元論は統一される。

ル・コルビュジエはこうした「均衡」の根源的機能をヴィオレ＝ル＝デュクの『フランス中世建築合理事典』から学んだといえる。ヴィオレ＝ル＝デュクによれば、ゴシックのフライング・バットレスは形態と力学の均衡において成立するかたちであり、それは形態と力学が統一される造形の頂極を示す。この観点からいえば、ル・コルビュジエは、形態と力学の構造的統一においてゴシックを解釈したヴィオレ＝ル＝デュクの思想を自らが直面した二元論の統一に展開したといえる。それが意味する究極の価値をいえば、普遍的な善に他ならない。

ヴィオレ＝ル＝デュクによれば、ゴシックの合理性は、古代ギリシア・ローマの単なる写しにしか過ぎない模倣すなわち様式的な審美性にのみこだわる偽りの古典主義を質《ただ》す[55]。ヴィオレ＝ル＝デュクは、単なる審美的鑑賞ではないまさに形の創造的論理へと迫る。様式的な美が創造的な精神へと返される。ゴシック再発見は、この精神の転換をうたったのである。

ル・コルビュジエが語る二元論の統一は、この新たな西欧の精神のもとに築かれている。かれは、オーギュスト・ペレーを通して西欧一九世紀のこの遺産を継承したのである。われわれは、二元論の統一というル・コルビュジエの建築の方法が成立する一つの思想的根拠をそこに見定めることができる。

すなわち、ヴィオレ＝ル＝デュクの合理論は、ル・コルビュジエにおいて、さらに幾何学的な理性によって媒介され、身体の表現へと発展してゆく空間的な力学の展開と同時に二元論の統一を可能にする究極的な幾何学の論理へと導かれる。ヴィオレ＝ル＝デュクの合理論は、いわば空間化と論理化という二つの方向にさらに分節されてゆく。一方は、さらに身体へ、そしてもう一方は、美的理性へと向かう。

が、そのふたつは、最も根源的な幾何学の理念によって一つに統一される。理念的な幾何学が力学の合理と視覚の論理を一つにつなぐ。力学の表現と視覚的論理を通約する、デミウルゴスとしての幾何学がル・コルビュジエの制作において存在する。形を通約する、その根源的な幾何学は、ヴィオレ＝ル＝デュクの合理論の機能を過不足のないかたちの精髄へと深めたといえる。

注

1 森田慶一『建築論』東海大学出版会、一九八〇年、七一～一〇六頁
2 Le Corbusier, *Le Voyage d'Orient*, Forces Vives, 1966, p.154（邦訳：ル・コルビュジエ、石井勉他訳『東方への旅』鹿島出版会、二〇〇九年、二一〇～二一一頁）
3 *Ibid.*, p.158-159（前掲注2邦訳書、二一七～二一八頁）
4 本書第六章、一三六～一三九頁
5 本書第七章、一六〇～一六二頁
6 ル・コルビュジエ、山口知之訳『エスプリ・ヌーヴォー――近代建築名鑑――』鹿島出版会、二〇一四年、五七～六〇頁（要約）
7 Ch.E.Jeanneret Gris-A.Ozenfant, *Architecture d'Epoque Machinisteur les Ecoles Cubistes et Post-Cubistes*, Paris, 1926, Bottega d'Erasmo, Torino 1975, L.C.II, pp.336-337
8 Le Corbusier, *Vers Une Architecture*, Éditions Vincent, Fréal&Cie, Paris, 1966, p.3（邦訳：樋口清訳『建築へ〔新装普及版〕』中央公論美術出版、二〇一一年、三頁）
9 Le Corbusier, *L'Art Décoratif d'Aujourd'hui*, Les Éditions Arthaud, Paris, 1980, p.81（邦訳：ル・コルビュジエ、前川国男訳『今

日の装飾芸術』鹿島出版会、一九七六年、九九頁）

10 *Ibid.*, p.77（前掲注9邦訳書、九四頁）

11 前掲注6『エスプリ・ヌーヴォー』一四〜一五頁

12 Le Corbusier, *Une Maison–Un Palais*, Les Éditions G. Crès Et Cie, Paris, 1928, p.53（邦訳：ル・コルビュジエ、井田安弘訳『住宅と宮殿』鹿島出版会、二〇一三年、四九頁

13 ル・コルビュジエ、井田安弘・芝優子共訳『プレシジョン』（上）、鹿島出版会、二〇一五年、一一五頁

14 ル・コルビュジエ、井田安弘・芝優子共訳『プレシジョン』（下）、鹿島出版会、二〇一五年、五七〜五八頁

15 前掲注14『プレシジョン』（下）、一六一頁

16 ル・コルビュジエ、生田勉・樋口清訳『伽藍が白かったとき』岩波書店、一九七三年、三頁

17 Le Corbusier, *Sur les 4 Routes*, Gallimard, 1941, pp.175-177（邦訳：ル・コルビュジエ、井田安弘訳『四つの交通路』鹿島出版会、一九七八年、一六七〜一六八頁（抜粋））

18 *Ibid.*, p.181: il n'y a aucune raison pour que la rectitude de la machine soit antagoniste de la beauté.（前掲注17邦訳書、一七三頁）

19 Le Corbusier, *Entretien*, Les Éditions des Minuit, 1957, Le Désarroi（邦訳：ル・コルビュジエ、吉阪隆正編訳『アテネ憲章』鹿島出版会、一九七六年、一三八頁）

20 Le Corbusier, *Manière de Penser l'Urbanisme*, Édition Gonthier Imprimerie Floch à Mayenne, 1982, p.16（邦訳書：ル・コルビュジエ、坂倉準三訳『輝く都市』鹿島出版会、二〇〇七年、二七頁）

21 *Ibid.*, p.123（前掲注20邦訳書、一八七頁）

22 *The Open Hand, Essays on Le Corbusier*, Russell Walden (ed.), The MIT Press Cambridge, Massachusetts, and London, England, 1977: Paul Turner, "The Intellectual Formation of Le Corbusier", p.15

23 *Ibid.*

24 *Ibid.*, pp.15-38

　ポール・ターナーはル・コルビュジエの二元論について次のようなことを述べている。ル・コルビュジエの建築思考は、作品や思想の多様なレベルにおいて表現される一対の対立や二分法に基づく二元論的あるいは弁証法的と呼び得るような特徴的な方法によって構造化される。物理的なレベルでは、かれの作品を通して見られる幾何学的と形式不定の形、理論的なレベルでは、かれが著作に一対の対立概念、つまり物質と精神、能動的な力と受動的な力、理性と感情といったこと

において絶えず書く世界である。かれの作品や思想におけるこの二元論的パターンは、さらにかれの個人的な資質の現れであり、対立する力の間の闘争概念ですべてのものを見ようとする傾向を示している。

かれは、ル・コルビュジエにおける二元論の究極的な源泉について明言していないのであるが、これについて、ル・コルビュジエが育った宗教的な環境を示唆する。かれの家族は、強いカルヴィン教徒に属しており、それは、多くの教会よりもさらに強く精神と罪の間における闘いを強調する伝統をもつのである。これに加えて、ポール・ターナーは、ル・コルビュジエ自らによって支持されたという精神を善とし、物質を悪に等しいとするマニ教の過激な二元論を汲む一二世紀ないし一三世紀の南フランスのアルビゲンシアン・カサリスト Albigensian Catharist の伝統を指摘する。

こうした一般的な二元論とは別に、ポール・ターナーは、ル・コルビュジエの思想を明白に構成するものとしてロマン主義あるいは理想主義とこれに対する合理主義を挙げる。ル・コルビュジエの建築における緊張と力の多くは、ターナーによれば、このふたつの概念の間の動的な関係から引き出されている。このふたつの概念をル・コルビュジエはレプラトニエとオーギュスト・ペレーから学び、一九一五年頃「ドム＝イノ」システムにおいてそのようなふたつの概念の総合がなしとげられたとターナーは述べている。この「ドム＝イノ」システムについて、ターナーは綿密な検討を加え、鉄筋コンクリートの構造理論においては裏付けがたいコンクリート・スラブの造形処理を明らかにする。

つまり、「ドム＝イノ」システムを構成するコンクリート・スラブは、滑らかに仕上げられた厚い一枚の板になっている。これは、鉄筋コンクリートの構造理論から見ると、具合の悪い処理である。このような構造の無理をしてまで、ジャンヌレ（＝ル・コルビュジエ）は、スラブの平滑性を求めている訳である。ターナーは、こうした見方から、機能的な合理性においては説明できない「ドム＝イノ」システムの一つの形式を明らかにする。

つまり、「ドム＝イノ」システムは表面上は少なくとも構造システム、新しい材料、大量生産、プレファブリケーションといった合理性に関わる事柄を扱っているのであるが、それは、造形構成の点から見れば、そうした合理性においては捉えがたいもう一つの性質、形態の極度な単純性をもつ。そのような極度な形態の単純性は、機能的な合理性を凌ぐ美学的決断から導かれるのである。

ル・コルビュジエがラ・ショー＝ド＝フォン時代の青年期に読んだものとして、ポール・ターナーはアンリ・プロバンサルというフランスの建築家が著した『明日の芸術』を挙げる。この本はほとんど知られていないのであるが、これはル・コルビュジエが初めて読んだ美学理論の書であり、その思想はかれに深い影響を与えたとポール・ターナーは述べる。

ポール・ターナーによれば、こうした造形は、地上的なものよりはむしろ理想的なもの、特殊なものよりはむしろ一般的なものであるところの純粋な形態を創造し、理想から計画するという、プロバンサルが本のなかで勧めている、まさしく計画の方法である。この意味において、「ドム＝イノ」システムは合理主義を退けており、それは、プロバンサルのロマン主義的理想主義の再認である。しかし、「ドム＝イノ」システムは、なお、奇妙な仕方でこの二つの方法の総合を表現しているように思えるという。

25 ル・コルビュジエの一九四〇年代の著作である『四つの交通路』や『三つの人間機構』のなかに以下のような図式が書かれている。

26 Le Corbusier, *Manière de Penser l'Urbanisme*, cit., p.21（前掲注20邦訳書、三四頁）

27 *Ibid.*, p.123（前掲注20邦訳書、一八七頁）

28 *Ibid.*, p.175（前掲注20邦訳書、二三二〜二三三頁）

29 ル・コルビュジエ、井田安弘訳『建築十字軍』東海大学文化選書、一九七八年、一一〇頁

30 Viollet-le-Duc, *Dictionnaire Raisonné de l'Architecture Française du Xie au Xvie Siècle IV*, F.de Nobel , Paris, 1967, p.482

31 *Ibid.*, p.493

32 前掲注6『エスプリ・ヌーヴォー』一七六頁

33 Le Corbusier, *Entretien*, cit.: un atelier de recherches（前掲注19邦訳書、一三八頁）

34 レプラトニエに宛てた一九〇八年一一月二二日、二五日の日付をもつ手紙は、これに触れたジャンヌレの心境を語る。本書資料、二九〇頁参照

35 本文第一章、二四頁

36 前掲注6『エスプリ・ヌーヴォー』一一三〜一一五頁

37 前掲注6『エスプリ・ヌーヴォー』一七九頁

38 Viollet-le-Duc, *Entretiens sur l'Architecture*, Pierre Mardaga éditeur, Bruxelles, 1978, p.451（邦訳：ヴィオレ＝ル＝デュク、飯田喜四郎訳『建築講話』中央公論美術出版、一九八六年、三二三〜三二四頁）

39 Ch. E. Jeanneret Gris-A.Ozenfant, *op. cit.*, p.345. 前掲注7『エスプリ・ヌーヴォー』五七〜五八頁

40 前掲注12『住宅と宮殿』四七〜四八頁

41 Viollet-le-Duc, *Dictionnaire Raisonné de l'Architecture*, cit., VII, p.534

42 Viollet-le-Duc, *Entretiens sur l'Architecture*, cit., pp.385-448（前掲注38邦訳書、二七六〜三二一頁「第九講」）

43 本書第六章、一三八〜一三九頁
44 本書第七章、一六〇〜一六二頁
45 本書第三章、七一〜七二頁
46 田中美知太郎訳「ピレボス」六一『プラトン全集4　パルメニデス　ピレボス』岩波書店、一九七五年、三一八頁
47 前掲注46「ピレボス」六五、三二九頁
48 同前
49 アリストテレス、高田三郎訳『ニコマコス倫理学』(上)、岩波書店、一九八九年、二九〜三五頁
50 前掲注49『ニコマコス倫理学』(上)、三三頁
51『ニコマコス倫理学』(上)、七〇〜七一頁
52『ニコマコス倫理学』(上)、七二頁
53『ニコマコス倫理学』(上)、七六頁
54 しかし、ル・コルビュジエの思想における善の究極的な意味を言うならば、それは、プラトン的な意義をもつと考えられる。二元論の統一というこのテーマがかれの芸術制作を貫き、これに対するかれの「飽くなき追求 recherche patiente」が存在するからである。
55 Viollet-le-Duc, *Entretiens sur l'Architecture*, cit., p.454（前掲注38邦訳書、三二六頁）

第一一章　ル・コルビュジエの世界

ル・コルビュジエの建築世界における人間像

ル・コルビュジエの建築思想の成立において、特に重要な意味をもつのは、オーギュスト・ペレーに学んだ近代建築の方法、旅行記の克明な記録、晩年に彫刻へと発展する絵画である(1)。

筆者はここに残された問題、ル・コルビュジエの空間構成の思想的意義、プランニングにおける原理的な意味を明らかにすべく、「東方への旅(2)」に記された空間体験を取り上げる。

旅におけるこの体験は深くかれの精神の問題と関わっている。旅は、深い孤独感を漂わせる優れて実存的な自身の姿を浮き彫りにする。自身の実存をもって試金石とする旅の体験がそこにある。ル・コルビュジエのこの体験を主題化してみると、そうした実存における精神の意味と後にプランニングの方法に結びついてゆく空間構成の原理が浮かび上がる。

そこに表出されるル・コルビュジエの実存と究極的理念へと向かうル・コルビュジエ(3)の絵画を通して定義される人間像は歴史的かつ普遍的な意義をもつと思われる。もとより、こうした人間像をかれが明白にしているわけではない。それは筆者が考えてみた一つのことがらである。が、「東方への旅」にみる実存が絵画の論理に捉えられて成立する「人間像」はいわゆる「建築」と「人間」とのもっとも高い意味における統一を近代に帰結しているといえる。なぜなら、実存にたいする人間像の空間論的定義という、建築が人間にたいしてもつ根本的な意義を見出すことができるからである。

こうしたことを敷衍してみれば、ル・コルビュジエの建築世界における人間像の主題化は単に建築学のみならず、いわば社会史的な観点[4]にわたり、ひろく文明批評的な視点から考えてみなければならない重要なテーマであることがわかる。

このテーマを中心に見ながら、筆者は、旅の深い孤独感に見られる実存がさらにチャンディガールの「開かれた手」の広場において理念的に高められることを以下に示している。具体的にいえば、実存におけるかれの魂を救済する「僧院の静寂」があったこと、またそうした魂の悲壮な孤独感は「装飾芸術」の挫折に発することが述べられる。

ここにおいて、「光」の経験が改めて取り上げられ、「内部」として存在するかれの一つの空間が新たに指摘されている。その空間論こそがかれの空間構成、つまりプランニングの原理的な意味であると考えられる。実存が理念的意味をもつ絵画に捉えられる。ル・コルビュジエがチャンディガールにつくる広場において、まさにその実存が絵画の理念に高められるのである。実存と理念にまたがるこの人間像の成立において、身体の根源的といえる一つの力学が明白にされ、個化した実存的身体の意味は、再度理念的調和の連帯を築こうとする。

東方への旅におけるある気分

東方への旅から、ラ・ショー＝ド＝フォンの仲間に宛てたジャンヌレ（＝ル・コルビュジエ）の手紙を読むと[5]、〈西欧化〉にたいする〈未開性〉は、〈装飾性〉にたいする〈躍動的フォルム〉あるいは〈描写的な色彩〉にたいする〈喚起的な色彩〉として存在し、〈西欧化〉は皮相なものであり、いわゆる未開民族の生命の躍動感がこれにとって代わっている。

しかしながら、〈西欧化〉と〈未開性〉の対照表のなかにはめ込むことのできないもう一つのいわば〈第三の〉存在ともいうべき〈自身の内面〉をかれは書き留めている。おそらくかれ自身対象化しえなかった〈自身の内面〉、これは端的にいえば、ル・コルビュジエのある〈気分〉である。主旋律の背後に奏でられる低音の旋律にも似た「東方への旅」におけるかれの「気分」にまず注目してみたい(6)。

深夜のダニューブ河を下る船のうえで、ある旋律がかれに蘇る。その旋律が、ル・コルビュジエの深い旅情を誘う。『ファウストの劫罰』と題されるベルリオーズのオーケストラ・シンフォニーは、ゲーテの『ファウスト』に霊感を得ている。その物語は世界遍歴をなす魂のドラマである。自らを二重写しにするシンフォニーの緩慢で陰鬱な威厳(7)、そこに存在するジャンヌレの感情の一端を単なるノスタルジーと見てはならない。

その陰鬱さのなかに巣くう深い孤独感、「東方への旅」において噴出するがごとく、それは旅の情景とともに描かれている。こうした感情を留めたかれの言葉を『東方への旅(8)』に拾ってみる。

この中庭、一つの部屋、夏の部屋のようなそれを想像したまえ。というのも家々はすべて等間隔に囲い壁で支えられ、窓はアーケードの後ろで唯一つの正面に面しているのだ。それぞれの家はこのように自分の中庭をもち、その親密さは、カルトジオ会エマ修道院の神父の庭園のように非の打ちどころがない。あそこでは、君も憶えているだろう、憂鬱さで一杯になるのを感じたものだ。ここは、美、よろこび、晴朗さで満ち、半円の大きなポーチは赤か緑のエナメルの扉で囲まれて、広々とした戸外に通じている(9)（「友への手紙」）。

夏の部屋の中庭がもつような「美とよろこび、晴朗さ」にたいするエマの修道院の一角の「憂鬱さ」がここに語られる。対照的な二つの感情が明瞭になる。旅に見る静寂の世界とかれの寂寥感は東方地中海の一情景と一つになって現われる。「静寂の世界」はしだいに当初の負の意味を転じてゆく。

われわれは、この穏やかな山の上で何時間も留まって、暗くなってゆくタバンに明かりが点るのを待った。夕食後の団欒の静かな小さな灯だった。すばらしい静けさだった。突然、緩やかでえも言われない痛ましい朗吟歌が立ちのぼった。それは、サキソフォンかイングリシュ・ホルンであった。私は、トリスタンの死に臨んで羊飼が吹いた笛の音の古い歌を聞いたときよりも、さらに深い感動に包まれて聞き入った。まどろんだ自然に壮大で不思議な音の響きが流れた(10)（「ダニューブ河」）。

アトス

旅にかれが自ら問いつづけた一つの総括といえるものをわれわれは「アトス(11)」に見ることができるのではないだろうか。それまでの心理描写を交えた個人的な旅の印象から、「アトス」の冒頭で、折衷主義的なもの、前近代的なものへの批判が展開される。「不気味な折衷主義から、われわれは老人の寛容さになれ、現在の時間を軽視してしまう。年寄りじみたがらくたの山が何とわれわれの知的活動を多大に占領していることか(12)」。

かれは近代の戯画を書く。「しかしながら——私はしばしばひどい恥ずかしさと自己侮蔑を憶える——、飛行士たちは鳥のように飛び回ろうと散々骨を折り、無分別な商船、たかだか一世紀の技師の仕事から生まれたにすぎないこの新しい世界は、時間をかせごうと大洋を横切って海に消える。穴の空いた山は、もはや障害物ではないなどということに(13)」。

かれは、この混乱を音楽にたとえ、つぎのように語る。「バッハとヘンデルでまったく動きがとれなくなったコンサートの最後のところでフランクの『オルガンのための終曲』が現れる。叫び、喘ぎ、喧噪の頂点、巨大な行軍、倒される障害物、炸裂する閃光、英雄たちが叫ぶ怒号と号令、全ての存在が征服され、生まれ変わり、立ち上がる。われわれは誇りを掲げる権利があるのだ(14)」。

折衷主義と近代の戯画がバッハの多声様式にたいするヘンデルの和声的単純明快さになぞらえられる。コンサートの最後に「フランクの『オルガンのための終曲』が現れ」、二つの世界がかき消される。つまり、それらの世界は無に帰する。新たな精神の生みの苦しみをかれは書いている。

音楽に比喩されるこの一大ドラマのあと、かれは〈僧院の静寂〉をいう。「ああ、解脱の誓いによって、あまりに死に捧げ尽くしたこのアトス。疼く詩のかくも深き刻印。そこに行くことは、自称の祈りの緩慢な麻酔にうとうとするためではなく、まさに拳に力を込め、トラピスト修道士の大いなる使命――時代がかる微笑のうちに自ら死に至るほど、ほとんど超人的な全き自己の闘い、その静寂――に着くため(15)」。

トラピスト修道士に託された僧院の静寂は「緩慢な麻酔にうとうとする祈り」ではない。それは、ほとんど人間を超える全き自己における闘い、死に至るほどの静寂を意味した。東方への旅における僧院の静寂とそこに繋がれる内面の葛藤をわれわれは読みとる。

アトスの静寂は、うちひしがれた魂を受容する。「最もディオニソス的な太陽が昇り、最も深く哀調を帯びた夜の降りる時節のこの地は、救いようのない者、貧しい者、なすすべを知らぬ者にだけ、あるいはトラピスト修道士の高貴な魂、また人間の正義を逃れ罪を犯した者、仕事から逃れた怠惰な者、そして夢見る者、忘我の者、孤独な者にのみ捧げられている(16)」。

アポロンの太陽は隠れ、ディオニソスの太陽が昇る。悲歌の満つるがごとく夜の訪れ、そこにたどり着いた魂の休息がここにあろう。

東方への旅における静寂は、二重の意味をもつといえる。一つは、旅の風景としての静けさ、もう一つは、かれの孤独感がかもしだすそれである。「東方への旅」における「静けさ」は、一過性の旅の感傷をはるかに超えて、近代建築史の最も深い層に存在するかれの精神の意味と関わっている。

レプラトニエへの手紙（一九〇八年）

こうした孤独感のかもしだす気分のよってきたるところ、それは旅のノスタルジックな感傷ではない。この約二年半前、シャルル・レプラトニエに宛てた一九〇八年一一月二二日、二五日付の手紙がある。この手紙は「東方への旅」以前のかれの心境を綴った貴重な資料であり、旅に見え隠れする一種独特な気分を解明する一つの手掛かりになる。

近代建築の創造は、かれにとって単純な技術論を凌ぐ深い精神的問題として存在した。「ウィーンは私の建築の単なる造形的思考（単なる形だけの研究）を決定的に打ち砕いたので、パリに着いて私は自分のなかに茫漠たる空虚を感じ、自分に言ったのです。…〈かわいそうに！　おまえはまだ何も知らないのだ。そして何たること、おまえは自分が知らないことをさえ知らない。〉それは私のはかりしれない苦悩でした。誰にこのことを尋ねればいいのか」[17]。

装飾芸術への崇高な想いが砕かれ、かれのなかに虚無感が生まれる。その苦悩は、この事実を前にした自分の無知を徹底的に問うことから始まる。装飾芸術の憧憬に代わる新たな師、手紙はペレーの力学の導きを書いている。が同時に、かれはより創造的精神そのものに関わる自我の意味について述べる。無知を真に埋めるべく一歩をかれは自らの内面に向かって発する。

　無に帰する〈連帯の幻想〉、これが私が幾日前から見ていることなのです。……かれらは芸術とは何であるか知りません…それは強烈な自我の愛です。人はこれを黙想と孤独のなかに求めます。……人が自ら自我とたたかい、人が自ら苦行を課し、人が自ら鞭打つのはその孤独においてなのです[18]。

芸術はなによりも自我に関わる問題であり、人はこれを自ら黙想と孤独のなかに求めなければならない。芸術を求めるべく孤独の真の意味はこの自我とのたたかいである。手紙に書かれたジャンヌレの精神の意味をわれわれは見落としてはならない。〈連帯の幻想〉にとって代わったものが明白にされる。創造的精神を真に担うもの、それは自我に関わる。かれの孤独感はそこに立脚している。レプラトニエに宛てた手紙はこのことを明白にしている。

この前後のかれの生活を辿ってみると[19]、この一時のパリの生活[20]から翌一九〇九年の秋、かれはラ・ショー＝ド＝フォンに帰って、新たに連合アトリエ Ateliers d'Art Réunis を創る[21]。翌一九一〇年のドイツ旅行で、かれは圧倒的な工業の生産力を目の当たりにする[22]。

かれは、後年この時期を振りかえって述べている。「パリ、ウィーン、ベルリン、ミュンヘンなどの各地は、それぞれその特色とする流行を私に教えたけれども、もちろん私はこれらの流行のいずれにも得心することができなかった[23]」。

これらのことが一九〇八年の手紙から一九一一年五月の「東方への旅」に至る主な出来事である。かれの最も深い関心は造形的技術にはなかったことがわかる。それは、最も深いところに存在する創造的魂をゆさぶりはしなかった。かれにとって、鉄筋コンクリートによる当時の「創造」さえ、気紛れで頼りないもののように見えた[24]。「東方への旅」こそ、未だ満たされぬこの魂の遍歴、それが辿る道程であった。約すれば、その手紙と旅に至る心境はひとつづきのものであったといえる。

旅の意義は、まさにこの線上に捉えられなければならない。こうした観点に立つとき、東方地中海を巡る遍歴はまさにかれの魂の問題として現われる。「東方への旅」に見るかれの一つの「気分」は己れの実存をうたいあげるものに他ならない。ル・コルビュジエの真の創造はそこから始まる。

未完の『東方への旅』

『東方への旅』は、シャルル＝エドゥアール・ジャンヌレの名で一九一一年一〇月一〇日ナポリにおいて書き終えられている。(25) ところが、旅程からいえば、旅は実際にはナポリのあとさらにローマ、ポンペイ、ローマ、フィレンツェと続いている。(26) ナポリ以降の記録がなぜ『東方への旅』に書き記されなかったのか。(27) 当初の原稿が散逸したのか、あるいはかれの突然の死がその完成を許さなかったのか。それともまた別の理由があったのか。

この旅の記録の出版に至る経緯を辿れば、「東方への旅」における日記の一部が当時の日付で『ラ・ショー＝ド＝フォン通信』に掲載されている。(28) 原稿は再構成され、補完され、一九一四年出版されるはずであったが、同年の第一次世界大戦の勃発で中止される。これを復刻する一九六五年、かれは他界する。『東方への旅』は、未完の書ではなかったか。

こうした点を踏まえれば、改めて「東方への旅」の再検討が必要になろう。ナポリのあと立ち寄るフィレンツェ郊外、ガルッツオのエマの僧院に関するかれの記録(29)や洞窟の光の描写(30)は、『東方への旅』のなかで主題化されずに終わっている。が、これらは、ル・コルビュジエの建築において重要な意義をもつ。かれがいう「建築は光線のなかにおける巨大なフォルムの芸術である」(31) その見方とはまったく様相を異にするル・コルビュジエにおけるもう一つの光の意味、内部にさし込む光がそこに描写されている。

ル・コルビュジエの壁

一九二〇年代の最後期を飾る初期の古典的作品サヴォア邸は、見事なプロポーションをもつ「横長の窓」を示す。が一方、「横長の窓」を内側から見ると、それは壁をくりぬいた窓であり、その意味は反転する。それは四周を遮る壁体となる。「横長の窓」は、「横長の壁」となって現われる。「横長の窓」は一九二〇年代から一九三〇年代に入ると、「全面ガラスの壁面」へと移行する(32)。スイス館がこれをよく示している。しかしながらスイス館の屋上庭園の四周は、強固な壁で囲われているのである。

かれは初期につぎのようにいう。「住宅は沈思黙考の場である(33)」。あるいは「人間には自らを消耗する〈仕事の時間〉があり、自らをひき上げて、心の琴線に耳を傾ける〈瞑想の時間〉とがある(34)」。

これらの言葉には、いわゆる近代建築の理論においては説明しがたい一つの空間論が現わされている。一方は、いわば光の疎んじられる世界であり、他方は光の溢れる世界である。つまり、前者は内面的な世界に、後者は外的な世界に関わっている。

かれは『小さな家』において「風景」を語る：「ここに見られる囲い壁の存在理由は、北から東にかけてさらに部分的に南から西にかけて視界を閉ざすためである。四方八方に蔓延する景色というものは圧倒的で焦点を欠き、長い間にはかえって退屈なものになってしまう。このような状況ではもはや〝私たち〟は風景を〝眺める〟ことができないのではなかろうか。景色を望むには、むしろそれを限定しなければならない。……北側の壁とそして東側と南側の壁とが〝囲われた庭〟を形成すること、これがここでの方針である(35)」。

ここに語られる「風景」は動かぬ視点をもっている。かれが多くを語った「動く視点」にたいするこの「動かぬ視点」は風景を切り取る。視点と風景は、一つの壁によって隔てられ、そしてつながれる。風景は一点から見られ、眺められる(36)。壁がもつ意味は、風景の観照の空間的構造化である。この動かぬ視点théôria《テオリア》(37)の存在は、かれにおいて即興的なものではない。

かれは、住宅は、沈思黙考、美に関わると述べている。初期に明言されるこの思想は、明らかに動かぬ視点をもっている。その後の展開のなかで、沈思黙考の場をうたう住宅論は、動く視点が強調されるあまり、ル・コルビュジエにおいて影をひそめた感がある。しかしながら、このテーマはル・コルビュジエが後期に手がけた「礼拝堂」や「修道院」において再度主題化され、深く追求されている。「礼拝堂」や「修道院」は、なによりも沈思黙考、瞑想の場である。つまり、後期のこうした宗教建築を問うことにおいて、動く視点にたいするル・コルビュジエの動かぬ視点の意義が明瞭になる。

内部の閃光

ロンシャン礼拝堂の内部にひろがった四角錐形の開口部と最上部天井のスリットを通して光が閃光する。この閃光は、内部の瞑想性からいえば、矛盾するような意味をもってはいないだろうか。沈思黙考の場はもっと柔らかな光であってしかるべきである。

ル・コルビュジエの宗教建築のもう一つの例ラ・トゥーレット修道院の「聖堂」を見てみると、同じように最上部天井のところにスリットが付けられている。また、下部の明かり取りから、光は流れ込むように射している。閃光と円暈をかたちづくるこうした光は内部の陰鬱さを放輸するような光である。内部の極限にこれを打ち破る光がある。

沈思黙考と閃光というル・コルビュジエの建築世界に存在するこの光の意味を探るとき、われわれは「東方への旅」における「光」の体験に還る。

深く哀調を帯びた夜の訪れはそのままかれの深い孤独感を象徴する。内部に奥行のひろがった深い窓から、明け方、陽光が際限のない空間に次第にひろがってゆく。(38) 薄明の光は、この孤独感を救う意味をもつことは明白であろう。深く哀調を帯びた夜の訪れがかれの深い孤独感と一つであるとするなら、薄明に射す光はその孤独感を救済する。

ディオニソスの太陽が沈む深淵、薄明に満つる陽光、石灰の白い部屋、色彩のファンファーレ、地中海の闇とル・コルビュジエの魂。これを図式化すればつぎのように表わせる。

光の意味	魂	光に対応する空間の意味
闇	孤独	存在の奥底
薄明	救済	漏斗状に内部に広がった窓
陽光	身体の生	石灰の白い部屋

闇は孤独な魂の直喩である。内部に奥行のひろがった深い窓から漏れる光は、そうした魂の救済を意味する。とすると、ロンシャン礼拝堂壁面の凹型四角錐形の窓から漏れる回折光の円暈、同じようにラ・トゥーレット修道院の天井最上部スリットの閃光またトップライトから降り注ぐ光、それらは、まさにル・コルビュジエにおけるこの光の意味を空間的に構造化しているといえる。

「東方への旅」においてスケッチされた内部の光[39]と二つの宗教的建築の光は同様な意味をもつ。ディオニソスの太陽が沈み、深く哀調を帯びた夜、その暗黒に射す薄明、洞窟の光のスケッチはこの光の意味を示唆してくる。ル・コルビュジエにおける光の意味は、まさに壁を穿った光として存在している。約していえば、そうした光が最大限に強調されると、それは採光された床（全面ガラスの壁面）となり[40]、逆にその光が強く抑制されると、閃光となる。前者は生の歓喜であり、後者は魂の救済である。

こうしたことを考え合わせてみるとき、風景を切りとる壁―内部にひろがった凹型四角錐形の窓―トップライトから降り注ぐ光（光の通路）―スリットは、ル・コルビュジエの空間における内部の存在をまさに語ってくる。この内部の空間的意義について、かれは多くを述べていない。しかしながら、これこそがじつはル・コルビュジエの空間構成に生命を与えているのである。

ル・コルビュジエの建築制作において、その近代性すなわち身体の意味と同時にこの空間構成の問題が示されなければならない。ル・コルビュジエの空間構成の原理を解明するものは、一つの「精神」の存在なのである。

エマの僧院

かれはフィレンツェ郊外ガルッツォのエマの僧院（図版85）を訪れたとき、初めての印象をつぎのように書いている。

並外れた調和の感情で私は満たされた。人間の本当の願望がかなえられていることが私はわかる。静寂、孤独。のみならず、人間の用（日々の接触）。さらには捉えがたいものの感情的な表明[41]。

この僧院の意義が次第に明瞭になっていく。「……エマのカルトジオ修道院でのこの最初の調和の印象における、深く根本的（本質的）な事実（出来事）は、後にしか私に明らかにならなかった。人間の洞察力（明敏さ）に委ねられた解決すべき方程式の存在、事例。つまり〈二項式〉「個人─集団[42]」。

かれは「個人─集団」という建築の根本問題に解を与えるエマの僧院を明白にしている。回廊に繋がれた僧房、食堂、教会に見る個人─集団、この関係のなかに人間の孤独と連帯を見るなら、その〈二項式〉はラ・ショー＝ド＝フォンへと遡る。無に帰する〈連帯の幻想〉、レプラトニエに宛てた手紙にかれはこう書いている。エマの僧院にかれが見たものは、まさにこの二項的分離を再統一する新たな空間論であったともいえる。『東方への旅』についに書き記されなかった内部の光の意味、さらにまたエマの僧院の空間論は、かれの魂の問題において主題化される。エマの僧院にみる個と集団の空間論をさらに詳しく見てみたい。

トスカナの真ん中で、丘を飾るエマの修道院は狭間模様を見せている。その模様は頑丈な城の巨大な壁に切り立つそれぞれの修道士の僧房によって形づくられている（図版86）。狭間模様のあいだには、深い庭があり、完全にすべての外部の視覚を避け、同様にまた外部のすべての視覚を閉ざしている。狭間模様は、トスカナの地平線に開かれている。風景の無限、それ自身との差し向かい。後には僧房それ自体があり、回廊によって他の僧房や食堂、中心の教会に繋がっている(43)。

一九〇七年のこの記録からエマの僧院の空間構成が明瞭になる。要約していえば、狭間模様のあいだの深い庭は、まったく外部から遮断された場所であり、僧房と一体になったこの庭は、まさに唯一人の視覚に帰される空間として存在している。そこに見られる深い孤独感は、他方、狭間模様を通して、トスカナの無限の風景へと誘われる。この空間的な単位が回廊によってさらに他の諸室と結ばれている。

図版85　エマの僧院、回廊

図版86　ル・コルビュジエが宿泊した僧房

回廊で繋がれる僧房と共同施設とのこの背中合わせの関係は、要するに僧房の空間的単位の独立性と同時にそれに伴う共同施設との見事な結合を可能にしている。そこにおける回廊の意味が、ル・コルビュジエにおいて独自の展開をなしていく。僧房の空間的分節と独立は同時にこれに至る道（回廊）の独立をも意味する。

かれは、後年「エマの僧院」を引き合いに出しながら、住戸単位を繋ぐ水平の動線を「廊下」といわずに「街路」と呼ぶ(44)。かれは、

「街路」という言葉によって、扉が開く住戸とは完全に独立した機能が明瞭になるからだとこの理由を説明している[45]。「動線の独立」という、ル・コルビュジエの空間構成の方法の際立った意義が明らかになる。ル・コルビュジエの「街路」は、端的にいえば、空間的単位を繋ぐ「紐」として存在しよう。空間的単位の独立と同様にそれを結ぶ動線の独立、このふたつはル・コルビュジエの空間構成の根本的基軸となる。これらによる空間の組織化がまさにかれの空間構成の方法となっていく。

僧院の静寂と身体の意味

「東方への旅」に導かれるかれの孤独な精神、〈無に帰する連帯の幻想〉は、まさに己れの身体の意味に遡源してゆく。それは原初的自然に躍動する身体の生命となる。が、この生命の満つる躍動感は、深く孤独な魂を通して、初めて見い出し得た思想であった[46]。

僧房における孤独なかれの魂、外界を遮断する静寂と庭園、無限のかなたへと拡がる眺望、かれの魂はそこに安らいでいる。ジャンヌレ（＝ル・コルビュジエ）の魂に関わる空間の表現、『エマの僧院』の一角に現われるこの存在のしかたはまさに一人間像の空間的定義といえるものを示唆している。この人間像の空間的描写こそ、後に展開する空間構成の根本的原理なのである。魂の孤独と救済は、ついには近代における身体の意味へと収斂し[47]、さらにまた個の構成はまさに空間的秩序の問題として捉えられてゆく。

動線と空間的単位の独立というかれの後の空間構成法は、思想的にいえば、まさにこの人間像と結びあっている。空間と動線の分節的独立という、まさに近代の一つの空間論のあらたな意義が生み出される。われわれは空間構成の原点に存在したル・コルビュジエのこの魂の経験を指摘しうる。

チャンディガールの「開かれた手」の広場

こうしたル・コルビュジエの空間構成の方法は、さらに後期において都市に普遍化され、住区単位の確立と重複しない交通網の組織化となって[48]、チャンディガールに実現している。このチャンディガールの首府の一角にかれは一つのモニュメントを造る。「開かれた手」のモニュメントをもつその広場の意義について改めて考えてみたい。

ル・コルビュジエによれば、「開かれた手」はパリにおいて自然に、より正確にいえば、人間をしばしば引き離し敵同志にしてしまう、調和の欠如による不安からやって来る、内面の葛藤や懸念にたいするものとして、生まれている[49]。広場では、人々は立ったまま、あるいは座って集まり、語りあい、聞くのであり、そこでは、広場の上の空と『開かれた手』だけが見える[50]。「開かれた手」はこのように説明されている。「手」のモニュメントは、広場に集まる人々の精神的拠り所として存在する。

図版87　「開かれた手」（1948年11月5日）

「開かれた手」の習作の一つが残される（図版87）。五本の指は、五人の人となって、まさに立ち、座し、横臥する人の姿として描かれている。かれの説明に返れば、それは日々の現実の事実を考える人々の集まりである[51]。ル・コルビュジエによる社会的調和がそこに表明されている。

ところで、「思慮の谷[52]」と「開かれた手」のモュメントから成るこの広場は、ル・コルビュジエの空間構成の原理からいえば、特異な存在である。

個の空間的単位化と動線の独立という空間構成の根本的原理が一挙にその広場において厚い壁を取り払い、個の連帯における社会的調和を見せている。そこにおける五本の指の五人の人への変換とその変換における社会的調和のなかに、われわれはル・コルビュジエの象徴主義的変換の方法、[53]複素変換[54]における高次の統一論を見出すことができる。個々の物象と統一という絵画のモチーフ[55]は、この広場において身体群とその会集が生み出す調和へとまさに高められている。ル・コルビュジエの空間構成の方法が絵画の論理において統一される。すなわち、実存における構成の方法が統一的理念へと高められるのである。

ところで、オブジェ群とその統一というル・コルビュジエの制作の中心的テーマは二律背反を示した。この二律背反的主題を方法的に解決したものこそ、絵画に表現される力学の意味であった。この力学の意味を欠いてル・コルビュジエの絵画は成立しなかった。

空間の力学的統一において空間が近傍化され[56]、実存において空間が個化される。「開かれた手」は、もはや物象に連関する手ではない、個化された空間を開放し、個の社会的連帯における新たな調和の象徴である。ル・コルビュジエの空間構成の原点に存在する近代の孤独な魂は、ふたたび、連帯へと繋がれている。

が、この個としての我と連帯におけるそれは根本的な二律背反をなしている。それはいかに解決されているのであろうか。この二律背反を解き得るものは、ル・コルビュジエにおける力学の意味をおいてほかにない。広場における力学の出来は、そこに集合する人間像そのもののなかに求められる。社会的調和の連帯は己れが身体の意志的な力においてなし得る思想の表明である。会集はこの力の意味をもってかたちづくられる。[57]

ル・コルビュジエにおける実存は絵画におけるこの力学の意味において理念化される。実存を理念へと高める、思想としての力学の存在は、まさにル・コルビュジエの創造の根幹を担っている。

ル・コルビュジエにおける実存と理念

ル・コルビュジエの建築思想には制作における理念と実存的な空間の原理が存在している。制作における理念と同時にこの実存的生命を問わずしてル・コルビュジエの真の理解はあり得ない。ル・コルビュジエの建築世界における人間像は、実存的な空間の意味と制作におけるテロス的統一を問うことによってはじめて捉えられる。

装飾芸術から明日の芸術への道のり、「東方への旅」に見る魂の遍歴は、修道院の静寂へと導かれる。実存的なこの経験が、かれの空間構成の根本的な原理となる。スケッチされた内部の光は、かれの実存における一生命を表現する。この実存的生命が究極的な絵画の論理に理念化される。ル・コルビュジエの建築制作はまさにテロス的意味をもったといえる。

このテロス的理念は、個々のオブジェの統一という絵画のモチーフに遡る。オブジェ群とその統一という初期の二律背反的主題は力学の方法において追究されている。統一のモチーフは、後期において象徴主義的表現を見せて、二重変換の統一という独自の構成論を結実させるのであるが、オブジェ群における個体性と全体的統一という、絵画の出発点に存在したテーマとこれを可能にする力学の意味は、なおル・コルビュジエの芸術の根底的枠組みであったといえる。ル・コルビュジエの芸術における統一は、力学的観念をもって貫かれたのである。

こうしたモチーフをモニュメント「開かれた手」に読み取るとき、ル・コルビュジエにおける実存は連帯へと向かう。身体の意志的な力の意味において理念的な連帯の調和が生まれる。ラ・ショー＝ド＝フォンに見る連帯の幻想は、まさにこの新たな人間像において近代に蘇っている。僧房から広場への展開、それはじつに実存から理念的連帯へと向かうこの人間像を描き出している。その見方に立っていえば、「開かれた手」の広場は、ル・コルビュジエの実存における到達点、その頂きを表わしている。

実存を理念へと高めるル・コルビュジエの建築制作の根本的意義とその空間的論理において明らかにされる一人間像がそこに結ばれている。

注

1　第一章から前章にわたるとおりである。

2　「東方への旅」についての主たる資料は、Le Corbusier（Ch.-E.Jeanneret）, *Voyage d'Orient: Carnets*, Electa Rizzoli, New York, 1988（邦訳：富永讓解説、中村貴志・松政貞治訳『ル・コルビュジエの手帖　東方への旅』同朋社出版、一九八九年）. Le Corbusier, *Le Voyage d'Orient*, Forces Vives, 1966（邦訳：ル・コルビュジエ、石井勉他訳『東方への旅』鹿島出版会、二〇〇九年）及びその他の著作で言及されたものに拠る。

3　かれがこの名を初めて用いたのは、一九二〇年である。したがってそれ以前の呼称については正しくは本名のシャルル＝エドゥアール・ジャンヌレ＝グリになるが、幾分か紛らわしさもあるので、特に必要がない限り、「ル・コルビュジエ」を用いたことをここに断っておく。

4　社会史について、示唆的な次の文献を挙げておきたい。阿部謹也『社会史とは何か』筑摩書房、一九九三年：このなかで、著者は「社会史研究の対象が私たち自身であるというとき、それは個としての自分であると同時にその自分のなかにあって、個としての自分のあり方を規定している歴史そのものを含んでいる。」（九八頁）と述べている。このことをル・コルビュジエについていえば、個としてのかれとそのあり方を規定している歴史そのものが対象とならなければならない。

5　Le Corbusier, *Le Voyage d'Orient, cit.*, pp.13-15（前掲注２邦訳書、一九〜二一頁）. *Le Corbusier, Peintre Avant le Purisme*（Catalogue）, Musée des beaux-arts, La Chaux-de-Fonds 13juin - 4 octobre 1987, p.12（〈Feuille d'Avis de la Chaux-de-Fonds〉, 25 juillet 1911）

6　Le Corbusier, *Le Voyage d'Orient*, cit., pp.18-19（前掲注２邦訳書、二四〜二六頁「友への手紙」）

7　*Ibid.*, p. 18（前掲注２邦訳書、二五頁「友への手紙」）

8　*Ibid.*

9　*Ibid.*, p. 21（前掲注２邦訳書、二四〜二九頁）

10　*Ibid.*, p. 36（前掲注２邦訳書、四九頁）

11　アトスを紹介する近著として、以下の紀行文がある。松永伍一『光の誘惑　わが聖地行』紀伊国屋書店、一九九四年、五〜一五一頁：これによれば、アトスはギリシアにおける総面積三三六平方キロメートルの「修道院国家」（「宗教的自治区」）であり、存立の根幹に「静寂主義《イシヒアスモース》」を掲げ、これを伝統とする。聖句集『フィロカリア』がある。

12　Le Corbusier, *Le Voyage d'Orient*, cit, p.124（前掲注2邦訳書、一八〇頁）

13　*Ibid.*

14　*Ibid.*

15　*Ibid.*, pp.124-125（前掲注2邦訳書、一八二頁）

16　*Ibid.*, p.130（前掲注2邦訳書、一九〇頁）

17　一九〇八年一一月二二日、二五日付のレプラトニエ宛の手紙文。本書資料、二八九頁

18　同前、二九四頁

19　S・V・モース、住野天平訳『ル・コルビュジエの生涯』彰国社、一九八一年

20　ル・コルビュジエがレプラトニエに宛て手紙を書いた一九〇八年のサン＝ミッシェル河岸のパリ生活。

21　Le Corbusier et Pierre Jeanneret, *Œuvre Complète 1910-1929*, Les Éditions d'architecture, 1965, P.22

21　このときの作品が〈ラ・ショー＝ド＝フォンの連合アトリエ計画〉（一九一〇）であり、作風は明瞭な幾何学的構成を示してはいるが、後に完成する造形の五原則には至っていない。しかしながら、その計画案は装飾的構成に対していうならば、立体の幾何学的構成ともいい得る新しい局面を見せており、一九〇八年の手紙に書かれたかれの心境を作品のうちにうかがわせている。

22　かれは、「東方への旅」に出る一九一一年、ベーレンスのアトリエで働いている。ベーレンスは一九〇七年『A. E. Gタービン工場』（ベルリン）を完成する。その作品は工業生産の世界に端正な美を打ち立てている。

23　Le Corbusier, *L'Art Décoratif d'Aujourd'hui*, Arthaud, Paris, 1980, pp.210（邦訳：ル・コルビュジエ、前川国男訳『今日の装飾芸術』鹿島出版会、一九七六年、二三五頁「告白」）

24　*Ibid.*

25　Le Corbusier, *Le Voyage d'Orient*, op. cit., p.171（前掲注2邦訳書、二四七頁「西方の地にて」）

26　*Ibid.*, p.8（前掲注2邦訳書、一二頁）. Le Corbusier, *L'Art Décoratif d'Aujourd'hui*, cit., p.216（前掲注23邦訳書、一二頁）に旅程が地図上にプロットされている。

27 Le Corbusier, *Voyage d'Orient: Carnets*, cit., 4-6にこの旅程のスケッチがある。

28 *Le Corbusier, Peintre Avant le Purisme*, Musée des beaux-arts, La Chaux-de-Fonds 13 juin - 4 octobre 1987 catalogue p.12

29 『東方への旅』に掲載されなかった「エマの僧院」に関する記録は、ル・コルビュジエ、井田安弘・芝優子共訳『プレシジョン』（上）、鹿島出版会、二〇一五年、一四六～一四七頁：「この研究の発端は一九〇七年にフィレンツェ近郊の〈シャルトルーズ会エマ修道院〉を訪ねることから始まりました。……」；Le Corbusier, *Le Modulor*, Fondation Le Corbusier, 1983, pp.27-28（邦訳：吉阪隆正訳『モデュロールⅠ』鹿島出版会、二〇〇六年、一九頁）：「いわく都市計画の基本単位で（人口三〇〇万人の現代都市、一九二二年）、細胞単位の決定（住居の内容）、交通の網目（系統）などで、実はすでに一五年前（一九〇七年）にトスカナのシャルトルーズ・デマにおいて感じた基本的・建築的な組織化の現象のそれ（個人の自由と共同の組織）から導いたものである。」

　かれのこの僧院についての印象と一九一一年のスケッチは *Le Corbusier, une encyclopédie*, Centre Georges Pompidou, 1987, p.123（邦訳：加藤邦男監訳『ル・コルビュジェ事典』中央公論美術出版、二〇〇七年、一四一～一四二頁）に転載されている。

　僧院のスケッチは他に *Voyage d'Orient Carnets*, cit., 6, pp.7-17

30 この内部の光のスケッチは、Le Corbusier, *Voyage d'Orient Carnets*, cit., 5に見られる。このなかには、後にロンシャン礼拝堂の三基の塔に発展するセラピス神殿の光のスケッチがある。

31 Le Corbusier, *L'Art Décoratif d'Aujourd'hui*, cit., p.211（前掲注23邦訳書、二三五頁「告白」）

32 本書第三章、六七～七一頁

33 Ch.E.Jeanneret Gris-A.Ozenfant, *Architecture d'Epoque Machiniste sur les Ecoles Cubistes et Post-Cubistes*, , L.C.III, Paris, 1926, Bottega d'Erasmo Torino, 1975, p.336

34 Le Corbusier, *L'Art Décoratif d'Aujourd'hui*, cit., p. 87（前掲注23邦訳書、一〇五～一〇六頁）

35 ル・コルビュジエ、森田一敏訳『小さな家』集文社、一九八八年、二二～二四頁。François Vaudou, *La Petite Maison de le Corbusier*, Carré d'Art Édition Genève, 1991, p.16

36 こうした特徴的な風景のための窓は、『カップ・マルタンの別荘』においても作られている。Bruno Chiambretto, *Le Corbusier à Cap-Martin*, Éditions Parenthèses, 1987. 自邸別荘に見るこの意匠は、より直接的にかれの精神性を反映していると考えられる。

37 theōria（ギリシア語）：「見る」

38 Le Corbusier, *Voyage d'Orient*, cit., pp.133-134 :「この思い出に石灰でまったく白くなった私の部屋のことを付け加えておく。私は、そのなかの大きな長い腰掛けのうえで色彩のファンファーレのようなボスニアかワラキア地方の最も見事な厚布にくるまって寝た。明け方、内部に奥行のひろがった深い窓から、光が際限のない空間に三度満つるのを私は見た。一方、壁面のずっと下の方ではオリーブの木が大地の上で微細な苔であるかのように見えた。大地のすそ、垂直に切り立った赤い岩、海面が、実際、自らに日の光の扉を開くことなく存在の奥底で呻いているその印象は、筆舌に尽くし難い」（前掲注2邦訳書、一九五頁）。

39 Le Corbusier, *Voyage d'Orient Carnets*, cit., 5

40 前掲注29『プレシジョン』（上）、八九頁：南アメリカでおこなったこの講演録にはこの言葉が繰り返し述べられている。

41 かれは一九〇七年に初めてこの僧院を訪れている。この後、一九一一年「東方への旅」の帰途に再び立ち寄ってその僧院をスケッチしている。*Le Corbusier, une encyclopédie*, cit., p.123（前掲注29、一四一～一四二頁）

42 *Ibid.*

43 *Ibid.*

44 前掲注29『プレシジョン』（上）、一五四～一五六頁

45 同前

46 思想としての孤独は、かれの創造的精神の確立に決定的な意義をもつ。ラ・ショー＝ド＝フォンにおける装飾芸術との決別から、ル・コルビュジエは自ら孤独を求める。この「孤独への志向」はいかに導かれたのであろうか。筆者は既往の研究のなかから、これを示唆するものとしてかれの読書歴においてニーチェの『ツァラトゥストラはこう言った』を見い出しているPaul Venable Turner, *The Education of le Corbusier*, Garland Publishing, Inc., New York & London, 1977を挙げておく。

これによれば、かれは、一九〇八年か一九〇九年のどちらかの年、ニーチェの『ツァラトゥストラはこう言った』を読んでおり、特に最も強くニーチェから衝撃を受けた概念として、高貴で全体的に自身を支配できる、新しいタイプの人間、「超人」があったという。

「神は死んだ」という言葉に象徴されるニーチェの哲学は手塚富雄によれば、次のように説明される。「ニーチェはデカルト以来の人間中心主義を徹底させていわゆるニヒルの中の人間自立の可能性を追求したということになる。そのとき、デカルト以来、頼むに足りるように考えられてきた諸観念、たとえば調和、人間性、理性、理想などかれがことごとく突き離し、否定し、殺害したこと言い換えれば、人間が人間そのものにゆだねられた場合には、そこにはなんらの指導原理

（神）は出て来ないということを徹底的に知り尽くして、そのうえで人間の自立の可能性を探したことがニーチェが現代思想家としてそびえ立つところである」（手塚富雄「ニーチェの人と思想」手塚富雄責任編集『世界の名著57　ニーチェ』中央公論社、一九九三年、五〇頁）。

この時期のル・コルビュジエの創造的精神が超えてゆこうとした装飾芸術の克服と「明日の芸術」への道程は、思想的に眺めてみると、ニーチェの思想の軌跡に平行するような足取りをもっている。

ニーチェとの関連において筆者がより指摘したいのはこのことである。すなわち、「神の死」から「超人」へというニーチェの思想のダイナミズムは、ル・コルビュジエにおいては「装飾の死」から東方への旅に辿る「民俗の芸術」へのその道程と同様な意味をもつと思われる点である。

ニーチェにおける指導原理（神）の否定と虚無における人間の自立は、ル・コルビュジエにおいて芸術における指導原理（崇高な装飾）の否定とこの空白を埋める魂の遍歴として捉えてみることができる。この精神のドラマは装飾性を天上的精神として自我を地上的原理としてみれば、「ニーチェ的展開」と言い得る。こうしたことからいえば、ニーチェの思想が、かれの青年期にある示唆を与えた可能性は無くもなく、ル・コルビュジエの建築制作はいわば前近代における精神を否定的に媒介して成立している。

47 本書第三章、七一～七二頁

48 いわゆる「7Ｖの法則」によるチャンディガールの都市道路網計画 Le Corbusier, *Œuvre complète 1946-1952*, Les Edition d'Architecture, Zurich, 1966, pp.90-92

49 Le Corbusier, *Modulor 2*, Fondation Le Corbusier, Paris, 1983, p.178（邦訳：吉阪隆正訳『モデュロール2』鹿島出版会、二〇〇六年、一三一頁）：「それは一つの住区の住居細胞の各戸口をつなぎ、それを同時にまた、都市的全体として町の中の都市構成要素につなぐ循環系統のことである。この循環系統は七つの型からできていて、特徴のある使われ方のものだ。そしてさらにもう一つ、八番目の型がここで加えられた。この現代交通を、大陸間から都市へ、そして住居細胞の各戸口へと、階級別に分ける法則を、私は「七つ（あるいは八つ）Ｖ法則」と名付けた。

50 Le Corbusier, *Œuvre complète 1946-1952*, cit., p.154（邦訳：ウィリ・ボシガー編、吉阪隆正訳『ル・コルビュジエ全作品集一九四六－一九五二』A.D.A Edita Tokyo、一九七八年、一四六頁）

51 *Ibid.*, p.10（前掲注49邦訳書、一一頁）

Ibid.

52　*Ibid.*：『開かれた手』は、かれが「思慮の谷」と名付ける深さ四・七九m、一辺二五・〇七mの正方形の広場をもつ。
53　本書第八章、一七九〜一八〇頁
54　本書第九章、一九七〜一九九頁
55　本書第三章、六五〜六七頁
56　本書第三章、七一〜七二頁
57　筆者は、個と集団の構成的統一というル・コルビュジエの中心的テーマに最も深い哲学的根拠を与えたものとして、身体論に基づいた一つの人間像を示した。この身体の主題化こそ、ル・コルビュジエの建築思想の意義を真に文明批評的観点から捉えるとき、中心的意味をもつと思われるからである。そうした身体に対する重要な見方としてメルロ＝ポンティの身体論を挙げることができるが、同時にこれをめぐるさまざまな考察もまた、等閑視されてはならない点であろう。
　こうした観点から、筆者は身体に関するもう一つの考察をここに挙げておきたい。それは、M・モースの言う「身体技法」の概念である。これは、M・モースによれば、「この言葉をもって人間がそれぞれの社会で伝統的な態様でその身体を用いる仕方」である（M・モース、有地亨・山口俊夫訳『社会学と人類学Ⅱ』弘文堂、一九八九年、一二一頁）。

　こうした指摘は、メルロ＝ポンティの知覚する身体に対していえば、歴史的・文化的な枠組みが関与する社会生活上の身体の道具性を述べている（坂井信三「身体加工と儀礼」青木保・黒田悦子編『儀礼文化と形式的行動』東京大学出版会、一九八八年、一九三頁）。

　身体に関与するこの「歴史的・文化的な枠組み」の問題は、さらに近代の根本的意義を考える重要な論点であろう。

第一二章　モダニズムにおけるル・コルビュジエ

モダニズムの日常性

モダニズムは、一言でいえば日常的世界にみずからを表現している。モダニズムの世界の普遍性はこの日常性の主題化において成立している。こうした見方に立てば、日常的物象をテーマにするピューリスムは、シャルル＝エドゥアール・ジャンヌレ（＝ル・コルビュジエ）がモダニズムに参画する重要な足掛かりになっている。

が、その絵画に表現される物象は形態の不変性をもっていわば理念化されており、二〇世紀モダニズムの世界的モデルと目されるル・コルビュジエの建築は、すぐれて西洋的な合理主義をみずからの内にもつことがわかる。とりわけ、形態的な理念はモダニズムにおけるル・コルビュジエの建築の特質を明瞭にしている。

ピューリスムにはじまるル・コルビュジエの制作の道筋をつぶさに見てみると、いわゆる文明的つまり世界共通の価値をもって表わされるモダニズムにたいして、歴史・文化的な文脈をもって形成されるモダニズムのもう一つの側面をなお明るみにしうる。

それは、かいつまんでいえば、文明にたいするいわゆる文化、つまり人類的な価値にたいする歴史的な時間軸上にかたちづくられる一精神性といえる。ル・コルビュジエの絵画は、見方を変えればこの精神性におけるモダニズムの一世界を明瞭にしている。

ジョン・ラスキン、ウィリアム・モリスの思想

ラスキンにとって産業革命に始まる鉄の時代は醜悪な文明の出現にしか見えなかった。作ることには何よりも人間のモラルがなければならなかった。かれはこの根本の人間的意味を産業革命に見出すことが出来なかった。ちなみに、商品の価値はそれを生産するに要した労働力によって計りうるというリカードやミルに見るいわゆる労働価値説は産業革命を推進する経済学的原理となって、最小の労力で最大の結果を得る功利的合理論を導く。

これにたいしてラスキンは『建築の七燈』（一八四九）において現実的利益を超える労働の崇高さを示して、犠牲的な労働の精神を称える。ウィリアム・モリスはラスキンのこの考え方を敷衍して、芸術は人間の労働におけるよろこびを表現するものでなければならないという。「赤い家」（一八六〇）はモリスのこの思想を表わしている。

労働のよろこびは別にいえば労働における人間の精神的充実であり、機械の動力に基づく産業革命とは相反する。中世ゴシックの美は石工の労働のよろこびと共に生まれる。労働にたいするこの二つの見方を辿ってみるとき、いわゆる「つくる」ことの意義が改めて問われる。人は何のためにつくるのか。

ラスキンは『建築の七燈』のなかで単なる有益さや必要性においてではなくその貴重さのゆえに制作の犠牲的精神が生まれることを述べる。モリスはラスキンの思想を引き継いで人間のつくるよろこびをいう。動力の機械は労働におけるこの人間的意味を見えなくした。

人間の手が「つくる」一つの統一的な世界、あるいはもっといえばある宇宙性は、簡単にいえば、機械化された時間のなかで解体される。労働は計測的に数量化され、物理的な時間軸上に直線化される。

この二つの労働において作られるものは違ってくる。一方は作る手の痕跡を現わし、他方はその痕跡を画一的に型式化する。一言でいえば、産業革命は作ることの芸術性を作られる物の道具性に換える。作ることの芸術的象徴性は

作られた物の道具的機能性にその地位を譲る。ラスキンとモリスは近代のこの革命において失われるものを指摘した。「つくる」ことの根本の意味である。

キュービスムとピューリスム

キュービスムに返ってみたい。キュービスムはセザンヌのいう内なる自然を対象の多面的描写をもって表わそうとする。ピカソの絵画はこのキュービスムの方法で描かれる。これにたいし、一九一八年『キュービスム以後』と題する展覧会のパンフレットが出される。オザンファンとル・コルビュジエはこのなかで「ピューリスム」と呼ぶ新たな絵画を宣言する。

『キュービスム以後』におけるキュービスム批判はつぎのことに拠っている。オザンファンとル・コルビュジエは「人がどんなことを言おうとも、キュービスムは装飾的芸術であり、ロマンティックな装飾主義の状態に留まっている」(1)と考えるのであり、そうしたキュービスムの表現にたいする新たな絵画としてピューリスムをつぎのようにいう。

ピューリスムは、変化ではなく、〈不変〉を表現する。作品は、偶然的、例外的、印象主義的、無機的、抗議的、絵空事的であってはならず、反対にそれらは、一般的、静的、不変の豊かな表現でなければならない。(2)

オザンファンとル・コルビュジエのこうしたキュービスム批判は必ずしも的外れなものとはいえない。キュービスムは物象のいわゆる外形を解体して独自の表現を得ている。簡単にいえば、立体を平面的な折り紙に換えるのである。物象の解体は外形の空間的統一という絵画の根本を代償にしたといえる。ピューリスムのキュービスムにたいする批判はいわばそこに根ざしている。

立体の平面展開的解体といい得るキュービスムの方法にたいして、ピューリスムは、普段何気なく使うようなごくありふれたびんの形は、それゆえにこそ、普遍性をもつという。そのような日常的物象がピューリスムにおいて主題化される。ピューリスムは自身の思想に基づく建築的構成を可能にしたといえる。シャルル＝エドゥアール・ジャンヌレはこのあと建築家として近代建築への道を歩み、ル・コルビュジエとしてその名を刻む。

モリスの工芸運動、ピューリスム、民芸に見るモダニズム

ウィリアム・モリスは民衆のための民衆の芸術をいう。オザンファンとル・コルビュジエは日常的物象の普遍性を述べる。柳宗悦は民衆的工芸品に平常の美を見る。芸術の非日常性を芸術の日常性へと換えるモダニズムの思想が明らかになる。生活の芸術化である。

しかしながら、くわしく見てみれば、三者は異なる。モリスの工芸運動は手仕事を導くある美術的理念をもつ。モリスの壁紙のデザインには、幾何学的な意味を表わす理念的な美が図案化されている。モリスにおいて、美術は工芸における一到達点であることがわかる。

これにたいして、モリスの実技的な工芸の意味をもたないピューリスムはより思弁的なものといえるのであるが、ピューリスムにおける日常的物象の主題化はモリスの民衆の芸術と同様の表現的日常性を分かちあっている。このなかで、ピューリスムのいう日常的な物象の永続性はその普遍性を意味しており、理念的な形式美を自ら表現する。『赤い家』の造られる一八六〇年からおよそ七〇年の歳月を数えて、ル・コルビュジエは近代建築を完成する。二つの作品の作風は異なるとはいえ、美的超越性あるいはその理念性という同様の彼岸的思想を内にもっている。つまり美は材料や手段あるいは用からはなれる独立的な価値として存在する。

ところで、柳宗悦は同様に工芸の美しさを日常の生活に求める。かれはつぎのように述べる。「もし、ここに美の発

足があるなら、日々誰もが用ゆる器物、生活に要する共通の用具、多量に作られる廉価な物、誰でも買える品々、最も平凡な持ち物、これらの物こそ最も厚く美と結ばれる運命にあるであろう(3)」。

しかしながら、かれがこれらの日常品に見る美は、モリスやあるいはオザンファンとル・コルビュジエが日常品に求める美とは異なる意味をもつ。柳宗悦はつぎのことをいう。

工藝の本性が用にある限り、工藝的なるものの美が「用」を離れてあり得ないことは瞭《あき》らかである。ここでは美の基礎が「実用性」にあるのである。実用性が美の性質を定めるのである。だが実用性はしばしば嫌悪の眼を以て眺められた。現実に交るということに何か卑賤《ひせん》な感じを受けるのである。精神的意味に乏しいが故に、用から発する美など二義三義に想えるのである。美だけにてあり得る美、純粋の美、かかるものにして初めて高貴な美だと信じられた。用に交ることは、それだけ美を濁すと考えられた。だがそれは事実を見誤った偏見に過ぎなくはないか。この誤った判断を払拭せずして、美の問題に深く立ち入ることが出来るであろうか。概念で問題を処理する前に、ものを直接見ねばならぬ(4)。

柳宗悦は用と美は別々のものではなく、美は用と交ることによって確かなものになるという。かれにしたがえば、用に立って美は生まれる。用と美のこの同義性をモリスの工芸論やオザンファンとル・コルビュジエのピューリスムに見出すことは出来ない。用美一の工芸論は柳宗悦独自の思想である。

この視点においてかれは現実の生活世界に返り、「美の〈生活性〉はもっと重く見なければならぬ(5)」と述べる。柳宗悦の用美一の工芸論は人間の生の世界と深く結びついてゆく。かれは現実の生にたいする彼岸的な理想においてではなくまさに此岸の生に美を見ようとする。

柳宗悦の工芸論は西洋にみる理念的モデルをもってはいない。かれは述べている。「よき手工の前に単なる掟は存在を有たない。物に応じ時に順じ心に従って、凡てが流れるまゝに委ねられる。如何なる形も色も模様も彼等の前に開放される。どれを選ぶべきか、定められた掟はない(6)」。

柳のいう工芸の美は用を離れて存在しない。かれは用美一元論に立つのである。それらの品々は生活と相即する。西洋の幾何学的理念はそこにない。かれはむしろこうしたことを排して、工芸の美術化は工芸の死であるという。

モダニズムに見る造形思想は、単に芸術制作の方法に留まったのではない。それらは独自の文明の意味に辿り着いている。ラスキン・モリスの工芸運動は労働の喜びにおけるギルド的社会の復権とモラルとしての人間的生命を言い、ピューリスムにはじまるル・コルビュジエの建築は二〇世紀モダニズムにおける自らの歴史的文脈をまた明らかにしたのである。

柳宗悦は東亜の民衆的工芸品に用美の一を見て、真に生活を支える美の王国を工芸において述べる。

これにたいしていえば、ル・コルビュジエの世界における個々の身体は広場における連帯へとまさに導かれている。

その制作のいとなみは、力学の身体と理念的幾何学において、近代に普遍化される新たな美の世界を生んだ。が、その世界は、ただル・コルビュジエその人の強靭な精神を通してのみ果たされた近代の創造的生そのものであったことはいうまでもない。

その創造的生において、ル・コルビュジエは、ラスキンやモリスの中世への回帰あるいはユイスマンやオスカー・ワイルド等の芸術至上主義、芸術と社会のその分離を一つにする近代の生をうたいあげたのである。

注

1　Ozanfant et Janneret, *Aprés le Cubisme*, édition des commentaires, Exposition Catalogue, Paris, 1918, p.59

2　Ibid.
3　柳宗悦『工藝の道』、講談社学術文庫、二〇一三年、八頁
4　柳宗悦「工藝美の特色」『工藝文化』岩波書店、一九九六年、一八二〜一八三頁
5　同前、一八四頁
6　柳宗悦「雑器の美」『民藝四十年』岩波書店、一九九六年、九二頁

結び　ル・コルビュジエにおける身体の力学的超越

力学の表現

今一度、振り返って結びとしたい。

ル・コルビュジエの建築制作は、二つの活動、絵画と建築を通じて成就される。特徴的な絵画のテーマと建築作品を年代順に簡単にここに追ってみると、一九二〇年代後期のサヴォア邸は「静物画」の構成と、一九三〇年代初期のスイス館（パリ大学都市）は「詩的反応を起こすオブジェ」と、一九四〇年代後期のマルセイユの住居単位は身体や手の表現と、一九五〇年代のロンシャン礼拝堂は「オゾン」の彫刻と両輪をなしている。(1)

絵画、彫刻そして建築にまたがるル・コルビュジエの制作は、ある力学の表現を貫く。ル・コルビュジエの建築を寸法として完成するル・モデュロールの身体はこの力学の意味を明確に表す。ルネサンスの遠近法の空間にたいして、ル・モデュロールの身体は空間の近傍化という新たな空間概念を現わしている。(2) 一九一〇年代後期のピューリスム初期の静物構成に見られる力学の意味は、一九三〇年代に身体化されて、さらにル・モデュロールの身体像を完成し、ロンシャン礼拝堂にみる「言語に絶する空間」を生む。

それはル・コルビュジエの究極的身体世界と考えられる。ル・コルビュジエの建築制作においてもっとも重要な意味をもつこの力学の起源とその意義について再度考えてみたい。

レプラトニエと装飾芸術

シャルル＝エドゥアール・ジャンヌレ（＝ル・コルビュジエ）に一つの苦悶が生じる。自身が信奉した装飾芸術の破綻である。かれの青年期の芸術にたいする見方を育んだ人物は、ラ・ショー＝ド＝フォンの工芸学校の師、シャルル・レプラトニエである。一八八七年一〇月七日、ラ・ショー＝ド＝フォンに生まれたシャルル＝エドゥアール・ジャンヌレは一三才のとき、彫刻と彫金の修業のために工芸学校に入る。かれはこの四年後シャルル・レプラトニエの指導する装飾高等科に進む。

ジャンヌレがレプラトニエから学んだものは自然の霊感と装飾への崇高な観念である。ジョン・ラスキンの『建築の七燈』やウージェンヌ・グラッセの『装飾の文法』などをこのときのテキストとしてかれは書き留めている。当時のスイスが誇る基幹産業である時計の製造はラ・ショー＝ド＝フォンの一少年を装飾芸術へと導いたのである。時計の裏ぶたを飾るこの彫金の指針は、しかしながらモダニズムを目の当たりにしたかれの芸術感情を満たしはしなかった。新しい芸術の波濤がかれの前にうねっていた。怒濤のようなこの時代のはじまりに装飾芸術は無力に等しかった。

故郷のラ・ショー＝ド＝フォンをあとにかれはパリに出る。近代絵画の聖地ともいうべきこのパリへの移住はかれにとって大きな転機となる。装飾芸術に取って代わる新しい芸術への模索がはじまる。

オーギュスト・ペレーとの出会い

一九〇八年二一才になるかれはパリに着く。このパリでの生活のはじまりはつぎのようなものであったという。ほとんど一文無しで、かれは、頼りの人とて誰もなくすっかり路頭に迷う。そんな時、偶然に電話帳の「芸術家」の欄に「ウージェンヌ・グラッセ」の名を見つける。かれはラ・ショー＝ド＝フォンの工芸学校の教科でその名を教わっていた。ページをめくってその住所を当て、イタリアで描いたデッサンを手にして、かれはグラッセを訪ねる。突然の来訪者をグラッセは押し返そうとする。が、ジャンヌレはドアと額縁とのあいだに足を挟み、これに抵抗する。デッサンを見たグラッセは、そのできばえに驚く。グラッセはこのとき建築家オーギュスト・ペレーの名をかれに教える。鉄筋コンクリートの建築家オーギュスト・ペレーは訪ねて来たかれを雇う。

一九〇八年夏から翌年の一一月まで逗留したパリからラ・ショー＝ド＝フォンのレプラトニエに宛てたジャンヌレの長文の手紙が遺される。

手紙は一九〇八年一一月二二日、一一月二五日の日付でサン＝ミッシェル街3から書かれており、このときのジャンヌレの心境が深く綴られる重要な資料となっている。文面は、彫金師から建築家の道を歩もうとするかれの決意を伝える。彫金師の装飾論から建築家の新たな理論へと踏み出すかれのこの歩みは、オーギュスト・ペレーの教えに拠っている。オーギュスト・ペレーはかれを力学へと導く。

この力学の教えによって、ジャンヌレは近代建築家への大きな一歩を歩む。手紙の抜粋である。

……つぎにペレー兄弟はわたしを鞭打った。これらの力学の達人はわたしを罰した。かれらはその作品を通してまた時には議論において言った。「君は何も知らない」。ロマネスクの研究から、わたしは建築が形態の単なる調和の問題ではないが、では他のいったい何が……？　と疑った。わたしはまだよく解らなかった。それでわたしは力学を勉強し、つぎに静力学を学んだ。どれほど、そのことで夏の間中、汗を出したことか。何度間違ったことか。それで今日、怒りをもって、これらの試行錯誤を自分で確かめることができるのです。その試行錯誤からわたしの近代建築の科学がかたちづくられたのです。むかっ腹と喜びにおいて、というのは、わたしはついにそこにおいてこそ善が存在することを知って、材料の力学を学んだのです。それはむつかしいことですが、美しいのです。それらの数学はなんと論理的で、なんと完全か！（中略）ペレーの建設現場で、わたしはコンクリートが何であるか、それが要求する革命的な形態を見ました。

装飾の崩壊は茫漠たる空虚となってかれに迫る。「かわいそうに！　おまえはまだ何も知らない、そして何たること、おまえは自分が知らないことをさえ知らない」（上記　手紙）。それははかり知れない苦悶であったとかれは述べている。

かれのこの自問を解いて、明日の芸術へと向かわしめたものがオーギュスト・ペレーに学ぶ力学と鉄筋コンクリート構造なのである。オーギュスト・ペレーがこのときル・コルビュジエに読むように薦めた建築書こそ、自身が師と仰ぐヴィオレ＝ル＝デュクの『フランス中世建築合理辞典』である。かれはオーギュスト・ペレー建築事務所で最初の給金を手にし、この事典を買っている。ル・コルビュジエは第一巻の〝ARC-BOUTANT〟（「飛び梁《フライング・バットレス》」）の項目の説明文にアンダーラインを引いて「この芸術作品の全体はその骨組みによって生きていることがわかる」と書き込んで、「骨組みをつかまえれば、芸術をとらえることができる」というオーギュスト・ペレーの言葉を書き留めたのである(3)。

ヴィオレ＝ル＝デュクはゴシックのかたちを力学と形態の一致において解明しようとした。この力学と形態の一致こそ、骨組みのもつ重要な意味である。ル・コルビュジエはゴシックの構造に見るこのヴィオレ＝ル＝デュク的力学概念をペレーから学ぶ。

このあと、かれはラ・ショー＝ド＝フォンに帰っている。

オザンファンとのピューリスム

かれが再度パリに出るのは、八年後の一九一七年である。これ以降、パリを拠点にかれはモダニズムに加わってゆく。ル・コルビュジエのモダニズムにおける抜きん出た活動は、近代絵画への参画をもってはじまる。

この絵画におけるモダニズムをかれに鼓舞した人物がアメデ・オザンファンである。ル・コルビュジエとオザンファンの共同によるこのモダニズムがピューリスムとして宣言される。一九一八年、オザンファンとジャンヌレ（＝ル・コルビュジエ）の初めての展覧会がトマ画廊で開催される。ル・コルビュジエは自ら天職とする建築家にさらに画業を重ねる。この絵画活動はかれのモダニズム運動を支え、自身の根幹となる思想を築く。オザンファンと共同するこのピューリスム絵画なくして、ル・コルビュジエの建築は完成しなかった。

が、ル・コルビュジエのピューリスム絵画の構成は、仔細に見れば、オザンファンのそれとは異なる。初期のその絵はこの違いを明白にしている。(4)ル・コルビュジエはこれ以前にも絵を描いているが、それらはほとんど写生の水彩画であり、ペヴスナーが近代絵画の条件として示す「主題絵画」ではない。ル・コルビュジエのモダニズムにおける一つの地位は近代絵画への参画によっている。このことを告げるものがオザンファンとの共同制作をもって始まる「ピューリスム」であった。

二つのジャンル、絵画と建築にまたがるル・コルビュジエのその活動こそが他の追随を許さぬほどにかれの建築制作を深めてゆく。オーギュスト・ペレーの力学の教えはそれが建築作品に素朴に応用されるかぎり、いわば知れていた。ル・コルビュジエの深い独創性は、このオーギュスト・ペレー流、つまりヴィオレ＝ル＝デュク的力学概念を絵画に構成した点にある。力学の絵画的表現という、謎のようなその絵画をル・コルビュジエは追求する。この力学の表現を可能にする絵画の下地といえるものがオザンファンと共同するピューリスム理論である。ル・コルビュジエの初期のピューリスム絵画はこれを明白にする。ピューリスムの宣言である『キュービスム以後』において、つぎのように述べられる。

ピューリスムは、風変わりで〈自己主張的〉なものを避ける。固有の性質によって組立てられるような有機的絵画を再建するためにそれは純粋な要素を探し求める。ピューリスムにおける不変性は主題の単純性へと展開され、そこにみる不変の意味は形の普遍性、一般性へと進む。絵画のテーマは控えめなものになる。なにげなく人が使うようなごくありふれたびんのかたちは、むしろそれゆえにこそ、それ自体高い普遍性をもつからである。(一九一八年一〇月一五日　パリ)

ピューリスムは作為のない日常的物象を「不変」の名のもとに主題化する。

立方体の表現

かれは「暖炉」(一九一八)に「初めてのタブロー(完成画)である」と裏書きする。この裏書きからいえば、「暖炉」はかれのピューリスム絵画の出発点といえる。この絵の意味について筆者はすでに述べた[5]。ほぼ画面の中央に白い物体が描かれている。絵のテーマはこの白い物体にある。ラ・ショー＝ド＝フォン時代の手習いのような写生画を一変するこの絵は、ル・コルビュジエのピューリスムを宣言している。ところで「なにげなく人が使うようなごくありふれた」日常の物象から見ると、「白い物体」は不可解なものといえる。その正体が判然としない、名状しがたい物体だからである。が、かれは、この白い物体こそを絵のテーマとしている。

見方を変えて、その物象的意味の希薄さをそのまま受け止めれば、それは「白い立方体」である。『キュービスム以後』によれば、絵画は幾何学におけるような明快な構成を示さなければならない。「白い立方体」は厳正な三次元的幾何学空間を象徴的に現わしてはいないか。これを継承するように、「白いわん」あるいは「赤いわん」と称される一連の習作は、画面に同様な一つの立方体をこのあと描いている。

ヴィオレ＝ル＝デュク的力学の身体化

それらの習作に見る立方体は、画の成立する三次元的空間をまさに定義している。要点をいえば、立方体から落下する白い「わん」が描かれる。「暖炉」に宣言されるル・コルビュジエの幾何学的理性は、さらに「白いわん」[6]において幾何学の三次元的空間へと発展し、暗示的な白い「わん」の落下において、形態と力学が相通じながら至る力の均衡、すなわちこれをいえば、形態と力学が不可分に結ばれるヴィオレ＝ル＝デュクの力学的合理性のピュリスムにおける展開と考えられた[7]。

ル・コルビュジエの一九二〇年代の静物画は日常的な物象の統一をなす力の作用を構成的に描く。こうした初期のル・コルビュジエのピュリスム絵画は、このあと日常的な物象群の統一へと進みながら、この統一をはたす「手」の表現をモチーフとして描く。

一九三〇年代の絵画にみられる特徴的な「手」の表現は、こうした力の意味を身体化したものと考えられる。つまり、物象群の統一をなす力の作用は日常的な「手」をモチーフとする絵画の表現へと発展し、力学的な一つの身体像を一九三〇年代に結んだのである[8]。

この「手」のモチーフを媒介にしながら、ヴィオレ＝ル＝デュク的な力学の意味は次第に身体化される。ル・モデュロールの影絵の身体は大きな手を掲げている。その影絵が表わすル・モデュロールの空間を「人間のごく近くに」とル・コルビュジエは説明している[9]。ル・モデュロールの身体が表わす空間の身近さ、そのことは、空間の身体力学的な統御を意味する。空間の身体力学的な統御は、「手」に象徴される日常的物象の統一として、一九三〇年代の絵画に示されている。

この見方からいえば、ル・コルビュジエが一九四〇年代に完成するル・モデュロールの身体像は、まさに絵画におけるこの身体の分節的形姿として見ることができる。ル・コルビュジエにおける身体の表現は絵画と建築にまたがって存在することが明瞭になる。力学を行使するこの身体は、ル・コルビュジエの建築空間を統御している。ル・モデュロールはまさにその証明である。

とすれば、「手」をモチーフにしながら身体化される力学の意味はまさしく初期のピューリスム絵画に発している。つまり、初期のピューリスム絵画に導入されるヴィオレ＝ル＝デュク的力学概念こそが、ル・コルビュジエにおける身体の力学の意味を解明すると考えられる。

先験的力学

ところで、ヴィオレ＝ル＝デュクのゴシック論の一反論である、ポール・アブラアムの『ヴィオレ＝ル＝デュクと中世の合理主義』（一九三四）によれば、ゴシックはヴィオレ＝ル＝デュクの語る合理性 rationalisme をもっていない。交差リブの上にヴォールトが架かると考えたヴィオレ＝ル＝デュクにたいして、それは単に装飾的なものにすぎないとする技師ヴィクトール・サヴォーの見方（一九二八）をかれはその一例として引く。

爆撃で破壊され、交差リブを喪失したにもかかわらず、ヴォールトの一部がそのまま残ったランス大聖堂の例は、ポール・アブラアムのヴィオレ＝ル＝デュクにたいする反論をつよく証拠立てている。

結論づければ、ポール・アブラアムの実証科学的なその見方にたいして、ヴィオレ＝ル＝デュクのそれはいわば理念的モデルのゴシックといえる。このゴシックのモデルが形態と力学の合一によって説明される。つまり、帰納的な実証科学的知見にたいして、演繹的なある理念型モデルがそこに仮定されて述べられる。

帰納的な自然科学的知見にみるポール・アブラアムのヴィオレ＝ル＝デュクへの反証は、だからといってヴィオレ＝ル＝デュクのゴシック論を論破してはいない。そもそも制作は物理的自然を超えている。ヴィオレ＝ル＝デュクの理念的なモデルとしてのゴシック論は、そうした制作におけるゴシックへの問いなのである。

ひるがえって、いまル・コルビュジエの「白いわん」を見てみると、同様な形態と力学の合理が絵画の世界に表現されている。つまり、そこには白い「わん」のデフォルメに見る落下の暗示があるだけで、白い「わん」は落下そのものではない。それは、起こったことではなく、これから起こりそうなことである。つまり起こることの仮想である。

厳密にいえば、じつは白い「わん」に一つの仮想的な力がはたらいている。つまり、経験を超える先験的な一つの力が絵画に表現されて存在している。その先験的な力こそが、白い「わん」の落下を予想している。一つの力学が観念的に導入されているのである。約すれば、経験を超える一観念として「力学ありき」といい得る、そうした演繹的な力学において「白いわん」は構成されている。

ここにみる力学の意味は、ヴィオレ＝ル＝デュクのゴシック論に発している。ル・コルビュジエはその力学をピューリスム絵画の世界に移し換えたといえる。ル・コルビュジエの初期の静物画にみるこの力学が身体化される。換言すれば、ル・コルビュジエにおける身体はまさに力学の身体なのである。つまりその身体の力は先験的なそれであり、瞠目すべき身体の意味がそこに存在している。力学の由来はその身体の内にある。身体はまさに自発的な力学そのものとして存在している。

環・身体性と内・身体性

一般的に、身体の力の行使とは、身体を取り巻く場所的世界と相即している。身体はまず場所において存在する。この場所からの逃避、あるいは中心への近接といったことにおいて、身体の力学が現われ、行使される。

この見方からいえば、身体の力学は、場所的あるいは環境的要因によって生まれる。日常性にたいする非日常性、世俗社会にたいする脱俗的な黙想の世界、こうした場所や環境と関わる身体の力学は、たとえば露地の文化的意味を生んでいる。そうした場所の文化は、心的にせよ、物的にせよ、身体に外的に関わる、いわば環・身体性と呼びうるさまざまな要因によって成立している。つまり、身体を取り巻く世界性としての環・身体こそ、いわば歴史的、文化的文脈における身体を説明する。

ところが、この環・身体にたいして、ル・コルビュジエの身体は、内・身体というべきものであり、それは、云ってみれば、身体の(先験的な)力学による空間の支配性としてはたらく。場所は空間化され、身体の統御を受ける。かれがいう「言語に絶する空間」はこれを象徴的に語ると考えられる(10)。

歴史的文脈にみる身体の力学がいわゆる場所と相即するとすれば、ル・コルビュジエにみる身体の力学は空間の統御としてはたらく。その力学は、一言でいえば、重力に抗する上昇的な力としてまた運動体として自覚されている。ル・コルビュジエの「道は住宅から独立する」という言葉は、運動体としての身体を都市的な意味において語るものにほかならない。

身体の力学的超越

かれは、かつて訪れた「エマの僧院」を回想しながら、住戸単位をつなぐ水平の動線を「廊下」といわずに「街路」と呼び、その理由を「街路」という言葉によって、扉がひらく住戸とは完全に独立した機能が明瞭になるからだと説明した。こうした旅にみる実存的な経験は絵画の方法と一つになってル・コルビュジエの建築制作につながる。

敷衍すれば、「力学の身体」こそが、空間構成における「動線の独立」を、また寸法構成における「ル・モデュロール」を原理的に説明する。

ところで、環・身体を実存の身体として見れば、ル・コルビュジエのその身体は超越的である。この身体の超越を生むものが、まさに内・身体性におけるその力である。ル・コルビュジエの建築空間は、いわば現実を超越するような身体の世界として現われ出る。

建築の超越性の表現は、中世ゴシックの世界において顕著に示される。ゴシックの超越性は、約すれば、ヴィオレ＝ル＝デュクによる力学の解釈へとつながる。かいつまんでいえば、ル・コルビュジエは、オーギュスト・ペレーに導かれて、ヴィオレ＝ル＝デュクの力学的ゴシック合理論を学ぶ。超越とは、換言すれば経験を超える先験である。ゴシックにおける超越はヴィオレ＝ル＝デュクにおいてまさに先験的な力学をもって解釈されたのである。この先験的な力学がジャンヌレの初期のピューリスム絵画を構成し、次第に身体化されたといえる。

無に帰する「連帯の幻想」

われわれがいま問わなければならないことは、身体が力学的に現実世界を超え出るという、ル・コルビュジエのその身体が近代においてもつ意味であろう。そこに見られる身体の表現は近代文明の精神の核といえるものに届く。換言すれば、その身体は近代文明の成立をまさに証言しているのである。

ル・コルビュジエにおける身体の表現はピューリスム静物画のモチーフや旅行記のスケッチに見られる。しかしながら、ル・コルビュジエにおける身体を主題的にさぐってみると、そうした絵画的描写とは別なもう一つの文脈である実存的な個の身体がある。

逗留したパリの下宿からラ・ショー＝ド＝フォンの師レプラトニエに宛てたル・コルビュジエの手紙（一九〇八年、一一月二二日、二五日付）は、この実存の問題を明らかにしている。実存的な個にたいするかれのつよい意識を手紙の一文は語っている。

無に帰する「連帯の幻想」、これがわたしがしばらく前から見ていることなのです。（中略）かれらは芸術とは何であるか知りません。それは強烈な自我の愛です。人はこれを黙想と孤独のなかに求めるでしょう。（中略）人がみずから自我とたたかい、人がみずから苦行を課し、人がみずから鞭打つのはその孤独においてなのです。

キルケゴールの言う実存の不安は、人間の孤独と結びあっている。そうした実存におけるル・コルビュジエの自我の世界をわれわれは垣間見る。ラ・ショー＝ド＝フォンにおける装飾芸術が幻想となる。芸術は自我の愛となって、黙想と孤独が連帯solidarisationに取って替わる。

「エマの僧院」と個の身体

ラ・ショー＝ド＝フォンに帰ったかれはそのあと、東方への旅に出る。ジャンヌレ（＝ル・コルビュジエ）の東方への旅は、綿密なスケッチを残す。そのなかで、後の空間構成に決定的といえる着想をもたらした「エマの僧院」は重要なものである。

その修道院は、見事な中庭を取り囲む独房群をもつ。エマの僧院の独房のその一室にジャンヌレは宿泊している。東方への旅にみるこの修道院との出会いは、かれにとっていわば運命的なものであったといえよう。

「無に帰する連帯solidarisationの幻想」は、かれのなかでほとんど自責に似た煩悶となる。強烈な「自我」の愛が「無に帰する連帯の幻想」に取って替わる。芸術の真の生命はそこに存在するとかれはレプラトニエに書く。連帯solidarisationにたいする個の独立というこの新たなテーマのまさに空間論的というべき体験が訪問したその修道院にあった。

静寂に包まれる僧院の孤独のなかに、ル・コルビュジエはたとえようもない調和を見出す。このカルトジオ修道院での体験こそ、個と集団の対立的価値を一つにする空間構成の方法をかれに与える。僧房の遮られた中庭が遠くトスカナの地平線にひらかれ、僧房の孤独なその我は自らの身体をトスカナの自然に委ねる。かれの「自我の愛」は修道士の僧房につながれて、安らう。その僧房こそが新たな個のかたちをかれに示唆する。

ところで、孤独なその我が自らの身体を見出す、この内的体験を示唆するものこそ、東方への旅における「洞窟の光」の意味ではなかったか。深い孤独感を象徴する夜の明け方、内部にひろがる漏斗状の明かり取りから陽光が射し込んでひろがる。かれのスケッチは道程にそうした内部の光を捉えている。(11)

薄明に満つる陽光を体験するものは自身の身体以外にない。夜の闇が孤独な魂の直喩であるとすれば、薄明の光りはその救済を意味しよう。(12)「連帯の幻想」を眼前にするその我は、新たなありかを自らの身体に見出す。ル・コルビュジエのこの身体の意味は重要である。

ル・コルビュジエにおける身体の三重性

こうしたことを考えてみれば、ル・コルビュジエにおける身体は三重の意味において成立している。ヴィオレ＝ル＝デュク的力学概念のピューリスム的展開において新たに主題化される「手」の表象とその手に示される身体、東方への旅においてかれが克明にスケッチする民俗の自然世界における身体、そしてエマの僧院の宿坊に見出す個の身体である。ル・コルビュジエの身体はこの三重の意味をもって構成される。

換言すれば、ル・コルビュジエの建築制作において、日常性、身体、個が合一する。この三極を内・身体的な力が貫く。その内・身体的な力において、身体はいわゆる日常世界に埋没する体《からだ》を超える。ル・コルビュジエの身体は、現実的な日常の体《からだ》を超える超越的な意味をもって構成される。

この身体の超越は、ル・コルビュジエの建築制作を際立たせる。上昇と運動を内的に現わす身体の力は、環・身体つまり歴史的、風土的あるいは社会的と呼びうる身体にたいして、その構成的枠組み（パラダイム）を根本的に変え

図版88 「開かれた手」のモニュメント（チャンディガール　インド）

ている。環・身体とは換言すれば地続きの身体であり、そこに連続する地的、人間的世界がある。

ル・コルビュジエの身体はこの連続性を断ちきっている。結論的にいえば、その内・身体的な力は個的な存在としての身体をうたいあげている。ルイ・デュモンによれば、個としての人間は、黙想における辺境や原郷に自身の存在を見出す[13]。文学はこれを語ってきた。

ル・コルビュジエの身体にみる個は、黙想の辺境や原郷に存在してはいない。その身体は日常的世界に存在している。その日常的世界における個としての身体をこそ、ル・コルビュジエは描いたといえる。

「開かれた手」、連帯の新たな復権

この個の身体にたいする「連帯」のそれは、しかしながら同時にル・コルビュジエの終生のテーマでありつづけた。物象の統一をはたすピューリスム的「手」の表象は、チャンディガールの広場のモニュメントとしてその「手」をひらく（図版88）。その「手」は、立ち、座し、横たわる五人の人を比喩して、「日々の現実の事実を考える人々の集まり」となる。

内・身体的な力に裏打ちされる個は、一つの身体群となって、高次の統一へと高められる[14]。かれが僅かに言説し得た「広場では、人々は立ったまま、あるいは坐って集まり、語りあい、聞くのであり、そこでは広場の上の空と〈開かれた手〉だけが見える」というその言葉は、三重の意味をなす個の身体の「連帯」を意味するものに他ならない。が、その身体の意味は、環・身体性を超える内・身体性の新たな「連帯」へと結ばれるものであることは明記され

なければならない。

「内部の発見」、近代文明は、一言でいえば、この言葉に尽きる。「外部は内部の現われである」西欧一九世紀に生まれるこの思想こそが近代へと引き継がれる。ル・コルビュジエは、この内部を力学に返し、身体化する。そこにみる力学の身体は自我と一つになる。日常・身体・個を貫く内部の力はさらに個の円環的つながりとなってその超越を完成させたとここにいえるかもしれない。

注

1 拙著「ル・コルビュジエの絵画　あるいはル・コルビュジエの身体像」『10＋1』一〇号（特集「ル・コルビュジエを発見する」）、ＩＮＡＸ出版、一九九七年、一三四〜一三五頁所収「絵画の表現と建築の造形」。
2 本書第四章、八二〜八三頁
3 本書第七章、一五二頁
4 本書第一章、一九頁
5 本書第六章、一三六〜一三九頁
6 本書第一章、一六〜一九頁
7 本書第七章、一六〇〜一六二頁
8 本書第三章、六五〜六七頁
9 本書第四章、八二〜八三頁
10 本書第四章、九六〜九七頁
11 一例にハドリアヌス邸の内部のスケッチ（一九一〇）が挙げられる。
12 本書第一一章、二四八〜二四九頁
13 ルイ・デュモン、渡辺公三・浅野房一訳『個人主義論考』言叢社、一九九三年
14 本書第一一章、二五三〜二五四頁。筆者は、ル・コルビュジエの絵画の方法に「二重変換の統一」があることを示した（本書第九章、一九五〜一九七頁）。

資料　ジャンヌレ（＝ル・コルビュジエ）のレプラトニエへの手紙

一九〇八年、ジャンヌレ（＝ル・コルビュジエ）が逗留したパリの下宿から故郷の師、レプラトニエに書いた手紙である（**Fondation Le Corbusier Paris**所蔵）。建築家の決意を書くこの手紙はかれの思想を語っている。手紙は、ジャンヌレの決意と自らの思想を明白にしている。われわれはこの手紙にル・コルビュジエの内面の世界を見ることができる。われわれはル・コルビュジエの生き様に触れる。かれの人生の真の出発がここにある。将来への自らの決意とその思想の確かさにわれわれは打たれる。

訳文は**Aujourd'hui Art et Architecture, no 51, Novembre, 1965**に基づき、原文の下線は傍点として表した。

一九〇八年一一月二二日、日曜日、パリ
サン＝ミッシェル街三

私は数日で国に帰るつもりです。私はとてもそれをうれしく思います。――両親やあなたに再会できるからです。――が、苦しみもまた多くあります。私の友人のペランから届いた葉書や手紙は私の気持ちを暗くするのです。それを考えると、いま在るままの私をあなたに語らなければならないと思うのです。（これは私の若さのために随分難しいことなのですが）つまり、私たちの再会が誤解でなくすべて喜びや――あなたから私への――励ましになることを私が願うからです。

私を彫金師ではない他のものにさせるというあなたの考えどおりになることは多分間違いないでしょう。というのも私は自分にその力を感じるからです。

あなたに私の人生は決して笑い興ずるものではなく厳しい無くてはならぬ仕事の一つであると言うことは必要ではありません。というのも、彫金師であった私が、天職を与える意味での建築家になるために、巨大な一歩を踏み出さなければならないからです。……が、私は、自分がどこに行くべきかを知る今、この歩みのために──大いなる喜びと、勝ち誇った感激で──努力することができるでしょう。

パリの時間は能力の収穫期を得ようとする者にとっては実りのある時間です。パリは、もし人が自ら（無慈悲な）厳しさや容赦の無さをもたないなら、自分を見失う巨大な──思想の──都市です。愛しようとするものにとって、すべてがそこにあります。──（崇高な精神の愛、それはわれわれのなかにあり、われわれの精神であり得ます。もしわれわれがその愛をこの高貴な仕事に向けるならば。）

流れ去るこれらの時間が有益なものかどうかを知るため、彼らの思考をその日の一刻ごとに苦しまず身に付けない者にとっては何も無いのです。

パリの生活は活動的ですが厳しいです。パリは夢想家の死です。鞭の音が一刻ごとに仕事をしようとする（仕事を成就しようとする）者たちを叩きます。

私のパリの生活は孤独です。この八ヶ月ずっと、私は、誰のなかにもあるこの強い精神で、唯一人向き合って、孤独に暮らしています。その孤独な自分と日毎しゃべりたいのです。それで今日、私は、ゆたかな孤独の時間において、自らの精神で話すことができます。その時間のなかで人は根底を掘りくずし、鞭が打たれます。私が考え、学ぶためにどうかもう少し時間がありますことを！　現実のけちくさい生活は時間をむさぼり食います。

私の考えは固まっています。私は、後の方で、誰がその教育者であったのか、（その思想を与えた人たち）そしてそれが何に基づいているかあなたに述べるでしょう。そのことを明らかにするために私はあなたに言うでしょう：「私は夢想に耽らなかった。」

その思想は大きなものです。それは私を熱狂させます……わたしを罰します。それは私を支配します。私のなかの力が──内的な事実から引き起こされ──私を糾弾するとき、それは、時として私に翼を与えるのです：「おまえはできる！」私のまだ平坦な地平線に大きく粗描したことをなしとげるために私は自ら四〇年の年月をもっています。

今日で、ドイツやウィーンやダルムシュタットの一、二の学校の成功に似た子供っぽい小さな夢も終わりです。それは余りにもたやすいことです。私は真実そのものと戦いたいのです。それは多分きっと私を苦しめるでしょう。そのことは心配してはいません。今日、私が未来に向かって企て準備をすることは、平穏には済みません。多分、群衆の勝利はなおさら……が、私は——誠実に——生きるでしょう。私は罵倒を幸いとするでしょう。

私のなかに存在する力が話させます。それゆえ、これらのことを述べるとき、私は夢想をしてはいないのです。

現実はいつか（多分近いうちに）苛酷なものになるでしょう：なぜなら、私が愛する人たちへ戦いが近づいているからです。その前に、戦いがかれら自身に起らなければならないからです。さもないと、われわれはもはや互いに愛しあえないでしょう。

私の友人たちや私たちの仲間が、彼らが最も高価に所持していたものを燃やし——それらの最愛のものがすぐれていると信じる——、日々の満足でしかないちっぽけな生活を遠くに追い出してしまい、自分たちが高きを逸し、どんなにか低きに甘んじ、また自分たちがどれほど少しのことしか考えなかったかということに気付いてくれることを私はどれほどつよく望んでいることでしょう。今日あるいは明日、人が新しい芸術をつくるのは思想によるのです。思想は逃げを打つのでこれと戦わねばなりません。思想と出会い、それと戦うためには孤独な世界に行かなければなりません。パリは静寂と乾いた隠れ家を熱心に捜す者に孤独を与えます。

構築する芸術について私の考えはおおよそ下書きされました。それは、唯今日までの私の僅かな根拠——あるいは不完全な根拠——によって私がかろうじて成し得たものです。

ウィーンは私の建築の単なる造形的思考（単なる形だけの研究）を決定的に打ち砕いたので、パリに着いて私は自分のなかに茫漠たる空虚を感じ、自分に言ったのです：「かわいそうに！　おまえはまだ何も知らないのだ。そして何たること、おまえはおまえが知らないことをさえ（原文は三重線強調）知らない。」それはまさに私の計り知れない苦悩でした。誰にそのことを尋ねればいいのか：シャパランは自分がまだよく分からなく私の混乱を増した。それでグラッセに、F・ジュルダンに、ソヴァージュに、パケに。私はペレーのところで働いていますが、この問題について敢えて彼に尋ねはしなかった。それらの人はすべて私に言った：「あなたは建築について十二分に知っている。」

しかし、私の精神は反抗していた。私は昔の時代を調べに行った。私は最も深く悩んだ闘士を選んだ。二〇世紀のわれわれ、われわれがまさに真似ようとしているそれらの人々：ロマネスク芸術。それで私は三ヶ月間夜図書館でロマネスク芸術を調べた。それから私はノートル＝ダム寺院に行った。私はボザールのマーニュのゴシックの終りの講義を聴いた……私は理解したのです。

つぎにペレー兄弟はわたしを鞭打った。これらの力学の達人はわたしを罰した。彼らはその作品を通してまた時に議論において言った：「君は何も知らない。」ロマネスクの研究から、私は建築は形態の調和の問題ではないが、では他の一体何が……？と疑った。私はまだよく分からなかった。それで私は力学を勉強し次に静力学を学んだ。どれだけそれで夏の間中汗を出したことか。何度私は間違ったことか。それで今日、怒りをもって、これらの試行錯誤を自分のなかに確かめることができるのです。その試行錯誤から私の近代建築の科学がかたちづくられたのです。むかっ腹と喜びにおいて、というのは私はついにそこにおいてこそ善が存在することを知って、材料の力学を勉強したのです。これは難しいことですが、美しいのです。それらの数学は何と論理的で何と完全か！

……マーニュはまたイタリアルネッサンスの講義を始めました。それを否定して、なおもそこにおいて私は建築の何たるかを期待しています。ボーエンネルヴァルドはロマネスク建築、ゴシック建築の講義をまた始めました。そこでは建築の何たるかが輝いています。

ペレーの建設現場で、私はコンクリートが何であるか、それが要求する革命的な形態を見ました。

パリでのこの八ヶ月は強く私に訴えました：論理、真実、正直、過去の美術の夢を後ろに。目を高く、前に！　一語一語、言葉のもつすべての価値で、パリは私に言います：「おまえが愛したものを燃やせ、そしておまえが燃やしていたものを崇拝せよ。」

あなた、グラッセ、ソヴァージュ、ジュルダン、パケ、その他の人たち、あなた方は嘘つきです、グラッセ、真実のモデル、嘘つき、なぜなら、あなたたちは建築について何たるか知らないからです。——本当に、あなた、他の人たち、すべての建築家、嘘つきです、そうですその上馬鹿なのです。

建築家は論理的頭脳をもった人間でなければなりません。敵対者、なぜなら造形的な効果だけの愛を疑うことさえしないからです。科学的な人間とそれに見合う心をもつこと、芸術家であり、学者であること。私はそのことを知っています。が、あなた方の誰もこれを私に言ってくれませんでした：先人は彼ら聞くものに知恵を授ける。

エジプト建築はかくの如くであったのです。なぜならその宗教はかくの如くであり、またその材料はかくの如くであったからです。神秘的な宗教、まぐさ石の石積み、エジプトの寺院。

ゴシック建築はかくの如くでありました。なぜなら、その宗教はかくの如くであり、またその材料がかくの如くであったからです。伝播する宗教、小さな材料、大聖堂。

前行の結論として、もし人がまぐさ石を用いるならば、人はエジプトのあるいはギリシアのあるいはメキシコの寺院をつくることになるでしょう。もし小さな材料が課せられるなら、大聖堂が認められ、その大聖堂に続いた六世紀はその外で人は何もすることができないということを証明します。

人は明日の芸術について話します。その芸術はできるでしょう。なぜなら人類がその生きかた、その思考方法を変えたからです。プログラムは新しくなりました。それは新しい枠組みのなかで新しいのです：人は来たるべき芸術について話すことができます。なぜならその枠組み、それは鉄だからであり、鉄は新しい手段であるからです。この芸術の曙光は輝くものになります。なぜなら破壊に必要な材料、鉄でもって人は、その結果において目を見はる創造物、鉄筋コンクリートをつくったからです。そしてこれは、人々の記念建造物の歴史に大胆に道しるべをつけるでしょう。

一一月二五日水曜日　朝

私は勉学や、仕事そしてまだ長い戦いがつづくこの生活、幸福な生活、青年の生活を続けたいのです。パリでそして旅行において、私が十分に知り尽くすまで私はこのことをやりたいのです。というのは私はそれが正しいことであると感じるからです。

もし事情が旧態依然で変わらないなら、私はもはやあなた方に組しないでしょう。私は組することができないでしょう。二〇才の青年たちを、開かれ、行動的で、実行的な者にしてください（彼らは後継者に対して責任を負い実行します）。というのは、あなたです、あなたは豊かに満ちた力を感じて、それが若者においてすでに獲得されているのを見たような気になっているからです。力はそこにあります。しかしそれは発達させるべきものです。パリで、あなたの旅行において、またラショー＝ド＝フォンの最初の学年のあなたの孤独のなかで、あなたが、無意識に、その力を発達させた仕方においてです——今日では、あなたは自分の青春の生に知らぬふりをしているように見えるからです——。

講義の生徒、あなたはすでにかれらを——そのできばえによって——自惚れさせ、勝ち誇ったものにしているのです。二〇才で人は謙虚でなければなりません。

自惚れは彼らの現実の生さえ汲み尽くしてしまいます。彼らは壁を美しい色で覆いその美しさだけしか作れないと信じています。多分彼らの美しさは惨めに間違ったものです。それはまがいものです。表面だけの美しさ。偶然の美しさでしかありません：つくるためには知らなければなりません。講義の生徒は知りません。彼らはまだ習得してはいないからです。彼らは未熟な考えに浸っています。彼らはまったく苦しみをもっていないし、悩みもありません：苦悩なしに人は芸術をつくることはできません：芸術は生きる心からの叫びなのです。彼らの心は決して生きてはいません。というのは、彼らは自分たちが心を持っていることをまだ知らないからです。

それで私は、私は言います：その小さなすべての成功は未熟なものであり、崩壊は近づいています。人は砂の上に建築することはできないのです。

活動は余りにも早く出発しすぎたのです。あなたの兵士は幽霊です。戦いが起こるなら、あなたはたった一人になるでしょう。というわけは、あなたの兵士は幽霊だからです。というのも彼らは自分たちが存在していることを知りません──なにゆえ彼らが存在しているのか──彼らがどのように存在しているのかを。

あなたの兵士は決して考えたことがないのです。明日の芸術は一つの思想の芸術になるでしょう。

考えを高く前に！（原文強調太文字）

あなただけが前を見るのです。彼らは行き当たりばったりに──時たま偶然の幸福──見るだけなのです。彼らは暗中模索しすぐに押しつぶされてしまうでしょう。

つよさを保持するあなた、あなたは己れ自身を知るということは何であったかご存じでした。あなたはそれに価するもの……苦しみや怒りの叫びそして情熱の爆発をご存じです。

あなたはおっしゃいます：私は苦しんだ。私は彼らに道を用意した：彼らが生きてゆきますように！　不毛の岩に生える一本の木のようなものが二〇年かかってその根をめぐらし、勇敢に言います：「私は戦った。私の若芽が実りますように！」岩を斑にする腐植土で、何か板のようになった上にそれは種を落とします。腐植土は、木のようなものそれ自身が──さらに──その枯れた葉や苦しみで作ったものです。岩は太陽で温められ、種子が開きます。それは小さな根を伸ばします。何と元気よく！　それらの小さな葉を空に向かって突き出すことは何という喜び！

……しかし太陽は岩を温める。その植物は苦しんで自分の周りを見ます：それは余りにも高い熱のため、めまいを感じる。それはかれの大きな保護者に向かって支根を突き出そうとします。本当にその根を挿し入れるためにみずから二〇年をかけ――岩の割れ目を通して戦い、その根は余りにも薄いその裂け目を一杯にするのです。苦しんで、その小さな植物は自分を作った木を非難します。それはこれを呪い死んでいきます。それは己れで生きることなく枯れてゆくのです。

これが私が国で見たことなのです。そこに私の苦しみがあります。私は言います：二〇才で創造し敢えて創造することを欲し続けることは、すなわち、錯乱、間違い、驚くべき無分別、前代未聞の自惚れ。人がまだ肺をもたぬのに歌うことを欲する！　その人間（人間の語は原文二重線強調）について何という無知に陥っていなければならないのでしょうか？

私は木の比喩を恐れるのです……苦しみに備える木のために。というのはあなたは余りにも愛に満ちた人なので、熱烈な生が、――人がそれで戦うことができるために到達しなければならないもの――自惚れ、喜んで、空に向かってその頭を突き出していた小さな植物を旋風のように燃やしに来るのを見てその胸は悲嘆にくれるでしょう。

どんなふうに友人たちと私は再会すればよいのでしょうか？　私は、彼らに私をそのまま伝えることができるほどペランのように上品ではありません。私は余りにも――息苦しさで――耐えがたくなり、逃げ出すことになるでしょう。私はすでに（私の出発以来）二、三人の友人との余りにも強い自分の連帯感情に耐えがたくなって、逃げ出したのです。

私が愛する師、あなたに対する私の戦いはその誤りに対して存在するでしょう。並外れたあなただけの力によってとりこになり、目がくらんで、あなたは至る所で力に似たものを見ているような気がしているのです。あなたは、古い病院で、熱心で、熱狂的な若者の集まりを見ているような気がしているのです：それはすでに成熟し、勝利を得た集会場です：その集会場はあなただけのものなのです。つまり、それは、あなたがそこにいる時だけあり、それが炎をあげて燃えているのをあなたが見るためにあるにしかすぎないのです。

私は、敢えて結論を出しません。というのは私が正しくより先を見たいと思うには余りにも若すぎます。が、その時まで私は観察します。なぜなら私は自分が体験したことだけを話せるからです。

私の友人たちに対する戦いは彼らの無知に対する戦いになるでしょう。そのわけは、私が何かを知っているからではなく、私が自分が何も知らないことを知っているからです。私は彼らと共にはできないでしょう。というのは、彼らは相変わらず私の気持ちを傷つけることになるからです。彼らは私を制止するでしょう。私が高く前を見ることを欲するゆえにです。

私は、自分が傷つくでしょう。私は彼らを本当の友情で愛するからです。無に帰する〈連帯〉の幻想、これが私が幾日前から見ていることなのです。それはすでに始まっています。人が——われわれにとって——最も揺るぎないと信じていた二、三の人は消え失せてしまったのです：彼らは芸術とは何であるか知りません：それは強烈な自我の愛です。人はこれを黙想と孤独のなかに求めます。この崇高な〈自我〉は、ひとがこれを——戦いによって——なし得るとき、地上の一自我であり得るのです。それゆえこの自我は語ります。それは存在の奥深い事柄を断言するのです：芸術は生まれ、消え去り、突然に現われる。

人が自ら自我と戦い、人が自ら苦行を課し、人が自らを鞭打つのはその孤独においてなのです。

あそこの友人たちは孤独を求めなければならないのです。


……どこに？

いかに？

水曜日　夜

あなたにお手紙することが随分遅くなってしまいました。私はそうしたかったのでしょう。私は正確にいえばそう出来なかったのでしょう。私はこのことを申し分けなく思っていました。というのは私はあなたがこの沈黙を気にされているにちがいないと感じていたからです。私事に関する一分の猶予も無いほどに私は為すべきたくさんのことを抱えています。私は少し静かになりたいのです。ただこの夏だけ講義の休みでそれができると私は思います。決して私を疑わないでください。一日たりともあなたを忘れ得ないほどに私はあなたに愛着を抱いているのです。私は余りにも美しいあなたの作品に夢中になったので、自分が全力で望む以外のことをしたくないのです。あなたが信頼を置いたわれわれ、われわれがその職務に値し、決定的な時代の決意ができますよう。私は短いさよならを言います。まもなく私はあなたにお話しできる喜びをもてるからです。サインします。

愛するあなたの生徒より、

Ch. E. ジャンヌレ

追伸——レプラトニエ夫人にどうかよろしくお伝えください。

重要——私はあなたに私のところにできるだけ早く、私のイタリアの全デッサンを送り返してくださるよう敢えてお願いします。私はそれが自分のすばらしい使い方になるある事柄のために必要です。それを私は来週にしなければなりません。

付論1　ヴィオレ＝ル＝デュクのゴシック解釈

ヴィオレ＝ル＝デュク

ジャンヌレに強い影響を与えたヴィオレ＝ル＝デュクについて述べておきたい。その思想は、西欧一九世紀浪漫主義のゴシック再発見を担う。かれは、その浪漫主義に生きて、[1]みずからエコール・デ・ボザール入学を拒否し、[2]ゴシック再発見の旗印の下に、古典主義を信奉するこの建築教育の殿堂に果敢に立ち向かうのである。かれの思想は二つの主著に著されている。一つは、ゴシックの合理的解明を目指した先述の大著『フランス中世建築合理事典 Dictionnaire Raisonné de l'Architecture Française du XIe Au XVIe siècle』である。他の一つは、自身の建築思想を語る『建築講話 Entretien』である。

ヴィオレ＝ル＝デュクの思想をひも解いてみる。『建築講話』において、かれは、建築においては、まず、プログラムや建設の手順に従う「真」こそが必要であり、純粋に芸術の問題とみなされるいわゆる「シンメトリー」や「表面的な見かけ」は、二義的なものでしかないと述べる。[3]中世におけるわれわれの先駆者は、力学が明白であり、構造のすべての手段が形態の起源になる建築を求め、[4]抵抗的な材料の原理を用いて構造のなかに力の均衡を導いたのである。[5]唯、単純な原理のみが産出的なのであり、原理が単純になるほど、これに基づく造形は、美しく変化に富む。[6]

要するに、構造における要求と必要の真の表現に基づくことこそが、建築の第一義的意味なのである。[7]かれは、すべての全き美的な作品においては、常に厳密な論理的原理が見い出されるという。(8) 建築の決定的な第一の根拠は、必要の与件であるプログラムとこの物質的な手段に求められる。(9) すなわち、プログラム—構造—形態はまさしくつながって一つでなければならない。(10)

ヴィオレ＝ル＝デュクは、いわゆる「スティル」について述べている。(11) かれに従えば、「スティル」というのは、成就に向けて使われる手段と効果との間の全き調和のことである。(12) つまり、芸術への問いである美やスティルは、かたちそれ自体のなかにあるのではなく、目的的なまた効果的な見方におけるかたちの調和のなかにこそある。(13)

ヴィオレ＝ル＝デュクは、このように「スティル」を方法論的に捉える。それは、探そうとしても探し得ない、かたちから生じる一種の「香気のようなもの une sorte d'émanation de la forme」でしかないのであり、これにたいして、探し得るような「スティル」は、すべて、じつのところ「スティル」であるのではなく、それは細工の仕方なのである。(14) かれは、「スティル」を自然の香りに譬える。(15) そのスティルはそこにある。(16)

建築に与えられるかたちは、構造的原理の厳密な結果に過ぎない。(17) かれはゴシックに有機体の名を与える。(18) その断面はその場所にふさわしい一用途をもち、それらの石は、どの一つでも無くせば、その全体が危うくなる一つの働きを自らもつ。(19)

ゴシック復権を標榜するヴィオレ＝ル＝デュクは、ゴシックから「未開なゴシック」の汚名を取り除く。『建築講話』はこのことをいう。講話の第一巻に語られる芸術論こそはゴシックが成り立つ根本の思想を語っている。かれは「読者に」と題して巻頭でつぎのように述べている。「美術は、不死である。美術の根源は、世紀を経てなお真実である。人間というものは、常に同一だからである。仮に、習俗や制度が変わるにせよ、自身の精神というものは変わらない。筋道を立てて考える能力、その本能、その感覚は同一の源から発する。(20)」

こうした見方からすれば、確かにヴィオレ＝ル＝デュクが云うように、芸術はそれが生まれ育った環境から独立する自身の価値をもつ。(21) 芸術は、一国の文明的段階にたいし、自らの本質において、そうでなければ己のかたちにおいて自立する。(22) 芸術は、従って、科学からまたこれに劣らず国家の政治的状態から独立する。(23) 美術においては、それゆえ、法、偏見あるいは民族のいくらか未開な習俗によらず、判断することをよしとしなければならない。(24)

文明的に非常に進歩した時代が有する美術よりも、未開な時代の美術の方が優れる場合があるとかれは云う。(25) こうした見方に立てば、美術は全く未熟な文明のもとでも非常に発展し、完全なものになり得るからである。(26) 美術は、要するに、それがもつ固有の法において判断されなければならない。(27)

ヴィオレ＝ル＝デュクは、芸術をつぎのように説明している。人間の魂のすべての感情を表現するには、言葉や記号だけでは十分でなく、人間は、そこにおいて、自らの思いをもっと生きいきとさせる抑揚、拍子あるいはリズムを自らの声に付けながら同類の心を動かそうとする。(28) 幼児は、教わることなく、また言葉を憶える以前においてさえ、声や独特なリズムによって自らの欲求またその感情を表わす。(29) かれらは、発声法やリズムをすべての人間にわかる表現的な身振りでおこなう。(30) ヴィオレ＝ル＝デュクは、これはすでに一芸術であるという。(31)

ヴィオレ＝ル＝デュクは、芸術は多岐にわたるが、唯一つの源をもつのであり、弁士、詩人、音楽家、建築家、彫刻家あるいは画家といえども、それぞれ、すべての人間に恵まれる唯一つの感情の様々な表現を探究しているだけなのであると語る。(32)「赤い色」を尋ねられて、「トランペットの音」と答えた盲人の例を挙げ、ヴィオレ＝ル＝デュクは、芸術の様々な表現を結ぶそれらの内的なつながりをいう。(33) また、かれが幼少期に体験した、ノートル＝ダム大聖堂での出来事、突然、鳴り出した巨大なパイプ・オルガンの音色に、まさしくばら窓が歌うのを自ら目のあたりにしたことをまざまざと思い出しながら、芸術の様々な表現の間にあるこれらの内的な関係は、いわゆる教育によって与えられるものではないとかれは述べる。(34)

芸術は、源から捉えられなければならない。でなければ、芸術は容易に堕落する。ヴィオレ＝ル＝デュクは、理性が一つであるようにあるいはまた倫理が一つであるように、芸術もまた源においては一つなのだという(35)。

ヴィオレ＝ル＝デュクは、芸術の曙光に想像力を見るのであるが、想像力による夢にもっともらしい見かけを与えることのできる一種の内的な調整器 **régulateur intime** を人間がもたないのなら、それは、つかみどころのない単なる夢を生み出すだけであるという(36)。この調整器こそ、かれのいう「理性」すなわち人間の道理づける能力に他ならない(37)。

かれにとって、美術は、いわば民族の風俗に根ざしてこそ、また美術がそのような言葉であるときにこそ、生きいきと発展するのであり、これとは別に、国家のようなものを作り出すために美術が風俗から遠ざかるとき、つまりそれらが一種の特殊な文化になるとき、凋落する(38)。そのとき、人は、次第にそれらが流派のなかに閉じこもり、孤立していくのを見る(39)。まもなく、これらの美術はもはや民衆のものでない言葉を使う(40)。芸術は、このようにその起源が忘れられ、自らの表現が縛られるとき、死を迎える(41)。

ヴィオレ＝ル＝デュクはいう「感情、情念、悪徳、美徳、趣味あるいは欲求などは、高度に進んだ文明社会に生きている人間においてよりも、素朴な人間においての方がはるかに豊かに表出される(42)」。かれは、そこに表現される「身振り」の真実と繊細さを称賛し、それは凌駕し得るとは思えないと語っている(43)。

かれは、この見方において西欧一二世紀を見るのである(44)。高度に発展した文明社会の芸術家は、定まった様式を探究する(45)。これにたいして、素朴な時代の芸術家は、自ら意識することなく、独自の風格をまさに作品に創り上げる(46)。芸術の根源をこのように見ながら、かれはゴシックを解釈する。

一九世紀浪漫主義におけるゴシック思想

ところで、ペヴスナーは、ラスキンの『建築の七燈』に語られる「真実の燈」を、建築家は「真実を離れて」決して制作してはならない、あるいは偽りから美に到達できると信じることは邪道であるというヴィオレ＝ル＝デュクのその言葉に見い出して、ヴィオレ＝ル＝デュクの「真実の燈」は、ラスキンのそれと同じように燃えさかると述べる[47]。ペヴスナーがいうように、ラスキンもヴィオレ＝ル＝デュクも共に建築に倫理を見るのであるが、ゴシックにたいする両者の具体的な見方は違っている。ラスキンは、ゴシックにこれを創る石工の情熱を見て、そこに表現される手仕事を見直す。これにたいして、ヴィオレ＝ル＝デュクはゴシックの構造に目を向け、それは見事な力学の合理をもつという。

ヴィオレ＝ル＝デュクは、『建築講話』のなかで、過去の芸術の研究においては、深く考えもしない伝統の単なる写しにしかすぎないかたちと社会的状態あるいは必要性の直接的な表現であるそのかたちとを厳しく区別しなければならないといい、後者の研究こそは、実質的な結論をもつものであり、それは決してかたちの模倣においてではなく、まさに一つの原理に基づく知性においてこそなされると語る[48]。

かれは、このあと、デカルトの方法を交えた解釈を述べている。デカルトによれば、良識 le bon sens つまり理性 la raison とは、よく判断し、真なるものを偽なるものから分かつ能力に他ならない。そうした良識すなわち理性は、人間に公平に備わった生まれながらにもつ能力なのである[49]。デカルトは、このような理性を正しく導いて真理に到らしめる一つの方法論的省察を著す。それがデカルトの『方法序説』である。

ヴィオレ＝ル＝デュクは、これを自身の『建築講話』に引く。また、かれは『フランス中世建築合理事典』において「正しい表現を見出すこと、また明晰であること、これらは、論証におけると同様に、造形美術においてもつフランス的資質である」と述べている[50]。ヴィオレ＝ル＝デュクのゴシック解釈には、このようなデカルト以来の大陸の合理論が色濃く反映する[51]。

いわゆる「ゴシック再発見」は広汎なひろがりをもついわば西欧による西欧への回帰である。ヴィクトル・ユゴーは、『ノートル＝ダム・ド・パリ』（一八三二）のなかで、フランス大伽藍の女王、ノートル＝ダム大聖堂の前で「時は、万物を蝕めども、人はさらに然り Tempus edax, homo edacior」とつぶやき、心なく流れ去る時とともに朽ち果てていかんとするその聖堂に悲憤の嘆声をもらしつつ、いう。「時は盲目だが、人は愚かだ le temps est aveugle, l'homme est stupide」[52]。ヴィクトル・ユゴーは「(それは、)巨大な石造の交響楽なのだ。またひとりの人間、一つの民族の手から生まれ出た一大作品」[53]であり、「そうした建築は、天才の頭から生まれたものというより、むしろ営々として働いた諸民族の努力の産物」[54]であると云う。

一九七九年は、ヴィオレ＝ル＝デュクの没後一〇〇年にあたり、これを記念する「ゴシック再発見展覧会」がパリでおこなわれ、全西欧的な拡がりを見せるゴシック再発見が展示された。図録によると、最も先駆的なものとして、ウィリアム卿(一六〇五～一六八六)の『セント・ポール寺院の歴史』(一六五八)とホラーによるその身廊の挿絵が挙げられている[55]。ヴィオレ＝ル＝デュク以前の広汎な「ゴシック再発見」をここに一瞥してみる。

イギリスにおいて、『オトラントの城』を書いたホレス・ウォルポール(一七一七～一七九七)、『ヴァテック』に知られるウィリアム・ベックフォード(一七六〇～一八四四)、画家ターナー(一七七五～一八五一)、ウイリアム・ブレーク(一七五七～一八二七)、『対比』(一八三六)に名高いピュージン(一八一二～一八五二)、またドイツにおいて、ゲーテの「ドイツ建築について」(一七七二)、シンケルの中世ゴシックへの浪漫的憧憬、フリードリッヒ・シュレーゲル(一七七二～一八二九)の『パリからコローニュへの旅の手紙』(一八〇四)、そしてフランスにおいて、コルドモアの『全実用建築新概論』再版(一七一四)、スフロの『ゴシック建築について』(一七四一)、ロージェの『建築試論』(一七七五)などである[56]。

ヴィクトル・ユゴーによれば、真の建築は民族の手から生まれる。「民族の手」は、ゴシック聖堂のすべてのものを統べる。そこに、石造の巨大な交響楽が現われる。こうしたユゴーのゴシック思想は、じつは、ヴィオレ＝ル＝デュクの語る芸術論と通じ合っている。ヴィオレ＝ル＝デュクに従えば、すべての人間の魂に生きる唯一つの感情、これが多岐にわたるさまざまな表現、詩、音楽、建築、彫刻、あるいは絵画を摸索する。かれは、そこにおいて、理性が一つであるようにまた倫理が一つであるように、芸術もまた根源において一つであると云ったのである。ラスキンもまたこうしたことを語る。ゴシック建築の完全さは、ありきたりの石工によってなしとげられるのではなく、まさにそのすべて、かれの全生涯、全思想、全精神を投げうって達成される[57]。ラスキンは、ゴシックの美に全身全霊をかけた石工の手を見る。

自身が解釈するゴシックの魂において、ヴィクトル・ユゴーは、一八世紀フランス古典主義の精華「良き趣味 le bon goût」は安価な装飾技法のうちに芸術を窒息させると云い、これを断罪する[58]。ヴィオレ＝ル＝デュクもまた、自らが解釈するゴシックの「真の構築」において、いわゆる「シンメトリー」や「表面的な見かけ」は、二義的なものでしかないとしてこれを斥ける。また、ゴシックを創る真の自由を石工の手に見るラスキンは、機械のなす「手仕事」の鋳造を「工作の偽り Operative Deceit」としてこれを弾劾したのである[59]。

ヴィクトル・ユゴー、ヴィオレ＝ル＝デュク、ジョン・ラスキンは、一九世紀浪漫主義の雄渾なゴシック復権を語る。われわれは、それらの思想を通約する、ゴシックのデミウルゴスを見逃してはならない。すなわち、「ゴシック」は、そのかたちの奥深く、生きづく一つの命をもつ。そのゴシックの内なる生命に、ヴィクトル・ユゴーは「民族の手」を、ヴィオレ＝ル＝デュクは「真の構築」を、さらにジョン・ラスキンは「全身全霊をかける石工の手」を見る。

結論づければ、一九世紀浪漫主義に見るゴシック再発見は、「ゴシック」のかたちを造化した内なる生命の発掘に向かったといえる。かたちは深き内部から生まれる。ゴシック再発見はこれを詩わんとする。

ラファエロの絵画：「アテネの学堂」

こうした一九世紀の西欧建築思想はいかなることをわれわれに言わんとするのか。ルネサンスに描かれる一つの絵画をここにに挙げて、このことを考察してみたい。ヴァチカン美術館に「アテネの学堂」と題した壁画がある。ラファエロの手になるこの壁画はあまりにも有名なものであり、プラトンとアリストテレスの古典的解釈を示している。[60] つまり、プラトンとアリストテレスの根本的な対立をこの絵は表わす。天を指さす一人の老人と、これに反対するように地を手のひらで示す、若いもう一人の人物がちょうど並ぶように画面の中央に陣どっている。天を指さす一人の老人がすなわちプラトンであり、これにたいし、地を手のひらで示す、もう一人の若い人物はアリストテレスであるといわれる。[61]

プラトンは、『パイドン』に「魂は、肉体にあざむかれる」[62] と書く。感覚的なものにたいする不信から、プラトンは恒常不変のもの、言い換えれば「ものの本質それ自体」というべきものを存在の根本に想定する。[63] 手で触れることも、目で見ることもできないこの「恒常不変のもの」は、精神のおこなう思惟によってのみ捉えられる。[64] プラトンの語る「イデア」がそこに生まれる。

これにたいして、アリストテレスはいわば「対象」そのものをまなざして、学的認識においてわれわれは、まず、その対象の原理、原因さらにその構成要素を知らなければならないと述べる。[65] アリストテレスの云う「事象の四因」である。[66] そこにおいて、質料因は何から作られるかということを、形相因は事物の形態的な根拠を、始動因はつくる主体を、最後に目的因はその究極の目的を意味する。アリストテレスは、プラトンと違って、このように実在把握の要件を実在そのもののなかに求めるのである。[67]「アテネの学堂」は、こうしたプラトンとアリストテレスの根本的な対立を絵に表現している。

プラトンとアリストテレスの見方から、「詩人」を考えてみると、正反対のふたつの結論が導き出される。ギリシアの愛智の法廷は、「詩人」を訊問する。存在の真実に「イデア」を想定するプラトンの考えからすれば、芸術家（画家）は、真に有るものから数えて三段階離れる「見かけの模倣」をつくるものでしかない。[68] 詩人も画家と同様に捕えられる。[69] かれは、真実から遠く離れた影像を同じように作り出すからである。[70] プラトンの理想国家の法廷は「詩人

の追放」を宣告する。(71)

一方、これにたいして、アリストテレスは、「詩学」において、模倣によって最初の学習がなされ、万人がそのように模倣されたものをよろこぶとして、実物そのものとしてはわれわれが心を傷めながら見るところのものどもも、それらの特に正確な模写であれば、よろこんで観賞すると語るのである。(72)アリストテレスは、そうした詩作を歴史に対比し、実際に起こった出来事を語る歴史家にたいして、詩人は、起こるであろうようなことを語るのであり、それゆえに、詩作は、個々のことを語る歴史よりもなおいっそう普遍的なものを語り、高い哲学的価値をもつと述べる。(73)こうしてアリストテレスは「詩人」を称賛する。

プラトンは、家具のベッドを例にとり、これに関わる画家、ベッド職人、神を考える。プラトンは、画家の描くベッド、職人の作るベッド、最後にこの二つを超える真実存在のベッドを唯一つ思惟する。(74)プラトンは、事物の存在に唯一つの「本質」をみて、「まことの存在」というべきものを純粋に思惟する。これにたいして、アリストテレスは起こるであろうことを語る詩に高い価値を認める。

プラトンは、ものの「まこと」をいう。アリストテレスは、詩に芸術の普遍性を語る。芸術に関わる最も根本的な問いがここに出されている。「まこと」は思惟されるが、見えざる。「芸術」は見ゆるが、思惟せず。ラファエロの「アテネの学堂」は、今、このことをわれわれに示唆する。

ポール・アブラアムのヴィオレ＝ル＝デュク批判

われわれは、「詩人の追放」と「詩人の称賛」という、芸術にたいする二つの問いをここに確かめることができる。一九世紀ゴシック思想に戻ってみたい。

ヴィオレ＝ル＝デュクは、美術が自然の模倣から離れれば離れるほど、それらは琴線に触れ、深い感動を与えるようにさえ思えると述べている。[75]ヴィオレ＝ル＝デュクは、人間感情の源に一つの普遍性を見る。かれが、ゴシックに解釈する「形態―力学」の合理も同様にゴシックに一つの本質的意味を与える。それゆえにこそ、ヴィオレ＝ル＝デュクにとって、修復restaurationとは、聖堂の保存に気を配ることでも、またこれを修繕することでもなく、まさしくその聖堂をかつては存在し得なかった完全な状態に復原することにある。[76]まさに、プラトンの云うような「イデア的真実」すなわち「まことの存在」がそこにあるといえる。この見方からすれば、ヴィオレ＝ル＝デュクの思想は、プラトンの云う「真実の存在」をゴシックに打ち立てている。

ヴィクトル・ユゴーもまた、民族の手において完成される巨大な石造の交響楽、それがゴシックであるという。ヴィクトル・ユゴーにとって、ゴシックの真実は「民族の詩」にある。かれは、このことを『ノートル＝ダム・ド・パリ』に書いたのである。ジョン・ラスキンもまた、全身全霊をかける石工の手にゴシックの真実を見る。かれはゴシックの「真実」をそのような石工の魂に求めたのである。

ところで、ポール・アブラアムは『ヴィオレ＝ル＝デュクと中世の合理主義』（一九三四）においてヴィオレ＝ル＝デュクのゴシック解釈に異議を唱えるのであるが、[77]こうした一九世紀の思想的意義を考えてみるとき、『ヴィオレ＝ル＝デュクと中世の合理主義』は、より深い一つの問題を明瞭にする。というのは、ポール・アブラアムは、ゴシック構造の力学の実証性にこだわるあまり、その視点は、言ってみれば、結果に対する検証の域を超え得ないのであり、そうした実証的な自然科学における観点は、一方において、ある見えないかたちが一つの見えるかたちになる、建築が生まれるこのデミウルゴスを不問にすると考えられる。

ヴィオレ＝ル＝デュクのゴシック解釈はそうではなかった。かれは、これがいかにして生まれたかを問うたのである。かれはゴシックの合理をそこに見ようとしたのであり、いわばプラトンの云うような「存在の真実」を示そうとする。ヴィオレ＝ル＝デュクは、現実のゴシックを創るもう一つの理念的なゴシックにおいてこれを解き明かそうとしたといえる。

ポール・アブラアムの反証は「建築」にたいする重要な一つの問いを主題化する。建築をつくることの意味である。一九世紀浪漫主義にみるゴシック再発見の地平には、ゴシックの「真」を求めるプラトン的倫理が築かれている。模倣的なものがそこに拒否されるのである。

ル・コルビュジエは、オーギュスト・ペレーに導かれて、まさにこのことを学ぶ。ピューリスム共同制作の水面下にはある思想的な対立があった。オザンファンとル・コルビュジエを分かつ思想がここに明らかにされる。ル・コルビュジエは、オザンファンの「見ゆる芸術」にたいして、自身のそれを「見えざる真」から生む。ル・コルビュジエは、これをいえば、「見えざるまことを見ゆる」、この至難のわざを己の芸術に課したのである。ル・コルビュジエの飽くなき追求がはじまる。ヴィオレ=ル=デュク合理論の理念化と空間化というル・コルビュジエ独自の絵画の意味がそこに帰結されてゆく。

注

1 Pierre-Marie Auzas, *Eugène Viollet-Le-Duc 1814-1879*, Caisse Nationale des Monuments Historiques et des Sites, Paris, 1979
2 *Ibid.*, pp.21-22
3 Viollet-le-Duc, *Entretiens sur l'Architecture*, Pierre Mardaga, éditeur, Bruxelles, 1977, p.451
4 *Ibid.*, p.452
5 *Ibid.*
6 *Ibid.*, p.458
7 *Ibid.*, pp.462-463
8 *Ibid.*, p.464
9 *Ibid.*
10 *Ibid.*, p.465

11 Viollet-le-Duc, *Dictionnaire Raisonné de l'Architecture VIII*, F.de Nobele, Paris, 1967, pp.474-497
12 *Ibid.*, p.482
13 *Ibid.*, p.484
14 *Ibid.*, p.493
15 *Ibid.*, pp.494-495
16 *Ibid.*, p.495
17 *Ibid.*
18 *Ibid.*
19 *Ibid.*
20 Viollet-le-Duc, *Entretiens sur l'Architecture*, cit., p.6
21 *Ibid.*, p.11
22 *Ibid.*, p.14
23 *Ibid.*, pp.14-15
24 *Ibid.*, p.16
25 *Ibid.*
26 *Ibid.*
27 *Ibid.*
28 *Ibid.*, p.12
29 *Ibid.*
30 *Ibid.*
31 *Ibid.*
32 *Ibid.*, p.17
33 *Ibid.*, p.20
34 *Ibid.*, p.22
35 *Ibid.*

36 *Ibid.*, p.25
37 *Ibid.*
38 *Ibid.*, p.30
39 *Ibid.*
40 *Ibid.*
41 *Ibid.*
42 *Ibid.*, p.31
43 *Ibid.*
44 *Ibid.*
45 *Ibid.*
46 *Ibid.*
47 Nikolaus Pevsner, *Ruskin and Viollet-le-Duc*, Thames and Hudson 254, London, 1969, P.17
48 Viollet-le-Duc, *Entretiens sur l'Architecture*, cit., p.454
49 René Descartes, *Discours de la Méthode*, Librairie Philosophique J.vrin, Paris, 1976, pp.1-2（邦訳デカルト、野田又夫訳『方法序説・情念論』中公文庫、一九八四年、八頁）
50 Viollet-le-Duc, *Dictionnaire Raisonné de l'Architecture VIII*, cit., p.497
51 鈴木博之『建築の世紀末』昌文社、一九七七年、一二二頁：「ヴィオレ＝ル＝デュクは、〈考古学的実証を通じての建築の源泉への遡行〉と〈論理的かつ哲学的思弁を通じての建築の原型探究〉という新古典主義の分裂を、ゴシック建築の構造原理の解明によって克服した」とする見方は、そうしたヴィオレ＝ル＝デュクの思想の歴史的な意義を語る。
52 Victor Hugo, *Notre-Dame de Paris*, Gallimard, 1974, p.155（邦訳：ヴィクトル・ユゴー、辻昶・松下和則訳『ノートル＝ダム・ド・パリ』講談社、一九八一年、一一七頁）
53 *Ibid.* p.156（前掲注52邦訳書、一一八頁）
54 *Ibid.* p.162（前掲注52邦訳書、一二四頁）
55 *Le "Gothique" Retrouvé avant Viollet-le-Duc*, CNMHS, 1979, p.20
56 *Ibid.*

57 J.Ruskin, *The Stones of Venice*, Faber and Faber, London, Boston, 1981, p.209（邦訳：福田晴虔訳『ヴェネツィアの石』第三巻、中央公論美術出版、一九九四年、一五頁）

58 Victor Hugo, *op. cit.*, pp.158-159（前掲注52邦訳書、一二一頁）pp.120-121

59 J. Ruskin, *The seven lamps of architecture*, George Allen, London, 1894（5th ed.）, p.94-98（邦訳：ジョン・ラスキン、高橋松川訳『建築の七燈』岩波書店、一九三三年、八五～八九頁）

60 ジャン・ブラン、有田潤訳『アリストテレス』白水社、一九七八年、二九頁

61 同前

62 藤沢令夫編『プラトン（世界の思想家1）』平凡社、一九七七年、七九～八二頁「パイドン」

63 前掲注62『プラトン（世界の思想家1）』一〇一～一〇二頁「パイドン」

64 同前

65 出隆・岩崎允胤訳『アリストテレス全集3　自然学』岩波書店、一九七六年、三頁

66 前掲注60『アリストテレス』七五～七六頁。前掲注65『アリストテレス全集3　自然学』五六頁。

67 前掲注60『アリストテレス』二九頁。

68 山本光雄訳「国家」『世界の大思想19　プラトン』河出書房新社、一九七四年、三一三～三一七頁

69 同前

70 同前

71 前掲注68「国家」『世界の大思想19　プラトン』三一三～三三二頁

72 村治能就訳「詩学」『世界の大思想20　アリストテレス』河出書房新社、一九七四年、三五七～三五八頁

73 前掲注72「詩学」『世界の大思想20　アリストテレス』三六四～三六五頁

74 前掲注68「国家」『世界の大思想19　プラトン』三一三～三一八頁

75 Viollet-le-Duc, *Entretiens sur l'Architecture*, cit., p.18

76 Viollet-le-Duc, *Dictionnaire Raisonné de l'Architecture VIII*, cit., pp.14-34

77 Pol Abraham, *Viollet-le-Duc et le Rationalisme Médiéval*, Vincent, Fréal & Cie, Successeurs, Paris, 1934. アンリ・フォッション、神沢栄三・長谷川太郎・高田勇・加藤邦男訳『西欧の芸術2　ゴシック』鹿島出版会、一九七二年、四～二〇頁：フォッションは「初期ゴシック芸術」において、この論争についてヴィオレ＝ル＝デュクを擁護する自らの考えを述べている。

付論2　建築空間と身体

建築空間と身体の問題をいま視点を換えて中世ゴシックの世界において考えてみたい。いわゆるゴシックの空間とその彫像はいかにつながるのか。建築と身体の問題は単に近代の文明論のみを構成するのではない。空間と身体は時代として、また場所としてさまざまにその様相を変える。身体と空間は、広汎な人間の構築的世界を明らかにする重要な視点になる。

古代ギリシアや中世ゴシックの彫刻を建築の空間とともに考えてみるとき、改めてル・コルビュジエの身体の意味が明瞭にされる。

ゴシック再発見

廃墟にも似た建築が深く西欧の心をとらえる中世ゴシックの再発見は、重要な一つの示唆をわれわれに与える。建築の空間的構成が単に構造的なエレメントの足し算にしかすぎないとするなら、その建築は、とどのつまり廃墟にとどまったはずである。ところが、廃墟にも似た中世ゴシックの建築は、自らこれを超える。この構築の空間は、老いさらばえてなお、己の奥底に巣くう一つの生命を宿していた。

そのような西欧ゴシックの空間は、身体の相貌にかかわる深い感情を生む。ゴシックの再発見は、己の建築空間にかかわる身体の意味を示唆する。建築空間と身体は一体のものであった。とすれば、建築空間と身体はいかにむすばれるのであろうか。ゴシック再発見は、ゴシックを語る文学作品を産んでいる。作品は、ゴシックが深く身体にかかわることを告げている。その身体はいかに示されるのか。

「空間」の意味

われわれはある堂宇に佇む。そこで、いわく言いがたい一つの詩情にとらえられてゆく。建築の「スティムング」[1]がそこにある。われわれと建築との出会いとは、じつのところをいえば、こうしたことにある。あるスティムングがすぐれた建築作品に漂う。建築を考えるうえで、それはおろそかにされてはならないことがらである。

建築は、空間という捉えがたいものを創る。そうした空間は、いかにして把握可能なものになるのか。建築を創る最も根本的な条件がそこにあろう。そうした空間にかかわるものは、いったい何であるのか。筆者は、身体をそこに見るのである。空間は、一方において機能の方法的意味を担うが、もう一歩深くこれを見てみると、それは、自ら統一される全体的意味をもっている。こうしたことを考えるうえで、筆者は、建築の「スティムング」に着眼してみたい。

建築の「スティムング」は、建築がわれわれを包みこんで一つにする世界の意味を表現している。ある世界的なもの、あるいは宇宙的なものを「建築」は自ら示している。とすれば、建築をつくることは、そもそも世界そのものの意味と深くかかわっている。建築のデミウルゴスは、そこに及んでいる。そうした「建築」を真に見ることがあるとすれば、そのこともまた、世界の意味へとあるいは宇宙そのものの創生にさえかかわるような一つの存在のドラマへとつながるものでなければならぬ。

われわれは、ここに一つの循環論をたどる。建築をつくることと世界の意味は、一つの円環をなしている。が、そのことが、正統に建築を語っているのである。われわれは、この難問に出会う。建築が創る一つの世界性は、いかに存在するのか。これは、解釈の根本的な問題にかかわる。

「解釈学」を提唱したのは、ウィルヘルム・ディルタイである。『解釈学の成立』[2]のなかで、かれはこう述べる、「カントの批判は、人間的認識の血肉に十分深く切りこまなかった[3]」と。かれは、抽象学派の根本的な誤りは、抽象された部分内容の生き生きとした全体にたいする関係をなおざりにしてしまい、そうした抽象物を実在をするものとして取り扱うようになったことにあると云う[4]。また、歴史学派も、生き生きとした非合理的な力強さのある、理由律にしたがう認識を越えた現実を深く感じるあまり、抽象の世界から逃避したことにおいて、前者の誤りを補いはするが、それに劣らず、災いな誤りをおかしていると語る[5]。

ディルタイは、標本的な部分内容を全体的な有機的現実に関係づけ、この、いわば生きいきとした連関のなかに、認識の方法論を求める[6]。すなわち、かれは、われわれに根源的かつ第一次的に与えられているものは、このもの「われわれの生」であるとして[7]、そのような生は、体験や理解や歴史的把握においてのみ、現存すると述べる[8]。

ここに、ディルタイの「生の哲学」は、体験、表現、および了解という連関において、精神科学の対象がもつ独自の方式を見いだす[9]。かれは、まず、感覚的に与えられた、精神的な、生の表示から、この精神的な生が認識されるにいたる過程を「了解 Verstehen」と呼び[10]、この、文字によって固定された生の表示の了解の技術論を「解釈学 Hermeneutik」と名づける[11]。が、そこにおいて一つの難問が気づかれる。それは、個々のものから全体を、しかして再び全体から個々のものを、というその循環である[12]。

このディルタイの試みを自らの思想に取り上げたのが、ハイデッガーである[13]。かれは、いわゆる「了解作用の循環」に誤謬を見て、これを避けようとすることは「了解」を根本的に誤解するものであり、そこにおいて決定的なことは、循環からぬけだすことではなく、逆に、そのなかへと、正しい仕方で入り込むことであると述べる[14]。

かれは、そこに語られる了解作用の循環は、任意の認識様式がたどってしまう、堂々めぐりの円環のことではなく、現にある存在それ自身の実存論的な「先行―構造」を表す表現なのであると説明して、その循環のなかに、最も根源的な認識の積極的な可能性を見ようとする。(15)

かれは、そのような解釈において、了解するはたらきは、何かほかのものになるのではなく、じつは、了解のはたらきそのものになるのであるとし、「解釈」は、了解されたものの認知ではなく、了解のはたらきのうちに企てられたいろいろな可能性の完成なのであると云う。(16) そこにおいて、かれは、そうした解釈の可能性を裏付けるものとして、ある「予視」(あらかじめ見ること)を挙げる。(17) 解釈は、予握(あらかじめつかむこと)に基づく。(18) かれのいう、了解作用の循環がもつ根源的な認識の可能性は、解釈を意味づける予持、予視、予握から生まれる。真正の方法は、明らかにしようとする「対象」にたいし、これをとらえる根本的な構えへの適切な予見に根ざす。(19)

こうした見方が引かれるのは、建築の空間を考えるうえで、一つの循環論が克服されなければならなかったからである。これを考える、いくらかの準備がなされた訳である。

建築空間と彫像

ヴォーリンガーは述べている、「ギリシア建築が達成しえた表現は、すべて石とともに、石によって達成されたものであり、ゴシック建築が達成しえた表現は――ここに、完全な対照が確認される――、すべて石にさからって達成されたものである。ゴシック建築の表現は、材料のうえにうちたてられたものではなく、まったく材料の否定によって、材料の物質性脱逸だけによって成就されたものである」(20)と。

石の物質性の感覚的な肯定と否定に見る、ギリシア建築とゴシック建築の対照的な解釈が明瞭になっている。「石」の重さに対するふたつの構えがここにある。それは「石」の物質性にただ対しているのではない。そこにおける二つの空間生命をこそ、われわれは見なければならない。

それらの建築にかかわる彫刻を比べてみる。今道友信の鑑賞にしたがえば、ギリシアやルネッサンスの彫刻においては、頭部を欠いたいわばトルソーのようなものでも、現実に造形芸術としての価値が認められるのであるが、これに対して中世の彫刻の場合には、頭部を欠いてしまえば意味がないような物体になる(21)。

図版89　ギリシア彫刻の一例

図版90　中世ゴシック彫刻の一例

つまり、シャルトル大聖堂の南正面にある聖人像やヴェルツブルグのマリア教会のリーメンシュナイダーの十二使徒像においては、精神の苦悩やよろこびとかを刻みあげる顔面に特色があり、この部分が失われると作品の輝くところが奪われるという(22)。リーメンシュナイダーはゴシック彫刻の巨匠として名高い。ギリシアとゴシックが表現する精神の違いを彫刻にとらえたみごとな見方がここに述べられている。

ケネス・クラークは「ギリシアの裸体像が体技場においてほこらしげに自己誇示する英雄的な肉体とともに始まったのに対し、キリスト教の裸体像は、罪の意識にうちふるえるおぞましい肉体とともに始まった(23)」と語る。ギリシアのほこらしげな肉体の彫刻と顔面にきざみあげられたゴシック彫像の悲哀の表現がそこにある。ギリシアやルネッサンスの彫刻においては、姿体の肉感的量塊が彫琢され(図版89)、一方ゴシックの彫像においては、悲哀に満ちた精神の内面が彫りこまれる(図版90)。

芸術の表現は対照的である。ゴシックの彫像は、ギリシア彫刻の量塊を喪失して見た目にもほそり、「楽園追放」の沈痛な原罪感を自らに表わしさえしている。

身体をいわば肉体として見るギリシアの観照に対して、ゴシックは肉体を否定するような身体の彫刻に己の精神を表現している。前述した今道友信の鑑賞は、この二つの彫刻に正面から対したものであった。すなわち、トルソーは肉体を、顔面は内面的な精神を表わしていたのである。

ヴォーリンガーが指摘する「石」の二つの構築的なはたらき、「石とともに」と「石にさからって」は、より深く「肉体」と「精神」の問題として存在しているのである。二つの構築の空間は、根源的な「身体」の意味に関わっている。つまり「石」を感覚的に肯定することは、もっといえば、肉体そのものに届く古代ギリシアのまなざしなのであり、反対に「石」を感覚的に否定することは、すなわち肉体に目を閉じる内省的精神を表わして「原罪」的な中世の内面につながる。

二つの彫刻はそれぞれの建築空間と結びあっている。そこに存在する石は一つの詩的世界の構築をこそ己に語る。空間のただ中に己が「精神」と「肉体」の褒貶をあらわにする身体の相貌は、自ら打ちたてる根源的な「生」を表現する。そうであるならば、建築空間はまさしく「一つ」のものである。そこにおいて、全体を統べる根源的な存在が問われなければならない。

ホレス・ウォルポールの「スティムング」

ゴシック彫刻の作者は、石切工に始まる自由石工（フリーメーソン）である。[24] かれらは、ゴシックの盛んな建設期において、次第に「彫刻家」の地位を得てゆく。[25] しかし、表現の自由はゴシックの世界に留まる。こうしたことが七八七年のニケア宗教会議で討議されている。つまり、宗教は、芸術の発想ではなく、カトリック教会と宗教的な伝統とにより設定された原理に基づいて構成されければならなかったのである。[26]

われわれはゴシック彫刻の教義的意味を見いだす。が、そうした彫刻は思弁的な神学を超える芸術の生命を表現する。ゴシックの世界は、文字通り、「一つ」の世界をかたちづくる。そうしたゴシックの「スティムング」が、数世紀を隔てて、再び、発見される。崩れた、聖堂に分け入って、西欧浪漫主義は己が精神のゆえんを語るスティムングを知る。新たな一九世紀西欧浪漫主義の生命はこのスティムングに生まれる。

ホレス・ウォルポールの『オトラントの城』（一七六四）の物語は、自らがつくったゴシック風の居館、「ストローベリ・ヒル」で見た一つの夢に始まる。[27] 物語は、オトラントの城館と領主権の真の所有者をめぐって、展開される。あらすじを辿ってみると、オトラント城主マンフレッドが、毒殺された先代の名君アルフォンソの亡霊と城にまつわる奇怪な出来事を前にして、「オトラント」の真の世嗣をアルフォンソの血を引く「セオドア」に認めて、地位の譲渡をおこなうというものである。物語の基調は、「アルフォンソ」という霊的な存在によって構成され、物語は奇怪な現象への恐怖心、超自然的な力を前にしたおののきを描写する。

物語の場面は、まず「オトラント」の秘密を心中深く知るマンフレッドが驚愕の出来事「わが愛息コンラッド」を華燭の典を前にして青天の霹靂のごとく失うことに始まる。マンフレッドの恐怖が真のものになる。一人の若い百姓が「アルフォンソ」の名を口にしたときである。「夢幻の境にあったマンフレッドは、にわかにわれに返り、嵐のように怒り狂って叫ぶと、若者の襟首をつかんだ」[28] のである。物語の最後の場面に、雷鳴のとどろきと栄光の炎につつまれて消えるアルフォンソの巨大な姿が現われて、[29] 霊的存在の不気味な恐ろしさは天啓へと化す。

ホレス・ウォルポールは、ゴシック的雰囲気にとり憑かれる。居館「ストローベリ・ヒル」はひたすらに想う自らのゴシックの夢の実現であった。[30]『オトラントの城』に語られる精神の霊的なドラマは深く「ゴシック」から生まれている。居館「ストローベリ・ヒル」に見るホレス・ウォルポールの「夢」が、奇書『オトラントの城』を生む。

ホレス・ウォルポールが造るゴシックの世界は、深層に達する一つの「スティムング」をここに示している。ホレス・ウォルポールのゴシック再発見が建築史上にもつ一つの意義は、廃墟にも似たゴシックから、いまに生ける一つの「スティムング」を汲み上げたことにある。

ヴィクトル・ユゴー『ノートル＝ダム・ド・パリ』

ゴシックの復権に誕生した、一九世紀浪漫主義におけるもう一つの文学作品をここに挙げてみたい。この作品こそ、一文学に著された「建築の書」である。ヴィクトル・ユゴーは、一八三一年『ノートル＝ダム・ド・パリ』を著す。かれはこの着想を序文に書いている。かれは、一八二五年頃、パリ大聖堂「ノートル＝ダム寺院」（図版91）に入り、中を探りまわる。そこに霊感を得たという。ヴィクトル・ユゴーは、つぎのように書いている。

図版91　ノートル＝ダム大聖堂（パリ）

五、六年まえのことだが、この物語の作者がノートル＝ダム大聖堂を訪れたとき――いや、さぐりまわったときと言ったほうがいいかもしれないが――、作者は、塔の暗い片隅の壁に、つぎのようなことばが刻みつけられているのを見つけたのである。

ἈΝΑΓΚΗ[31]

年を経て黒くなり、壁石にかなり深く彫りこまれたこのギリシア語の大文字、中世の人間が書いたことを示しているかのような、文字の形やたたずまいにみられるゴチックの筆法に特有ななんともいえぬ風格、ことにその文字が表している悲痛で不吉な意味、こうしたものに作者は激しく胸を打たれたのである。
私はいぶかった、解き当ててみようとつとめた、この古い聖堂のひたいに、罪悪か不幸かを表わすこのような烙印を残さずにはこの世を去っていけなかったほどの苦しみを味わったのは、いったいどんな人間だったのだろうか、と。（中略）
この物語はあの不思議なことばから生まれたのである。(32)

ヴィクトル・ユゴーは、「カジモド」という「せむし男」を物語の舞台に登場させる。「ばか騒ぎで興奮しきった想像力がつくりあげたグロテスクの理想にぴったりはまる人物」、「四面体の鼻、馬蹄形の口、もじゃもじゃの赤毛のまゆ毛でふさがれた小さな左目、それに対して、でっかいいぼの下にすっかり隠れてしまっている右目、まるで要塞の銃眼みたいにあちこちが欠けているらんぐい歯、象のきばみたいににゅっと突き出ている一本の歯、その歯で押えつけられている、たこのできた唇、まん中がくびれたあご、とりわけ、こうした顔だち全体の上にただよう人の悪さと驚きと悲しみの入りまじった表情」、「満場の拍手大喝采」。ユゴーは、このようにかれを書く。(33)しかしながら、ユゴーにおいて、カジモドはただの「醜怪さ」の表現ではなかった。それは、仕掛けられた表皮一枚の、いわば、仮面の「醜怪さ」にすぎなかった。醜怪なこの「カジモド」に対して、一人のジプシーの娘を、ユゴーは、物語に書く。

グランコワールは懐疑派の哲学者でもあり、風刺詩人でもあったのだが、さすがのかれも、この娘が人間なのか、妖精なのか、それとも天使なのか、ちょっと見たときにはわからなかった。それほど、かれは女のまばゆいばかりの姿に魅せられてしまったのだ。（中略）娘は、むぞうさに足もとに投げ広げられた古いペルシアじゅうたんの上で踊っている、舞っている、うずを巻いている。そして、くるくるまわりながら、その晴れやかな顔が見物人の前を通りすぎるたびに、黒い大きな目がきらりと光を投げかけるのだった。

まわりの見物人はみんな口をぽかんとあけたまま、じっと彼女の姿を見つめている。それもそのはず、ふっくらとした清らかな両腕を頭上に高く伸ばしてタンバリンを叩き、それに合わせてくるくる踊る、スズメバチのようなほっそりした、なよなよしい、生き生きした姿、しわ一つない金色の胴着、ふんわりふくらんだはでな服、あらわな両肩、ときどきスカートの下からちらりとのぞくほっそりした足、黒い髪、炎のような目、それはもうこの世のものではなかった(34)。

悲劇的な運命をたどる「エスメラルダ」をユゴーはこのように描く。カジモドとエスメラルダは、物語の二つの中心であり、このなかで二重奏のような二つの旋律を奏でる。カジモドの魂は、醜怪さを離れてゆく。カジモドとエスメラルダが出会うのである。醜怪さと美が触れあう。

哀れなつんぼは、なんとも言えない悲しみをたたえた、いかにも恨めしそうなまなざしで、じっと娘を見つめた。ぴちぴちとした、清らかな、可愛らしい、しかもこの上もなく弱々しい、美しい娘が、こんなふうに思いやりの心から、みじめさと醜さと悪意の塊りみたいな人間をたすけに駆けつけるといった光景は、どんなところで演じられても、強く胸に迫るに違いない。さらし台の上で演じられたこの光景は、まさに崇高だった(35)。

エスメラルダは、無実の罪に悲運の最期を絞首台に遂げる。この瞬間を見据える一つの目があった。カジモドである。ユゴーは書く。「だがかれ（カジモド）は、（絶壁にぶらさがって死に瀕した）司教補佐（カジモドの育ての親、エスメラルダを死刑に追いやった張本人）には目もくれず、グレーヴ広場を見つめていた。絞首台を、あのジプシー娘を、見つめていた。このつんぼは、司教補佐がついさっきまでいた欄干のあの場所に、ひじをかけていた。そして、そこで、その瞬間にかれにとっては全世界にただ一つあるといってもいいものから目を離さず、まるで雷に打たれた男のように、身動きもせず、ものも言わなかった。そして、そのときまでは、ただ一度しか涙を流したことがなかったその一つ目から、無言のうちに、涙が滝のように流れ落ちた[36]」。

時を経て、モンフォーコンの墓穴から、一つの白骨を抱きしめる妙な骸骨が見つけられる。「抱いていた白骨からその骸骨を引き離そうとすると、それは、粉々に砕け、灰になった[37]」。カジモドとエスメラルダはまさに「一つ」のものであった。ユゴーはこのことを『ノートル＝ダム・ド・パリ』に書いている。醜怪さの奥底にたとえようのない美が巣くう。カジモドとエスメラルダは最後の場面で象徴的に一体化される。まさしく、認識の究極的意味において、その二つが真正の一者となる。すなわち、カジモドの魂の顔が、エスメラルダその人であった。カジモドとはいったい何者であったのか。

ユゴーは言う。

そういえば、たしかに、カジモドとこの建物とのあいだには、不思議で、まえの世から存在していたような一種の調和が見られたのである。（中略）カタツムリが殻の形に体を合わせるように、かれは大聖堂に体を合わせたのだ、と言っても言いすぎではあるまい。この建物はかれの住居であり、巣窟であり、外皮でもあった。この古い大聖堂とカジモドとのあいだには、深い本能的な交感や、磁気的な親和力や、物質的な相似性が認められた。いわばカメが甲らにくっついているみたいに、かれはこの建物にぴったりとくっついてしまったのだ。ざらざらした大聖堂はカジモドの甲らだったのだ。

人間と建物とのあいだに認められる、つりあいのとれた、直接的な、ほとんど同質的とも言えそうな不思議な合一状態を説明するために、私がここでやむをえず使った比喩を、もちろんみなさんは、そのまま文字どおりにはお受け取りにならないであろう。（中略）

こんな並みはずれた人間がいたおかげで、大聖堂全体には、何か生のいぶきみたいなものが漂っていた。（中略）。カジモドがこの聖堂に住んでいるのを知っただけで、回廊や正面玄関にある無数の影像が生きて、動いているように見えてきた。（中略）。近所の女たちの話によれば、こんなときには（カジモドが夜ふけて大聖堂のうえをさまよっているとき）、大聖堂全体が何か幻みたいな、この世のものとは思えない、恐ろしいものにみえてきたそうだ。たくさんの影像があっちでもこっちでも目をあけたり、口を開いたりしたそうだ。怪物みたいな大聖堂のまわりで首を伸ばし口をあけて、昼も夜も張り番をしている石の犬だのヘビだの怪獣だのの吠えるのが聞こえたそうだ。（中略）。

中世の人は、彼をこのノートル＝ダムの守護霊だと信じていた。カジモドはこの大聖堂の魂だったのだ。(38)

カジモドは、まさにノートル＝ダム大聖堂そのものの一つの化身であった。廃墟にも似るゴシック聖堂の奥深くにわけ入って、霊感を受けたヴィクトル・ユゴーは、熱き涙を流したのである。架空の「せむし男」カジモドは、ゴシックが己の芸術に見せる精神の超越を語る。カジモドの相貌は、まさにゴシックを意味したのである。ヴィクトル・ユゴーは、ゴシックの化身たる一人の「せむし男」にこの聖堂の魂の表現を打ち立てている。すなわち「カジモド」が「エスメラルダ」と一つに結ばれる、至高のたかみ、それこそ、ヴィクトル・ユゴーが廃墟のゴシックに見たもの、それがもつ真の詩であった。

ゴシックの復権を語るこれらの作品は、ゴシックの放ついわく言い難い一つの詩情に触れている。われわれは、これをゴシックのスティムングと呼ぶ。

「スティムング」と芸術

スティムングについて、ハイデッガーはいう。それによれば、スティムングというのは、存在の一つの情態である。[39]そうした情態性のなかに示された事実は「世界の内にある」仕方で在る、ものの実際的な自己規定である。[40]かれは、現にあることの根源的な在り方として、スティムングを認め、述べている。

現にあることは、スティムングにおいて、あらゆる認識や意欲の働きに先立っているのであり、[41]わたしたちはじっさい［在ること］からいって原則的に、世界の第一義的発見を［たんなる気分］に委ねないわけにはいかないのである。[42]スティムングつまり情態性は、要するにそこにおいて現に在ることが、そうで在る、実際的な在り方の根本様式なのである。[43]ハイデッガーにしたがえば、スティムングは、「在ること」の根底を築く。

オットー・フリードリッヒ・ボルノウは、ハイデッガーのこの「スティムング」の考察から二つの重要な結論を引きだす。第一は「現に在るものが、常に気分づけられている」こと、いわばスティムングが必然的な不可欠な構成要素として、人間の根源的な本質に属していることである。[44]第二は、決定的なその意味あいである。つまり、このスティムングの層は、その他の精神生活の全部が展開する基盤であり、それによって精神生活がその本質において徹底的に規定されていることである。[45]すなわち、生のより深い本質的な在りかたがスティムングのなかに洞察されるのである。[46]

深田康算の言葉をここに借りれば、いかにもわけのわからない形、あるいは何を現わしているのかわからないというようなものでも、その色の配合とか形の関係とか線の具合や釣合いによって、一種の心持というものをわれわれが経験することができる。[47]

つまり、普通の人には、口で明瞭にはっきり言うことができないような微妙ないろいろな情趣とか心持というものを、言葉ではない色とか音とか形というものによって適切に現わすことのできる人、それが芸術家である。[48]深田康算は芸術作品に一つの心持を語る。そのような心持は一種の気分、一種の情趣である。[49] 芸術作品は全体的なある気分において「一つ」なのである。

芸術作品の解釈において、ハンス・ゼードルマイアは「直観的性格」と呼ぶ独自の解釈の方法を提示する。「直観的性格」というのは、ゼードルマイアによれば、作品を一つにするものであり、それは、ある生きいきとした質的なもの、根源的なもの、個性的なものであって、人工的にのみ無制限に分離できる「要素」「部分」あるいは「層」のそれぞれにおいて姿をあらわすとまったく同様に、作品全体のなかでも姿をあらわす。[50] この「直観的性格」は、言ってしまえば、つまるところ、芸術作品がもつ相貌にほかならないのであり、ゼードルマイアは、そこで、色彩もその「相貌」によって、線や製作素材や風景あるいは人間と同じようにとらえることができると説明している。[51]

かれは、つぎのように語っている。「相貌的質を、人間でない対象に負わせてやる場合、それは人間の顔から転用したのだと思いこむのはあやまりである。人間の顔の相貌的（＝観相学的）解釈のほうが、むしろ、その昔あらゆる対象の眺められ方であった根本的な知覚のしかたの名残りにほかならない。[52]」芸術作品の統一的スティムングは、その相貌と一つになる。そうした相貌の根源は、より全体的で根本的な知覚のしかたに基づく。人間の顔の相貌的（＝観相学的）解釈がそこに成立する。このようにして、初めて、スティムングは、著しく身体そのものの相貌的質にかかわるといえる。

ゼードルマイアは述べている。たとえば、「悲哀」とか「重苦しさ」とかといった質は、決して観察者によって単に感情移入をされたり、連想されたりするのではなくて、ある一定のとらえ方をされた場合の当の形像の客観的な特色なのであり、ただ一定のかまえ（表情の基礎）とかかわってはじめて効力を発揮する。[53]

建築空間に彫りこまれる身体のすがたは重要な意義をもっている。それが示す相貌は、いわば世界をとらえる一つのしかたを語る。それは、全体的で根本的な知覚のしかたに基づく世界そのものにおける身体表現であるということができる。表現的な身体の相貌は、空間の全体を一つにする根源的意味を担うのである。生の根源におけるスティムングは、表出されて、身体のある相貌を生む。

建築をつくることは、人間の存在のしかたそのものを問うことに他ならない。ゴシックの堂宇に佇む影像は、根源的な世界の存在を己の相貌に語らんとした。それはまさに生の根源を見ていたのである。

身体の芸術表現は、じつはわれわれと世界を一つにする生そのものを現わしている。こうした意味で、空間における身体の芸術表現は空間の起源を語る。そこにおいて、まさに根本的な人間の生が表現される。「身体」はまさに己の起源を構築の空間に演じる。身体のいわれが構築の空間に創出される。「身体」はそこに己が世界の創生を云う。身体の相貌は、このことを語っている。

身体の相貌

建築はあるスティムングを現わす。このスティムングにおいて建築は自らの生命をもつ。一つの世界、一つの宇宙がそこにひらかれる。ヴォーリンガーが指摘する、古代ギリシアと中世ゴシックの石は、単なる構築の方法を超えて空間を綾どる影像の表現的世界に届いている。古代ギリシアの「観照」と中世ゴシックの「内省」は、相反して乖離するような二つの身体を表現した。二つの影像は、両立しがたい肉体の量塊と精神の内面を彫る。二元論的な人間自らの存在をそれらの彫刻はあらわにしている。

スティムングに、ハイデッガーは生の根底を見る。芸術作品は、そうしたスティムングを表現する。芸術作品のこのスティムングは、客観的なものであり、われわれは、そうしたスティムングを芸術作品の相貌に見いだす。ゼードルマイアは、芸術作品に統一的にはたらく根源的で全体的な「相貌」を捉える。かれはこれと一つになるスティムングの客観性をいう。

建築は、スティムングのなかに世界の意味、いわば宇宙的なものの創生を現わす。建築空間の真の意味があるスティムングにおいて立ち現われるのである。建築空間は円環をなす。「身体」は、建築のこの根源的といえる一つの世界をまさに生きる。ある相貌のなかにまことの「像」が示されるのである。

芸術の底知れぬ力とは、まさに、一つのスティムングを自ら表現することなのである。ゴシック再発見に見る二つの文学作品の建築的意義は、そこに求められる。すなわち、ホレス・ウォルポールの『オトラントの城』は、ゴシックのスティムングこそを云う。ヴィクトル・ユゴーの『ノートル゠ダム・ド・パリ』は、廃墟にも似た聖堂のスティムングからゴシックの生命を一九世紀に蘇らせたのである。

ゴシックをつくることは、人間の存在そのものを問うことに他ならなかった。この見方において、ヴィクトル・ユゴーの『ノートル゠ダム・ド・パリ』は、まさしく「建築の書」である。建築を創ることは人間そのものの存在を問うことに他ならない。人間そのものの存在を建築は自らにうちたてるのである。

そうであれば、ヴィクトル・ユゴーが一九世紀に生んだこの文学の近代における出来を筆者は新たに見たいのである。

ル・コルビュジエがカップ゠マルタンの海に泳ぎ出て、帰ることのなかったその光の只中に……

注

1 「気分」：芸術や哲学は、これを主題化する。筆者は、そうした「気分」を建築において考察しようとする。

2 ディルタイ、久野昭訳『解釈学の成立』以文社、一九七六年

ヴィルヘルム・ディルタイ、塚本正明訳「解釈学の成立」O・ペゲラー編『解釈学の根本問題』晃洋書房、一九七八年所収

3 前掲注2「解釈学の成立」『解釈学の根本問題』一〇〇頁

4　ディルタイ、山本英一・上田武訳『精神科学序説』上巻、以文社、一九七九年、七一頁
5　同前
6　前掲注4『精神科学序説』上巻、七〇～七一頁
7　前掲注2「解釈学の成立」『解釈学の根本問題』一〇一頁
8　前掲注2「解釈学の成立」『解釈学の根本問題』一一六頁
9　前掲注2「解釈学の成立」『解釈学の根本問題』一一四頁
10　前掲注2『解釈学の成立』四五頁
11　前掲注2『解釈学の成立』四七頁
12　前掲注2「解釈学の成立」『解釈学の根本問題』一〇六頁
13　O・ペゲラー「解釈学の歴史と現在」前掲注2『解釈学の根本問題』一三頁
14　ハイデッガー、桑木務訳『存在と時間』中、岩波書店、一九八〇年、五七頁
15　前掲注14『存在と時間』中、五七～五八頁：マルティン・ハイデッガー、溝口兢一訳「解釈学的循環の問題」前掲注2『解釈学の根本問題』一二七頁
16　前掲注14『存在と時間』中、四八～四九頁
17　前掲注14『存在と時間』中、五二頁
18　同前
19　ハイデッガー、桑木務訳『存在と時間』下、岩波書店、一九八四年、一一頁
20　ウイルヘルム・ヴォリンガー、中野勇訳『ゴシック美術形式論』（美術名著選書7）岩崎美術社、一九八〇年、一〇四頁
21　今道友信『愛について』講談社現代新書、一九七九年、九一～九二頁
22　同前
23　ケネス・クラーク、高階秀爾・佐々木英也共訳『ザ・ヌード――理想的形態の研究――』美術出版社、一九七一年、三九一～三九三頁
24　ジャン・ジャンペル、飯田喜四郎訳『カテドラルを建てた人々』鹿島出版会、一九六九年、一二五頁：自由石工freemasonは、精妙な彫刻に適した良質石灰岩フリーストンを刻む職人の呼び名であり、〝freestone masons〟の呼称の簡略化であるとされる。

25 前掲注24『カテドラルを建てた人々』一三一～一三五頁

26 前掲注24『カテドラルを建てた人々』一二九～一三一・一三四頁：一三〇六年に彫刻家タイドマンは、ロンドンのある教会堂のためにキリスト像を製作したが、これは従来の慣行に合わぬと判定された。そこで、司教自身が積極的に乗り出してこの彫像を教会堂から撤去させ、この仕事のためにすでに支払われた金額を返済するようにかれに強く要求した。

27 H・ウォルポール、井出弘之訳『オトラントの城』（ゴシック叢書27）国書刊行会、一九八三年、一二七～一三〇頁の訳者解説あるいは、鈴木博之『建築の世紀末』晶文社、一九七七年、三四～六一頁

28 前掲注27『オトラントの城』一二二頁

29 前掲注27『オトラントの城』一二二頁

30 前掲注27『建築の世紀末』一二二頁

31 Fatalité（運命の力、宿命）を意味するギリシア語、Victor Hugo, *Notre-Dame de Paris*, 1482, Les Travailleurs de la mer, Gallimard, 1975, p.1093
物語では、このギリシア語の文字は、司教補佐によって彫りこまれる。

32 *Ibid.*, pp.3-4（邦訳：ヴィクトル・ユゴー、辻昶・松下和則訳『ノートル＝ダム・ド・パリ』講談社、一九八一年、九頁の著者の序文）

33 前掲注32邦訳書、六〇～六一頁

34 前掲注32邦訳書、七二～七三頁

35 前掲注32邦訳書、二四九頁

36 前掲注32邦訳書、五二六頁

37 Victor Hugo, *op. cit.*, p.500：「Quand on voulut le détacher du squelette qu'il embrassait, il tomba en poussière.」この一文で物語は終わる。

38 前掲注32邦訳書、一六一～一六七頁

39 前掲注14『存在と時間』中、二一一頁

40 前掲注14『存在と時間』中、二一三頁

41 前掲注14『存在と時間』中、二一五頁

42 前掲注14『存在と時間』中、二一八頁

43　前掲注14『存在と時間』中、三二頁
44　O・F・ボルノウ、藤縄千艸訳『気分の本質』筑摩書房、一九八三年、三七頁
45　前掲注44『気分の本質』三七～三八頁
46　前掲注44『気分の本質』二〇頁
47　深田康算『美と芸術の理論』白凰社、一九七五年、五〇～五一頁
48　同前
49　同前
50　ゼードルマイア、島本融訳『美術史の理論と方法』みすず書房、一九六八年、一二八頁
51　前掲注50『美術史の理論と方法』一二八～一二九頁
52　前掲注50『美術史の理論と方法』一四三頁
53　前掲注50『美術史の理論と方法』八一～八二頁：芸術形象の「ダイナミックな性格」（内在する、相対的価値）――形像は固定不動のものでないこと、形像は「よりよい」状態を目ざして迫るものであること、つまり、形像がみずから「迫る」究極状態および形像が狙う究極状態までの距離――とまったく同じように、今日、形像の「相貌的性格」（表情価）も、純粋な観察によって強力に規定づけられるようになろう。「悲哀」とか「重苦しさ」とか「屈服」等々といった質は、決して観察者によって単に感情移入をされたり、連想されたりするのではなくて、ある一定のとらえ方をされたばあいの当の形像の客観的な特色なのであり、ただ一定のかまえ（表情の基礎）とかかわってはじめて効力を発揮するのである。

あとがき

「ル・コルビュジエと近代絵画――二〇世紀モダニズムの道程――」と題したこの研究は、一九七九年フランス政府給費留学生として筆者に与えられた機会に、フィリップ・ブドン教授のもとでおこなったル・コルビュジエの絵画と建築に関する四〇ページほどの手稿にはじまる。本書は、仔細をいえば、〝La revue obsidiane〟という現地の雑誌に掲載の話しが出たものの、出版社の事情で、そのままになっていたこの仏文手稿論文を日本建築学会論文報告集に投稿し、これを端にして一一編になった一連の研究をまとめ、京都大学に提出した学位論文『ル・コルビュジエの制作に関する建築論的研究――絵画と建築作品の考察を通して――』（一九九一年）を骨格にし、さらに三編の論文を補って、加筆削除をおこない再構成したものである。

本書は、とりわけ、この間、筆者を導いて下さった京都大学名誉教授加藤邦男先生のご指導の賜物である。ここに記して深く感謝の意を表したい。

振り返ってみれば、ル・コルビュジエの絵画の解釈を可能にする芸術の視野を筆者に開いて下さった山崎正和先生、パリのアトリエで親しく筆者と向きあって、教授してくれたフイリップ・ブトン先生、これらの稀有な先達に親炙する幸運を得てからすでに長い月日が過ぎる。改めてここに筆者の敬意と感謝の念を表させて戴く。

その他、有形、無形の助力を差し伸べてくれた学兄諸氏に深くお礼を申し上げたい。

筆者の知るところ、当時、絵画からその建築制作を考察したル・コルビュジエについての研究はほとんどなかった。

くるのである。

とくに、その絵画を一作品として具体的な解釈をおこなったものといえば、それはほとんど皆無であったと思う。いま、改めてル・コルビュジエの創造的精神の深さを感じる。いかにそれが孤独な営みであったか。ル・コルビュジエその人に筆者は深く感銘を受ける。その人間の強靭さに驚く。その創造の深い孤独感のみがいま筆者に伝わってくるのである。

この研究の緒に就いた一九七九年から歳月を数えた二〇一六年夏、ル・コルビュジエの建築作品群が世界遺産に登録される。「近代建築運動への顕著な貢献」がその推薦理由である。この建築家の一研究者として望外の祝事であった。筆者は朝刊新聞記事(二〇一六年七月一八日付)でこれを目にし、この決定が改めて白日のものであったことを知った。拙著はこの世界遺産登録を経ての刊行になる。

最後に、中央公論美術出版の小菅勉氏に深甚の謝意を表したい。刊行の困難さのなかで、氏が示された筆者への励ましと助力にいかに勇気づけられたか。併せて、拙著の刊行を引き継がれた同社の日野啓一氏に深くお礼を申し上げたい。お二人のご助力なくして拙著の刊行はなかった。またその編集に多くの労をいただいた鈴木拓士氏にここに心からお礼を申し上げて、筆を擱きたい。

呉谷 充利

二〇一八年一一月三〇日

初出一覧

1. Sur les peintures et la pensée architecturale chez Le Corbusier（仏政府給費留学研究論文「ル・コルビュジエにおける絵画と建築的思考について」）、パリ、一九八〇年一二月
2. 「ル・コルビュジエの絵画について」『日本建築学会論文報告集』第三四六号、一九八四年一二月、二〇二～二〇九頁
3. 「ル・コルビュジエの建築制作について」『日本建築学会計画系論文報告集』第三五三号、一九八五年七月、一〇三～一一一頁
4. 「身体の相貌的表現とその建築空間」『日本建築学会計画系論文報告集』第三六七号、一九八六年九月、七二～七九頁
5. 「C(h).E.ジャンヌレ（ル・コルビュジエ）の一九一八年以前の建築思想とヴィオレ＝ル＝デュク」『日本建築学会計画系論文報告集』第三七六号、一九八七年六月、一一七～一二九頁
6. 「ル・コルビュジエにおけるル・モデュロール身体の相貌」『日本建築学会計画系論文報告集』第三八一号、一九八七年一一月、一四二～一五四頁
7. 「ノートル＝ダム＝デュ＝オー礼拝堂」『日本建築学会計画系論文報告集』第三九七号、一九八九年三月、八九～九九頁
8. 「ル・コルビュジエにおける身体の展開と一九三〇年代の絵画」『日本建築学会計画系論文報告集』第四〇七号、一九九〇年一月一四七～一六一頁
9. 「ル・コルビュジエにおける後期絵画の象徴主義と二元論」『日本建築学会計画系論文報告集』第四二〇号、一九九一年二月、一〇五～一一三頁
10. 「ル・コルビュジエにおける形態表現の発展と幾何学的ラショナリズム」『日本建築学会計画系論文報告集』第四二五号、一九九一年七月、一二三～一三〇頁
11. 「ル・コルビュジエにおける二元論（美と技術）の統一と幾何学」『日本建築学会計画系論文報告集』第四二九号、一九九一年一

一月、一六五～一七四頁
12.「ル・コルビュジエの建築制作における絵画の意義」『日本建築学会計画系論文報告集』第四四七号、一九九三年五月、一四三～一五三頁
13.「ル・コルビュジエの建築世界における人間像と空間構成の原理」『日本建築学会計画系論文報告集』第四七七号、一九九五年一一月、一八九～一九八頁
14.「ル・コルビュジエにおける身体」『日本建築学会計画系論文報告集』第七四巻第六三八号、二〇〇九年年四月、九七三～九七八頁

文献一覧表

ル・コルビュジエに関する文献資料

Ch.E.Jeannneret, *lettre à Chareles l'Eplattenier le 22, 25 Novembre 1908*, Fondation Le Corbusier, Paris

Ozenfant et Jeanneret, *Après le Cubisme*, Édition des commentaires, Paris, 1918（邦訳：A・オザンファン、E・ジャンヌレ『近代絵画』吉川逸治訳、鹿島出版会、一九六八年）

Eduard F.Sekler, William Curtis, *Le Corbusier at work*, Harvard University Press, 1978

Le Corbusier, Pierre Jeanneret, *Œuvre Complète 1910-1929*, les Éditions d'architecture, Zurich, 1965

Le Corbusier, Pierre Jeanneret, *Œuvre Complète de 1929-1934*, les Éditions d'architecture, Zurich, 1964

Le Corbusier, P. Jeanneret, *Œuvre complète 1934-1938*, les Éditions d'Architecture, Zurich, 1964

Le Corbusier, *Œuvre complète 1938-1946*, publiée par W.Boesiger, les Éditions d'Architecture, Zurich, 1966

Le Corbusier, *Œuvre complète 1946-1952*, Les Edition d'Architecture, Zurich, 1966

Le Corbusier et son atelier rue de Sèvres 35, *Œuvre complète 1952-1957*, Les Éditions d'Architecture, Zurich, 1966

Le Corbusier et son atelier rue de Sèvres 35, *Œuvre complète 1957-1965*, Les Éditions d'Architecture, Zurich, 1965; The Tokodo Shoten, Ltd., Tokyo-Osaka, 1965

Le Corbusier, *Les dernières Œuvres*, les Éditions d'Architecture Artemis, Zurich, 1970

『ル・コルビュジエ&ピエール・ジャンヌレ全作品集　一九一〇―一九二九』吉阪隆正訳、A.D.A.EDITA Tokyo、一九七九年

『ル・コルビュジエ全作品集　一九三八―一九四六』ウィリ・ボシガー編、吉阪隆正訳、A.D.A EDITA Tokyo、一九七八年

『ル・コルビュジエ全作品集　一九四六―一九五二』吉阪隆正訳、A.D.A. EDITA Tokyo、一九七八年

W.Boesiger, *Le Corbusier Sketchbooks Volume 1, 1914-1948*, the Fondation Le Corbusier and the Architectural History Foundation, The MIT Press Cambridge, Massachusetts, 1981

Le Corbusier Sketchbooks Volume 2, 1950-1954, the Fondation Le Corbusier and the Architectural History Foundation, The MIT Press, Cambridge, Massachusetts, 1981

Le Corbusier Sketchbooks Volume 3, 1954-1957, the Fondation Le Corbusier and the Architectural History Foundation, The MIT Press, Cambridge, Massachusetts.

1981

Le Corbusier, *Vers Une Architecture*, Vincent Freal & Cie, Paris, 1966（邦訳：ル・コルビュジエ−ソーニエ『建築へ〔新装普及版〕』樋口清訳、中央公論美術出版、二〇一一年）

Le Corbusier（Ch.-E.Jeanneret）, *Voyage d'Orient Carnets*, Electa/Rizzoli, New York, 1988（邦訳：『ル・コルビュジエの手帖』中村貴志・松政貞治訳、富永譲解説、同朋社出版、一九八九年）

Le Corbusier , *Le Voyage d'Orient*, Les Edition Forces Vives, 1966（邦訳：ル・コルビュジエ『東方への旅』石井勉他訳、鹿島出版会、二〇〇九年）

Le Corbusier, *L'Art Décoratif d'Aujourd'hui*, les Éditions Arthaud, Paris, 1980（邦訳：ル・コルビュジエ『今日の装飾芸術』前川国男訳、鹿島出版会、一九七六年）

ル・コルビュジエ『伽藍が白かったとき』生田勉、樋口清訳、岩波書店、一九七三年

Le Corbusier et la Méditerrané, Éditions Parenthèsis, Musées de Marseille, 1987

Le Corbusier, *Entretien*, Les Cahiers Forces Vives aux Editions de Minuit, 1957（邦訳：「建築科の学生たちへの談話」ル・コルビュジエ『アテネ憲章』吉阪隆正編訳、鹿島出版会、一九七六年所収）

Le Corbusier, *Une Maison- Un Palais*, les Éditions G. Crès et Cie, Paris, 1928（邦訳：ル・コルビュジエ『住宅と宮殿』井田安弘訳、鹿島出版会、二〇一三年）

Le Corbusier, *Le Poème de l'angle droit*, Tériade Éditeur, Paris, 1955

Le Corbusier, *Le Poème de l'angle droit (1947-1953)*, Catalogue by GA Gallery

ル・コルビュジエ『プレシジョン』（上）（下）、井田安弘、芝優子共訳、鹿島出版会、二〇一五年

Le Corbusier, *textes et dessins pour Ronchamp*, Association Œuvre de Notre-Dame du Haut, les Presses de la Coopi à Genève, 1975

Le Corbusier, *Mise au point*, editions Forces-Vives, 1966

ル・コルビュジエ『ユルバニスム』樋口清訳、鹿島出版会、二〇〇九年

ル・コルビュジエ『三つの人間機構』山口知之訳、鹿島出版会、二〇一四年

L.C.III, Ch.E.Jeanneret Gris - A.Ozenfant, *Architecture d'Epoque Machiniste sur les Ecoles Cubistes et Post-Cubistes*, Paris, 1926, Bottega d'Erasmo, Torino, 1975

Le Corbusier, *Le Modulor*, Fondation Le Corbusier, l'Architecture d'Aujourd'hui, Paris, 1983（邦訳：吉阪隆正訳『モデュロールⅠ』鹿島出版会、二〇〇六年）

Le Corbusier, *Modulor 2*, Fondation Le Corbusier, l'Architecture d'Aujourd'hui, Paris, 1983（邦訳：吉阪隆正訳『モデュロールⅡ』鹿島出版会、二〇〇六年）

ル・コルビュジエ『エスプリ・ヌーヴォー〔近代建築名鑑〕』山口知之訳、鹿島出版会、二〇一四年

Le Corbusier, *Manière de penser l'Urbanisme*, Édition Gonthier, Imprimerie Floch à Mayenne, 1982

ル・コルビュジエ『輝く都市』坂倉準三訳、鹿島出版会　二〇〇七

Le Corbusier, *Sur les 4 routes*, Gallimard, 1941（邦訳：ル・コルビュジエ『四つの交通路』井田安弘訳、鹿島出版会、一九七八年）

ル・コルビュジエ『建築十字軍』井田安弘訳、東海大学文化選書、一九七八年

Paul Venable Turner, *The Education of Le Corbusier*, Garland Publishing, Inc., New York & London, 1977

Essays on Le Corbusier, *The Open Hand*, edited by Russell Walden, The MIT Press, 1977

S・v・モース『ル・コルビュジエの生涯』住野天平訳、彰国社、一九八一年

Le Corbusier Peintre Avant le Purisme, Musée des beaux-arts de la Chaux-de-Fonds, 1987

GA 30, *Le Corbusier Chandigarh*, A.D.A Edita Tokyo Co., Ltd., 1981

GA 32, *Le Corbusier Sarabhai House & Shodhan*, A.D.A Edita Tokyo Co., Ltd., 1981

GA 11, *Le Corbusier Couvent Sainte-Marie de la Tourette*, A.D.A Edita Tokyo Co., Ltd., 1981

Danièle Pauly, *Ronchamp lecture d'une architecture*, Édition Ophrys, Paris, 1980

Jean Petit, *Le livre de Ronchamp*, Les Cahiers Forces Vives collection, 1961

Joseph Savina, *Sculpture de Le Corbusier-Savina*, Aujourd'hui -Art et Architecture- No 51 Novembre, 1965

H.Allen Brooks, *Le Corbusier*, Editor Princeton University press Princeton, New Jersey, 1987

Le Corbusier-The Artist, Works from the Heidi Weber Collection, 1988

Gérard Monnier, *Le Corbusier Qui Suis-je ?*, la Manufacture, Lyon, 1986

Ozenfant, *Foundations Of Modern Art*, Dover Publications, New York, 1952

Le Corbusier une encyclopédie, Centre Georges Pompidou, Paris, 1987

François Vaudou, *La petite maison de Le Corbusier*, Carré d'Art édition Genève, 1991（邦訳：ル・コルビュジエ『小さな家』森田一敏訳、集文社、一九八八年）

Bruno Chiambretto, *Le Corbusier à Cap-Martin*, éditions Parenthèses, Marseille, 1987

『〔10＋1〕特集「ル・コルビュジエを発見する」』ＩＮＡＸ出版、一九九七年

ル・コルビュジエの画集に関する主な資料

Le Corbusier/Peintre avant le Purisme, Musée des beaux-arts de La Chaux-De-Fonds, 13 Juin- 4 Octobre 1987

Le Corbusier Peintre, Éditions Beyeler Bâle, 1971

Le Corbusier Pittore e Scultore, olivetti Arnold Mondadori Editore, 1986

Le Corbusier-The Artist, Works from the Heidi Weber Collection, 1988

Le Corbusier Secret, Musée Cantonal des Beaux-Arts, Lausanne Theodor et Ulla Ahrenberg, Vevey, 1987

Le Corbusier, Ministerio de Cultura, Madrid, 1987

Le Corbusier Œuvre Tissé, Philippe Sers Editeur, Paris, 1987

Le Corbusier, *Le Poème de l'angle droit*, Tériade Éditeur, Paris, 1955

理論的根拠となったもの

J.Ruskin, *The Seven Lamps of Architecture*, London, 1894（5th ed.）（邦訳：ジョン・ラスキン『建築の七燈』高橋松川訳、岩波書店、一九三三年）

ジョン・ラスキン『建築と絵画』内田佐久郎訳、改造社出版、一九三三年

J.Ruskin, *The Stones of Venice*, Faber and Faber, London Boston, 1981（邦訳：ジョン・ラスキン『ヴェネツィアの石』全三巻、福田晴虔訳、中央公論美術出版、一九九四～一九九六年）

「法律」森進一・池田美恵・加来彰俊訳『プラトン全集13』岩波書店、一九七六年所収

「定義集」向坂寛訳『プラトン全集15』岩波書店、一九七六年所収

「国家――正義について――」藤沢令夫訳『プラトン全集11』岩波書店、一九七六年所収

「国家」山本光雄訳『世界の大思想19　プラトン』河出書房新社、一九七四年所収

「パイドン」藤沢令夫編『プラトン』平凡社、一九七七年所収

「ピレボス」田中美知太郎訳『プラトン全集4』岩波書店、一九七五年所収

深田康算『美と芸術の理論』白鳳社、一九七五年

ヴェルフリン『美術史の基礎概念』守屋謙二訳、岩波書店、一九五〇年

H. Sedlmayr, *Hefte*, München, 1956

ハンス・ゼードルマイア『美術史の理論と方法』島本融訳、みすず書房、一九六八年

フィードラー『世界の名著81　近代の芸術論』山崎正和責任編集、中央公論社、一九七四年

R. G. Collingwood, *The Principles of Art*, Oxford University Press,1978

カント『判断力批判　上』篠田英雄訳、岩波書店、一九七六年

森田慶一『建築論』東海大学出版会、一九七八年

分離派建築会、関西分離派建築会『分離派建築会　宣言と作品／分離派建築会の作品　第二刊／分離派建築会の作品　第三刊』（叢書・近代日本のデザイン25）ゆまに書房、二〇〇九年

森田慶一訳注『ウィトルーウィウス建築書』東海大学出版会、一九六九年

加藤邦男『ヴァレリーの建築論』鹿島出版会、一九七九年

レオナルド・ベネヴォロ『近代建築の歴史』上巻、武藤章訳、鹿島出版会、一九七八年

ニコラス・ペヴスナー『モダン・デザインの展開―モリスからグロピウスまで―』白石博三訳、みすず書房、一九六八年

S・ギーディオン『空間 時間 建築1』太田實訳、丸善株式会社、一九九八年

S・ギーディオン『空間 時間 建築2』太田實訳、丸善株式会社、二〇〇二年

ロマーン・ヤーコブソン『一般言語学』川本茂雄監修、田村すず子・村崎恭子・長嶋善郎・八幡屋直子訳、みすず書房、一九八一年

ジャン・ラクロワ『カント哲学』木田元・渡辺昭造訳、白水社、一九七四年

F. de Saussure, *Cours de linguistique générale*, édition critique, Paris, 1979（邦訳：フェルディナン・ド・ソシュール『一般言語学講義』小林英夫訳、岩波書店、一九七三年）

Viollet-le-Duc, *Entretien sur l'Architecture*, Pierre Mardaga éditeur, 1977（邦訳：ヴィオレ＝ル＝デュク『建築講話』飯田喜四郎訳、中央公論美術出版、一九八六年）

Viollet-le-Duc, *Dictionnaire Raisonné de l'Architecture I*, F.de Nobele, Paris, 1967

Viollet-le-Duc, *Dictionnaire Raisonné de l'Architecture IV*, F.de Nobele, Paris, 1967

Viollet-le-Duc, *Dictionnaire Raisonné de l'Architecture VI*, F.de Nobele, Paris, 1967

Viollet-le-Duc, *Dictionnaire Raisonné de l'Architecture VII*, F.de Nobele, Paris, 1967

Viollet-le-Duc, *Dictionnaire Raisonné de l'Architecture VIII*, F.de Nobele, Paris, 1967

Pierre-Marie Auzas, *Eugène Viollet-le-Duc 1814-1879*, Caisse Nationale des Monuments Historiques et des Sites, 1979

Pol Abraham, *Viollet-le-Duc et le Rationalisme médieval*, Vincent, Frèal & Cie Successeurs, Paris, 1934

アンリ・フォッション『西欧の芸術2　ゴシック』神沢栄三・長谷川太郎・高田勇・加藤邦男訳、鹿島出版会、一九七二年

Nikolaus Pevsner, *Ruskin and Viollet-le-Duc*, Thames and Hudson, London, 1969
René Descartes, *Discours de la Méthode*, Librairie philosophique J.Vrin, Paris, 1976（邦訳：デカルト『方法序説・情念論』野田又夫訳、中公文庫、一九八四年）
ケネス・クラーク『ザ・ヌード　裸体芸術論』高階秀爾・佐々木英也共訳、美術出版社、一九七一年
M・メルロー＝ポンティ『知覚の現象学1』竹内芳郎・小木貞孝訳、みすず書房、一九八二年
M・メルロー・ポンティ『知覚の現象学2』竹内芳郎・木田元・宮本忠雄訳、みすず書房、一九八二年
M・メルロ＝ポンティ『行動の構造』滝浦静雄・木田元訳、みすず書房、一九八三年
木田元『メルロ＝ポンティの思想』岩波書店、一九八四年
Merleau-Ponty, *L'Œil et l'Esprit*, Gallimard, 1964（邦訳：M・メルロ＝ポンティ『眼と精神』滝浦静雄・木田元訳、みすず書房、一九七八年
Pierre Francastel, *Peinture et Société*, Denöel / Gonthier, Paris, 1977（邦訳：ピエール・フランカステル『絵画と社会』（美術名著選書5）大島清次訳、岩崎美術社、一九六八年）
新田義弘・小川侃編『現象学の根本問題』晃洋書房、一九七八年
『世界の名著51　ブレンターノ　フッサール』細谷恒夫責任編集、中央公論社、一九八七年
エドムント・フッサール『論理学研究1』立松弘孝訳、みすず書房、一九八五年
エドムント・フッサール『論理学研究2』立松弘孝・松井良和・赤松宏訳、みすず書房、一九八五年
エドムント・フッサール『論理学研究3』立松弘孝・松井良和訳、みすず書房、一九八五年
エドムント・フッサール『論理学研究4』立松弘孝訳、みすず書房、一九八五年
エトムント・フッサール『イデーンI－I』渡辺二郎訳、みすず書房、一九八三年
エトムント・フッサール『イデーンI－II』渡辺二郎訳、みすず書房、一九八四年
エドムント・フッサール『現象学の理念』立松弘孝訳、みすず書房、一九八六年
木田元・滝浦静雄・立松弘孝・新田義弘編『講座現象学1――現象学の成立と展開――』弘文堂、一九八七年
木田元『現象学』岩波新書、一九八五年
ジャン・ブラン『アリストテレス』有田潤訳、白水社、一九七八年
『アリストテレス全集3　自然学』出隆・岩崎允胤訳、岩波書店、一九七六年
「詩学」村治能就訳『世界の大思想20　アリストテレス』河出書房新社、一九七四年所収
アリストテレス『ニコマコス倫理学』上巻、高田三郎訳、岩波書店、一九八九年

野内良三『ステファヌ・マラルメ』審美社、一九八九年
モーリス・ブランショ『マラルメ論』粟津則雄・清水徹訳、一九八五年
田中美知太郎『学問論』筑摩書房、一九七六年
今道友信『愛について』講談社現代新書、一九七九年
ケネス・クラーク『ザ・ヌード――理想的形態の研究――』高階秀爾・佐々木英也訳、美術出版社、一九七一年
O・F・ボルノウ『気分の本質』藤縄千艸訳、筑摩書房、一九八三年
ロラン・バルト『零度のエクリチュール』渡辺淳・沢村昂一訳、みすず書房、一九八二年
テレンス・ホークス『構造主義と記号論』池上嘉彦訳、紀伊国屋書店、一九七九年
Roland Barthes, *Mythologies*, Éditions du Seuil,1 957（邦訳：ロラン・バルト『神話作用』篠沢秀夫訳、現代思潮社、一九八三年）

その他の文献

Pocket Oxford Dictionary, Oxford at the Clarenton press, 1965
ジャン・ブラン『ソクラテス以前の哲学』鈴木幹也訳、白水社、一九七三年
A. Choisy, *Histoire de l'Architecture 1*, 2, Editions SERG, 1976
ポール・クローデル『マリアへのお告げ』（現代カトリック文芸叢書3）木村太郎訳、ヴェリタス書院、一九六〇年
ジャン・ジャンペル『カテドラルを建てた人々』飯田喜四郎訳、鹿島出版会、一九六九年
H・ウォルポール『オトラントの城』（ゴシック叢書27）井出弘之訳、国書刊行会、一九八三年
鈴木博之『建築の世紀末』晶文社、一九七七年
Victor Hugo, *Notre-Dame de Paris 1482*, Gallimard, 1974（邦訳：ヴィクトル・ユゴー『ノートル＝ダム・ド・パリ』辻昶・松下和則訳、講談社、一九八一年）
LE "GOTHIQUE" RETROUVÉ avant Viollet-le-Duc, Hôtel de Sully,31 octobre 1979 - 17 février 1980, CNMHS, 1979
Mallarmé, *Œuvre*, Éditions Garnier, Paris, 1985
『マラルメ詩集』（世界の詩31）加藤美雄訳、彌生書房、一九八八年
マイケル・グラント、ジョン・ヘイゼル『ギリシア・ローマ神話事典』西田実主幹、入江和生他訳、大修館書店、一九八九年
『国民百科事典1』平凡社、一九六二年
金子隆芳『色の科学　その精神物理学』みすず書房、一九六八年

Helmholtz's Treatise on PHYSIOLOGICAL OPTICS, edited by James P.C.Southhall, Dover Publications Inc., New York, 1962
稲村耕雄『色彩論』岩波新書、一九八三年
ドゥルニョン『色彩の秘密』稲村耕雄・中原勝儼訳、白水社、一九八三年
Ogden N. Rood, *Modern Chromatics*, Van Nostrand Reinhold Company, New York / Cincinnati / Toronto / London / Melbourne, 1973
ディルタイ『解釈学の成立』久野昭訳、以文社、一九七六年
O・ペゲラー編『解釈学の根本問題』晃洋書房、一九七八年
ディルタイ『精神科学序説』上巻、山本英一・上田武訳、以文社、一九七九年
ハイデッガー『存在と時間』全三巻、桑木務訳、岩波書店、一九八〇〜八四年
ウイルヘルム・ヴォリンガー『ゴシック美術形式論』（美術名著選書7）中野勇訳、岩崎美術社、一九八〇年
阿部謹也『社会史とは何か』筑摩書房、一九九三年
松永伍一『光の誘惑　わが聖地行』紀伊国屋書店、一九九四年
『世界の名著57　ニーチェ』手塚富雄責任編集、中央公論社、一九九三年
M・モース『社会学と人類学II』有地亨・山口俊夫訳、弘文堂、一九八九年
青木保・黒田悦子編『儀礼文化と形式的行動』東京大学出版会、一九八八年
ルイ・デュモン『個人主義論考』渡辺公三・浅野房一訳、言叢社、一九九三年
『世界の名著41　ラスキン　モリス』五島茂責任編集、中央公論社、一九七一年
柳宗悦『工藝の道』講談社学術文庫、二〇一三年
柳宗悦『民藝四十年』岩波書店、一九九六年

図版所蔵先・出典

カバー：© Henri Cartier-Bresson/Magnum Photos
Le Corbusier, *Modulor 2*, Fondation Le Corbusier, l'Architecture d'Aujourd'hui, Paris, 1983, p. 59から作成
表　紙：筆者撮影
口絵１：F.L.C., n.134：Fondation Le Corbusier
口絵２：*Le Corbusier peintre*, éditions beyeler bâle, 1971, p.14
口絵３：F.L.C., n.4548：Fondation Le Corbusier
口絵４：*Le Corbusier peintre*, cit., p.58
図版１：Ozenfant et Jeanneret, *Après le Cubisme*, Édition des commentaires, Paris, 1918
図版２：筆者作図
図版３：Maurice Besset, *Le Corbusier*, Skira Academy Editions, London, 1968, p.60
図版４：*Le Corbusier peintre*, cit, p.14
図版５：筆者作図
図版６：*Le Corbusier peintre*, cit., p.17
図版７：Heidi Weber collection：*Le Corbusier-The Artist, Works from the Heidi Weber Collection*, 1988
図版８：*Le Corbusier peintre*, cit., p.40
図版９：Eduard F. Sekler,William Curtis, *Le Corbusier at Work*, Harvard University Press, 1978, p.56
図版10：Le Corbusier, Pierre Jeanneret, *Œuvre Complète 1910-1929*, Les Éditions d'architecture, 1965, pp.44-46
図版11：Ibid., pp.23-24
図版12：Ibid., p.31
図版13：*Le Corbusier peintre*, cit., p.28
図版14：*Early buildings and Projects 1912-1923 (The Le Corbusier Archive vo. I)*, Garland Publishing, 1982, p.5

図版15：Ibid., p.6
図版16：Ibid., pp.93-94
図版17：Ibid.
図版18：Ibid., p.575
図版19：Ibid., p.429
図版20：Le Corbusier, *Peintre avant le Purisme*, Musée des beaux-arts de la Chaux-de-Fonds, 1987, p.29
図版21：W.Boesiger, *Le Corbusier Sketchbooks Volume 1, 1914-1948*, the Fondation Le Corbusier and the Architectural History Foundation, The MIT Press Cambridge, Massachusetts, 1981, 283, 284（B4）
図版22：Ibid., 359（B6）
図版23：Ibid., 363（B6）
図版24：Ibid., 567（B9）
図版25：Ibid., 362（B6）
図版26：Ibid., 511（B8）
図版27：F.L.C., n.122：*Le Corbusier Pittore e Scultore*, cit., p.96
図版28：F.L.C., n.1183：Ibid., p. 92
図版29：Le Corbusier, *Peintre avant le Purisme*, p.29
図版30：Maurice Besset, op. cit., p.101
図版31：Ibid., p.100
図版32：『ル・コルビュジエ&ピエール・ジャンヌレ全作品集　一九一〇―一九二九』吉阪隆正訳、A.D.A.EDITA TOKYO、一九七九年、八九頁
図版33：Le Corbusier, *Œuvre complète 1946-1952*, Les Editions d'Architecture, Zurich, 1966, p.179
図版34：*The Le Corbusier Archive XV, Le Modulor and Other Buildings and Projects*, 1944-1945, 1983, p.173
図版35：Le Corbusier, *Œuvre complète 1946-1952*, cit., p.181
図版36：マルセル・ブリヨン『レオナルド・ダ・ヴィンチ』（世界伝記双書）佐々木英也訳、小学館、一九八三年、一八三頁
図版37：GA 11, *Le Corbusier Couvent Sainte-Marie de la Tourette*, A.D.A Edita Tokyo Co., Ltd., 1981
図版38：*Le Corbusier Sketchbooks Volume 2, 1950-1954*, the Fondation Le Corbusier and the Architectural History Foundation, The MIT Press, Cambridge, Massachusetts, 1981
図版39：*The Le Corbusier Archive XX, Ronchamp, Maisons Jaoul, and Other Buildings and Projects*, 1951-1952, 1983, p.3

図版40：Le Corbusier, *Œuvre complète 1946-1952*, cit., p.80

図版41：*The Le Corbusier Archive XX*, cit., p.246

図版42：Ibid.

図版43：Ibid., *Early plan of building*, Fondation Le Corbusier #7, 470

図版44：Ibid., p.133

図版45：GA 7, *Le Corbusier, La Chapelle Notre Dame du Haut, Ronchamp*, A.D.A Edita Tokyo Co., Ltd., 1971, pp.30-31

図版46：*The Le Corbusier Archive XX*, cit.

図版47：GA 7, *Le Corbusier*, cit., p.39

図版48：前川道郎先生からの葉書（一九九一年八月一二日）

図版49：*The Le Corbusier Archive XX*, cit., p.35

図版50：Le Corbusier, *Le Poème de l'Angle Droit*, GA gallery, 1984

図版51：GA 7, *Le Corbusier*, cit.

図版52：Danièle Pauly, *Ronchamp lecture d'une architecture*, Édition Ophrys, Paris, 1980

図版53：Jean Petit, *Le livre de Ronchamp*, Les Cahiers Forces Vives collection, 1961

図版54：*The Le Corbusier Archive XXXI, Carpenter Center, Unité d'Habitation, Firminy,and Other Buildings and Projects, 1961-1963*, 1984, p.359

図版55：F.L.C., n.4：*Le Corbusier Pittore e Scultore*, cit., p.115

図版56：F.L.C., n.1186：Ibid., p.111

図版57：Le Corbusier（Ch.-E.Jeanneret）, *Voyage d'Orient Carnet 4*, Electa/Rizzoli, New York, 1988, p. 143

図版58：Le Corbusier, Pierre Jeanneret, *Œuvre Complète 1910-1929*, cit., p.22

図版59：S・V・モース『ル・コルビュジエの生涯』住野天平訳、彰国社、一九八一年、二八頁

図版60：Heidi Weber collection：*Le Corbusier-The Artist*, cit.

図版61：Le Corbusier, Pierre Jeanneret, *Œuvre Complète de 1929-1934*, les Éditions d'architecture, Zurich, 1964, p.83

図版62：Le Corbusier, *Œuvre complète 1938-1946*, publiée par W.Boesiger, les Éditions d'Architecture, Zurich, 1966, p.19

図版63：Le Corbusier, *Le Poème de l'Angle Droit*, cit, B2 esprit

図版64：Viollet-le-Duc, *Dictionnaire Raisonné de l'Architecture I*, F. de Nobele, Paris, 1967, p.64

図版65：F.L.C., n.3600：*Le Corbusier Pittore e Scultore*, cit., p.42

図版66：F.L.C., n.135：Ibid., p.45
図版67：*Le Corbusier Secret*, Musée cantonal des Beaux-Arts, Lausanne Theodor et Ulla Ahrenberg, Vevey, 1987, 120
図版68：*Le Corbusier Sketchbooks Volume 2, 1950-1954*, cit. E19, 374 avion Rome Paris/2 avril 51, F24, 706
図版69：*Le Corbusier Secret*, cit., 154
図版70：Heidi Weber collection：*Le Corbusier-The Artist*, cit., p.152
図版71：W.Boesiger, *Le Corbusier Sketchbooks Volume 1, 1914-1948*, cit., B8
図版72：Ibid., B6
図版73：F.L.C., n.2983：*Le Corbusier Pittore e Scultore*, cit., p.92
図版74：*Le Corbusier peintre*, cit., p.56
図版75：*Le Corbusier Sketchbooks Volume 2, 1950-1954*, cit., F24
図版76：F.L.C., n.136：*Le Corbusier Pittore e Scultore*, cit., p.47
図版77：New York, M.O.M.A：Ibid., p.48
図版78：Heidi Weber collection：*Le Corbusier-The Artist*, cit.
図版79：Maurice Besset, op. cit., p.21
図版80：Le Corbusier, *Le Modulor*, Denoël/Gonthier, Paris, 1977
図版81：Le Corbusier, Pierre Jeanneret, *Œuvre Complète 1910-1929*, cit., p.68
図版82：*Le Corbusier peintre*, cit., p.14を基に筆者作図
図版83：Le Corbusier, *Les Trois Établissements Humains*, Les Éditions De Minuit, 1968, P.52
図版84：Viollet-Le-Duc, *Dictionnaire Raisonné de l'Architecture VII*, F.de Nobel, Paris, 1967, p. 542
図版85：筆者撮影
図版86：筆者撮影
図版87：*Le Corbusier Secret*, cit., 136
図版88：Le Corbusier, *Œuvre complète 1946-1952*, cit., p.154
図版89：ケネス・クラーク『ザ・ヌード――理想的形態の研究――』高階秀爾・佐々木英也訳、美術出版社、一九七一年、七四頁
図版90：飯田喜四郎責任編集『世界の建築5　ゴシック』学習研究社、一九八二年
図版91：同前

著者略歴

呉谷 充利（くれたに・みつとし）

1949年生まれ。建築史家、相愛大学名誉教授。関西大学大学院修士課程 建築学専攻修了。フランス政府給費留学にてル・コルビュジエの研究、京都大学博士（工学）。相愛大学人文学部教授を経て、同名誉教授。

著書として『志賀直哉、上高畑の「サロン」をめぐる考察』（創元社、2003年）、『近代、あるいは建築のゆくえ』（創元社、2007年）、『志賀直哉旧居の復元』（編著、奈良学園、2009年）、紀要論文として「日本のカフェ、西洋のカフェ」（『相愛女子短期大学研究論集』43、1996年）など。雑誌『りずむ』（白樺サロンの会）創刊。講演録に『中之島図書館、新たな百年の一歩』（明日の中之島図書館を考える会、2013年）。

ル・コルビュジエと近代絵画 ©
——二〇世紀モダニズムの道程

平成三十一年一月一〇日印刷
平成三十一年一月二〇日発行

著者 呉谷充利
発行者 日野啓一
印刷 広研印刷株式会社
製本 松岳社

中央公論美術出版
東京都千代田区神田神保町一－一〇－一
IVYビル6階
電話〇三－五五七七－四七九七

ISBN978-4-8055-0864-0